AF203520

Flora Annie Steel
Englische Märchen

Flora Annie Steel

Englische Märchen

Zum ersten Mal ins Deutsche
übertragen von Heike Holtsch

Mit den 60 Illustrationen von Arthur Rackham
aus der englischen Originalausgabe

Anaconda

Titel der englischen Originalausgabe: *English Fairy Tales*.
Erstmals erschienen 1918 bei Macmillan and Co., Limited, London.
Grundlage der Übersetzung ist die 2. Auflage (1922).
Aus dem Englischen von Heike Holtsch, Translator in Residence
im Europäischen Übersetzerkollegium Straelen (01.07. – 30.09.2018).

Penguin Random House Verlagsgruppe FSC® N001967

Die Deutsche Nationalbibliothek verzeichnet diese Publikation
in der Deutschen Nationalbibliografie; detaillierte bibliografische Daten
sind im Internet unter http://dnb.d-nb.de abrufbar.

Umschlagmotiv: Illustration zu »Dick Whittington
und seine Katze« von Arthur Rackham (1867–1939)
Umschlaggestaltung: www.katjaholst.de
Satz und Layout: www.paque.de
Druck und Bindung: CPI Books GmbH, Leck
ISBN 978-3-7306-0720-6
www.anacondaverlag.de

Inhalt

7 Sankt Georg, der Schutzpatron von England

24 Die drei Bären

32 Tom-Tit-Tot

46 Die goldene Schnupftabakdose

64 Das Lumpenmädchen

71 Die drei Federn

83 Jack, der Faulpelz

87 Jack, der Riesen-Schreck

113 Die drei Dummköpfe

121 Die goldene Kugel

127 Die beiden Schwestern

136 Der Lindwurm von Bamborough Castle

144 Titty Maus und Tatty Maus

148 Jack und die Stangenbohnen

166 Der Schwarze Stier von Norroway

176 Das Mädchen im Katzenfell

184 Die drei kleinen Schweinchen

191 Nichts und wieder nichts

206 Mr und Mrs Vinegar

216 Die wahre Geschichte des Sir Thomas Thumb

228 Henny-Penny

233 Die drei Köpfe an der Quelle

245 Mister Fox

252 Dick Whittington und seine Katze

267 Die alte Frau und ihr Schweinchen

271 Das flinke Fladenbrot

277 Jack auf der Suche nach dem Glück

282 Das Schreckgespenst

287 Rotkäppchen

291 Childe Rowland

303 Die Schlauköpfe aus Gotham

312 Die Binsenmagd

324 Die Waisen im Wald

330 Der Rote Riese

337 Der Fisch und der Ring

345 Ach, du lieber Himmel!

347 Meister aller Klassen

349 Molly Whuppie und der Riese mit den zwei Gesichtern

359 Der Esel, der Tisch und der Stock

364 Die Quelle am Rand der Welt

369 Der Rosenstrauch

377 Illustrationen

Sankt Georg, der Schutzpatron von England

M itten in einem finsteren Wald wohnte vor langer Zeit eine böse Hexe namens Kalyb. Ihr grausamer Ruf eilte ihr weit voraus, und nur wenige Menschen wagten sich so tief in den Wald hinein und brachten den Mut auf, in das goldglänzende Horn zu stoßen, das über dem eisernen Tor hing, hinter dem Kalybs Hexenreich lag. Kalyb hatte schon fürchterliches Unheil angerichtet, doch am liebsten stahl sie neugeborene Babys, um sie dann zu töten.

Ein solches Schicksal hatte sie auch dem Sohn des Grafen von Coventry zugedacht. Die Mutter des kleinen Jungen war bei seiner Geburt gestorben, und da der Graf der engste Vertraute des Königs war und oft mit ihm durchs ganze Land reiste, war es einer verschlagenen Hexe wie Kalyb ein Leichtes, die arglosen Kindermädchen durch ein paar Zaubersprüche mit einem Bann zu belegen und ihnen das unschuldige Baby zu rauben.

Dem kleinen Jungen aber war ein furchtloses Leben voller Wagemut bestimmt, denn seit seiner Geburt trug er auf der Brust das Abbild eines Drachen, auf der rechten Hand ein blutrotes Kreuz und am linken Bein ein goldenes Band.

Von diesen Zeichen war Kalyb, die sonst so grausame Hexe, derart beeindruckt, dass sie von ihrem Vorhaben abließ und das Kind, das von Tag zu Tag schöner und stärker wurde, fortan hütete wie ihren Augapfel. Als zweimal sieben Jahre vergangen waren, erwachte in dem Jungen die Sehnsucht nach ruhmreichen Abenteuern. Aber die Hexe wollte ihn nicht gehen lassen.

Der junge Mann konnte der niederträchtigen Übeltäterin jedoch nichts abgewinnen. Also versuchte sie mit allen Mitteln, ihn zu überzeugen. Eines Tages nahm sie ihn an die Hand und führte ihn zu einem goldglänzenden Schloss, in dem sechs tapfere Ritter lebten wie Gefangene.

»Sieh nur!«, sagte sie. »Das sind die sechs Verfechter der Christenheit. Wenn du bei mir bleibst, sollst du der siebte sein. Du sollst dich von nun an Sankt Georg nennen und zum Schutzpatron von England werden.«

Aber der Junge wollte nicht bleiben.

Daraufhin führte sie ihn zu einem prächtigen Stall, in dem sieben stolze Rösser standen. »Sechs der Pferde gehören den sechs Rittern«, sagte die Hexe. »Das siebte ist das edelste, schnellste und stärkste, das die Welt je gesehen hat. Es heißt Bayard, und wenn du bei mir bleibst, soll es dir gehören.«

Aber der Junge wollte nicht bleiben.

Also ging sie mit ihm in die Waffenkammer. Dort legte sie ihm einen stählernen Harnisch an und setzte ihm einen goldverzierten Helm auf. Dann gab sie ihm ein scharfes, stählernes Schwert in die Hand und sagte:

»Diese Rüstung kann nichts durchdringen, und dieses Schwert mit Namen Ascalon durchtrennt alles mit einem einzigen Hieb. Sie sollen dein sein, wenn du nur bei mir bleibst.«

Aber der Junge wollte nicht bleiben.

Da wusste sich die Hexe keinen anderen Rat, als ihm ihren Zauberstab und damit die Macht über ihr ganzes Hexenreich zu geben.

»Jetzt wirst du doch wohl bei mir bleiben«, bat sie ihn.

Als der Junge den Zauberstab in die Hand nahm, stieß er damit gegen einen riesigen Felsblock. Der Fels sprang entzwei, und siehe da, in einer ebenso riesigen Höhle darunter lagen all die unschuldigen Neugeborenen, die von der bösen Hexe getötet worden waren.

Nun aber besaß der Junge die Macht über alles in Kalybs Reich, und so befahl er ihr, ihm den Weg zu diesem Ort des Schreckens zu zeigen. Als sich die Hexe zwischen die beiden Felshälften zwängte, um zu der Höhle hinunterzusteigen, berührte er den Fels abermals mit dem Zauberstab. Und siehe da, die beiden Hälften schlossen sich sogleich. Nun sitzt die Hexe für immer und ewig dort fest, und das taube Gestein lässt ihr Wehgeschrei ungehört verhallen.

So befreite sich Sankt Georg aus dem Hexenreich. Er schwang sich auf Bayard, und die sechs Ritter der Christenheit auf ihren sechs Rössern nahm er mit.

Gemeinsam ritten sie nach Coventry, wo sie sich neun Monate lang im Kampf mit allerlei Waffen übten. Als der nächste

Frühling nahte, brachen sie auf, um als fahrende Ritter, die kein Abenteuer scheuten, in ferne Länder zu ziehen.

Dreißig Tage und dreißig Nächte ritten sie ohne Rast, und als der neue Monat anbrach, fanden sie sich in einer weitläufigen Talsohle wieder. Aus deren Mitte ragte eine goldglänzende Säule empor, an der sich sieben Wege kreuzten. Dort sagten die tapferen Ritter einander Lebewohl. Dann setzten sie ihre Reise mutigen Herzens fort, ein jeder in eine andere der sieben Richtungen.

Sankt Georg ritt auf Bayard, seinem stolzen Ross, bis zur Küste. Dort lag ein stattliches Schiff vor Anker, das nach Ägypten fahren sollte. Sankt Georg schiffte sich ein, und als er nach der lang währenden Überfahrt von Bord ging, war die Nacht bereits hereingebrochen und hatte das ferne Land in Dunkelheit und Stille gehüllt. An einer armseligen Einsiedelei bat er um ein Nachtlager, woraufhin der Eremit ihm sagte:

»Ihr seid ein edler Ritter aus England, Sir, das erkenne ich an dem Wappen auf eurem Harnisch. Aber Ihr kommt zu einer unglückseligen Zeit. Die wenigen, die noch leben, schaffen es kaum, all die Toten zu begraben, die dem schrecklichen Drachen zum Opfer gefallen sind, der hier Tag und Nacht sein Unwesen treibt. Wenn man ihm nicht jeden Morgen eine unschuldige Jungfrau zum Fraß vorwirft, wird er für die Menschen immer wieder zur tödlichen Plage. Und Plagen hat man hier schon mehr als genug erlebt. Seit vierundzwanzig Jahren geht das nun schon so, und jetzt ist im ganzen Land nur noch eine einzige Jungfrau übrig: Die schöne Königstochter Sâbia. Morgen soll auch sie ihr Leben lassen, wenn nicht ein furchtloser Ritter das Ungeheuer erlegt. Demjenigen, der das vollbringt, will der König seine Tochter zur Frau geben, und wenn die Zeit gekommen ist, soll er auch die Krone erhalten.«

»An der Krone bin ich nicht interessiert«, gab Sankt Georg freimütig zurück. »Aber die schöne Jungfrau soll nicht sterben. Ich werde das Ungeheuer zur Strecke bringen.«

Also schnürte Sankt Georg im Morgengrauen seinen Harnisch, setzte sich den goldverzierten Helm auf und schwang sich mit dem Schwert Ascalon in der Hand auf Bayard, um in das Tal des Drachen zu reiten. Auf dem Weg dorthin begegnete er einer Prozession von Klageweibern, die das schönste Fräulein begleiteten, das er jemals gesehen hatte. Überwältigt von Mitgefühl stieg Sankt Georg von seinem stolzen Ross, machte eine tiefe Verbeugung und sagte der jungen Dame, sie solle zum Palast ihres Vaters zurückkehren, da er diesen fürchterlichen Drachen nun töten werde. Die schöne Sâbia dankte ihm lächelnd unter Tränen und tat wie ihr geheißen, woraufhin sich Sankt Georg wieder aufs Pferd schwang und seinem gefährlichen Unterfangen entgegenritt.

Kaum hatte der Drache den unerschrockenen Ritter erspäht, ließ er aus seinem ledrigen Schlund ein Gebrüll ertönen, das furchterregender klang als ein Donnerschlag. Dann kroch er aus seiner grauenvollen Behausung und spreizte die Flügel, um sich auf seinen Gegner zu stürzen.

Der Drache war so riesig und sein Anblick so furchterregend, dass selbst die Hartgesottensten der Mut verlassen hätte. Ganze zwölf Meter maß sein golden schimmernder Leib von den Schultern bis zum Schwanz, die Schuppen auf seiner Haut glänzten silbrig, und tiefrotes Blut pochte in den dicken Adern seiner flammenden Flügel.

Und er war so grimmig, dass er den jungen Ritter schon beim ersten Angriff beinahe vom Pferd stieß. Der jedoch saß sogleich wieder fest im Sattel und schleuderte dem Drachen seine Lanze entgegen, die allerdings zu tausend Splittern zerbarst. Daraufhin versetzte ihm das Ungeheuer einen Hieb mit dem Schwanz, der Ross und Reiter zu Boden stürzen ließ.

Doch wie der glückliche Zufall es wollte, landete Sankt Georg im Schatten eines blühenden Orangenbaums, dessen Duft die nützliche Nebenwirkung hat, giftsprühende Untiere fernzuhalten. Das verschaffte dem beherzten Ritter die Gelegenheit, wieder zu sich zu kommen und sich erneut dem Kampf zu stellen. Frischen Mutes stieß er Ascalon, das stählerne Schwert, in den funkensprühenden Leib des Drachen, woraufhin dieser pechschwarzes Gift spie, das dem Ritter den Harnisch versengte und ihn entzweibrechen ließ. Wäre nicht der Orangenbaum gewesen, hätte es mit Sankt Georg, dem Schutzpatron Englands, möglicherweise ein schlimmes Ende genommen. Doch so fand er abermals Schutz unter den blühenden Zweigen. Da sein Schicksal nun in den Händen des Allmächtigen lag, kniete er nieder und bat um die Kraft, das Ungeheuer zu bezwingen. Dann wagte er den nächsten Vorstoß, und diesmal rammte er dem Drachen das Schwert unter einem der flammenden Flügel direkt ins Herz. Sogleich wurde das Gras getränkt vom purpurroten Blut des sterbenden Ungeheuers. Sankt Georg schlug ihm den grässlichen Kopf ab, schnitzte aus der zersplitterten Lanze einen Spieß und steckte ihn darauf. Sodann schwang er sich auf Bayard, das stolze Ross, und machte sich auf den Weg zum Palast des Königs.

Als Ptolemäus – so hieß der König – die Nachricht erreichte, dass es Sankt Georg tatsächlich gelungen war, den gefürchteten Drachen zu bezwingen, ließ er die ganze Stadt schmücken und den jungen Ritter auf seidene Kissen gebettet in einer goldenen Kutsche mit Rädern aus Elfenbein zum Palast bringen. Begleitet wurde er von hundert in purpurnen Samt gehüllten, edlen Reitern auf strahlend weißen, prächtig geschmückten Schimmeln und einer Schar von Musikanten, die zu Ehren des Drachentöters die lieblichsten Weisen spielten.

Die schöne Königstochter Sâbia höchstselbst verband dem geschwächten Ritter die Wunden und schenkte ihm angesichts ihrer Verlobung einen Ring mit einem Diamanten, der so makellos war wie klares Quellwasser. Nachdem der König ihm zum Zeichen der Ritterwürde ein Paar goldene Sporen angelegt hatte und er von einem köstlichen Festmahl gesättigt war, begab sich der erschöpfte Sankt Georg zur Ruhe und wurde von der schönen Sâbia, die auf einer goldenen Laute spielte, in den Schlaf gesungen.

So schien alles ein gutes Ende zu nehmen, aber ach, schon drohte erneutes Unheil.

Almidor, der König der Mauren, hatte bereits vor einiger Zeit um die Hand der Prinzessin angehalten, doch den Mut, sie vor dem Drachen zu retten, hatte er nicht aufgebracht. Als er nun erfuhr, dass ein tapferer, junger Ritter das Herz der Königstochter erobert hatte, beschloss er, ihn zu vernichten.

Er ging zu König Ptolemäus und erzählte ihm etwas, das zufällig sogar der Wahrheit entsprach: dass nämlich die schöne Sâbia ihrem Sankt Georg versprochen hatte, zum Christentum überzutreten und mit ihm nach England zu gehen. Darüber geriet der König dermaßen in Zorn, dass er nichts mehr von seiner Ehrenschuld wissen wollte und sich darauf einließ, einen üblen Verrat zu begehen.

Er sagte Sankt Georg, um seine treue Ergebenheit erneut zu beweisen, müsse er sich einer weiteren Herausforderung stellen, die darin bestehe, dem König von Persien eine vertrauliche Nachricht zu überbringen. Weder sein Ross Bayard noch sein Schwert Ascalon dürfe er mitnehmen und sich auch nicht von seiner geliebten Sâbia verabschieden.

Schweren Herzens machte sich Sankt Georg auf den Weg, und nachdem er allerlei Gefahren überstanden hatte, erreichte er den Hof des Königs von Persien unversehrt. Doch voller Entsetzen musste er feststellen, dass die vertrauliche Nachricht lautete, man solle deren Überbringer töten, und er sogleich mit nichts als schäbigen Lumpen am Leib in einen finsteren Kerker gesteckt wurde. Dort schlug man ihn in eiserne Ketten und er hörte schon das ohrenbetäubende Gebrüll der beiden hungrigen Löwen, denen er zum Fraß vorgeworfen werden sollte. Aber Sankt Georgs Erbitterung über den niederträchtigen Verrat war so groß, dass sie ihm ungeahnte Stärke verlieh. Unter Aufbietung all seiner Kraft brach er die eisernen Stifte, mit denen die Ketten verankert waren, aus der Wand und, da er nun die Arme bewegen konnte, riss er sich ein paar seiner goldblonden Locken aus und wickelte sie sich zum Schutz gegen die scharfen Raubtierzähne um die Handgelenke. Als die Löwen auf ihn losgelassen wurden, stieß er ihnen die Arme so tief in die Rachen, dass sie erstickten. Dann riss er ihnen die Herzen aus und hielt sie seinen vor Angst schlotternden Bewachern unter die Nasen.

Daraufhin musste der König von Persien die Hoffnung, das Todesurteil jemals vollstrecken zu können, wohl begraben. Stattdessen ließ er die Gitterstäbe des Kerkers verdoppeln und Sankt Georg weiter dahinter schmoren. Sieben lange Jahre siechte der unglückselige Ritter bei trocken Brot und schalem Wasser vor sich hin, in Gesellschaft von Ratten, Mäusen und Würmern, doch in Gedanken stets in der Ferne bei seiner Prinzessin.

Eines Tages jedoch entdeckte er in einer dunklen Ecke des Kerkers einen der eisernen Stifte, die er einst in erbitterter Wut aus der Wand gerissen hatte. Der Eisenstift war mittlerweile halb durchgerostet, aber er erwies sich als noch stabil genug, um ein Loch in das Mauerwerk zu schlagen, hinter dem die königlichen Gärten lagen. Sankt Georg lauschte eine Weile, und als er Stimmen hörte, die nur von den Pferdeknechten stammen konnten, schlich er sich zu den Ställen und fand dort zwei von ihnen vor, die damit beschäftigt waren, ein Pferd aufzuzäumen. Den eisernen Stift, mit dem er sich befreit hatte, noch in der Hand, erschlug Sankt Georg alle beide, schwang sich auf das Pferd und ritt schnurstracks zu den Toren der Stadt. Dem Wächter des bronzenen Turms erzählte er, er sei Sankt Georg auf den Fersen, denn der sei gerade aus seinem Kerker ausgebrochen. Sogleich wurden die Tore geöffnet und Sankt Georg gab dem Pferd die Sporen. Noch bevor die ersten Sonnenstrahlen den Himmel rötlich färbten, hatte er sich vor den wirklichen Verfolgern in Sicherheit gebracht.

Es dauerte auch nicht lange, bis er – schon vollkommen ausgehungert – von einem hohen Felsen in nicht allzu weiter Entfernung einen Turm aufragen sah. Sankt Georg ritt darauf zu, um sich dort etwas zu Essen zu erbitten. Als er sich der Festung näherte, bemerkte er eine hübsche junge Dame in einem blaugoldenen Kleid, die trübselig hinter einem der Fenster saß. Sankt Georg saß ab und rief zu ihr hinauf:

»Wertes Fräulein! Wie ich sehe, treibt Euch eigener Kummer um, aber wärt Ihr dennoch so gut, einem christlichen Ritter, der ebenfalls sein Sorgenpäckchen zu tragen hat und kurz davor ist zu verhungern, eine stärkende Mahlzeit zu gewähren?« Woraufhin die junge Dame umgehend antwortete:

»Edler Ritter! Sucht das Weite, so schnell Ihr nur könnt! Denn mein Herr und Gebieter ist ein mächtiger Riese, der sich voll und ganz der Lehre Mohameds verschrieben und in seinem Übereifer geschworen hat, alle Christen zu vernichten.«

Darüber konnte Sankt Georg jedoch nur herzhaft lachen. »Holdes Fräulein«, gab er zurück. »Dann richtet eurem Herrn und Gebieter aus, vor seinem Tor steht einer, mit dem er an Ort und Stelle gleich den Anfang machen kann. Aber nur, wenn er dabei nicht selbst erschlagen wird.«

Als der Riese diese kecken Worte hörte, eilte er sogleich bewaffnet mit einer riesigen Eisenstange herbei. Von verwachsener Gestalt, mit einem massigen Schädel voller Borsten wie die eines Wildschweins, glühenden Augen und Reißzähnen wie die eines Tigers war er eine derart monströse Erscheinung, dass Sankt Georg schon Zweifel kamen, ob er ihn überhaupt besiegen konnte – nicht weil er etwa Angst vor ihm gehabt hätte, sondern weil er so geschwächt vor lauter Hunger war. Doch dann besann er sich darauf, dass er ja einem höheren Wohl diente, und stellte sich ungeachtet dessen, dass er nicht einmal eine richtige Waffe besaß, dem Kampf. In dem Moment vermisste er sein stählernes Schwert Ascalon umso schmerzlicher, denn es wurde ein hartes Ringen, das bis zum Mittag dauerte. Dann aber, als der Riese schließlich über eine Baumwurzel stolperte, nutzte Sankt Georg seine Chance. Er rammte seinem Gegner den Eisenstift zwischen die Rippen und im nächsten Moment hauchte der Riese seinen letzten Atem aus.

Nun konnte Sankt Georg den Turm betreten, und die junge Dame – endlich von ihrem tyrannischen Herrn und Gebieter befreit – tischte ihm nicht nur eine Stärkung aus Köstlichkeiten und edlem Wein auf, sondern hielt auch frisches Wasser für sein Pferd bereit.

Nachdem er die Festung der Obhut der dankbaren jungen Dame überlassen hatte, ritt Sankt Georg weiter seines Weges und gelangte alsbald zum verwunschenen Garten des Geisterbeschwörers Ormadine. In einem der Felsen dort steckte ein magischer Säbel, so reich verziert, wie Sankt Georg noch keinen gesehen hatte. Der Gurt war mit Saphiren und Jaspissen besetzt und der Knauf aus reinem Silber gearbeitet. In golden ziselierter Schrift stand darauf geschrieben:

Mein Zauber soll hier so lange walten,
Bis ein Ritter aus Norden wird halten
Um den schlummernden Säbel zu wecken.
Wer dies vollbringt, dem wird es gelingen
Ormadine die Zauberkraft abzuringen.

Als Sankt Georg das las, zog er ein wenig am Griff des Säbels, eigentlich nur probehalber, um festzustellen, wie viel Kraft er würde aufbringen müssen. Doch siehe da, schon hielt er den Säbel in der Hand – mit einer Leichtigkeit, als hätte er an nichts weiter als einem unverdrillten Seidenfädchen gehangen. Sogleich sprangen sämtliche Tore des verwunschenen Gartens auf, und Ormadine erschien höchstpersönlich. Das Haar stand ihm zu Berge, doch er küsste dem Schutzpatron Englands ehrerbietig die Hand und führte ihn zu einer Höhle, in der ein schlafender junger Mann lag. Er war in ein Laken aus goldenem Zwirn gehüllt, und um ihn herum saßen vier holde junge Damen, die ihn in fortwährenden Schlaf sangen.

»Dieser Ritter ist einer Eurer Gefährten«, erklärte Ormadine mit tiefer Stimme. »Sankt David von Wales, ein weiterer Hüter der Christenheit. Auch er wollte sich an dem verwunschenen Säbel versuchen, aber es gelang ihm nicht, ihn aus seinem Schlummer zu wecken. Doch du hast meine Zauberkraft gebrochen, und so wird auch er nun erwachen.«

Noch während Ormadines Worte verhallten, krachte und dröhnte es vom Himmel herunter, dass der Boden bebte wie nie zuvor, und es dauerte kaum einen Wimpernschlag, bis von dem verwunschenen Garten nichts mehr zu sehen war. Der Schutzpatron von Wales erwachte aus seinem sieben Jahre währenden Schlaf und bedankte sich herzlich bei seinem Gefährten.

So schnell wie möglich setzte Sankt Georg seine weite, abenteuerliche Reise fort, bis er endlich wieder in Ägypten war, wo er seine geliebte Sâbia hatte zurücklassen müssen. Doch kaum war er dort angekommen, erfuhr er mit Entsetzen von demselben Eremiten, dem er einst bei seiner ersten Ankunft begegnet war, dass Ptolemäus die Prinzessin gegen ihren Willen König Almidor als eine weitere Frau für seinen Harem mitgegeben hatte. Sogleich machte sich Sankt Georg auf den Weg zur maurischen Hauptstadt Tripoli. Denn er war wild entschlossen, sich die Prinzessin zurückzuholen, die man ihm so hinterhältig abspenstig gemacht hatte.

In einen alten Umhang gehüllt, den er sich eigens zu diesem Zweck von dem Eremiten geborgt hatte, schlich er sich als Bettler verkleidet zu den Toren des Harems und sah mit Erstaunen, dass dort eine Schar von Armen, Schwachen und Bedürftigen kniete.

Sankt Georg ließ sich neben ihnen nieder und fragte, warum sie sich hier versammelt hatten. Daraufhin erklärte man ihm:

»Sâbia, die mildtätige Königin, braucht unser aller Beistand. Wir beten für Sankt Georg, den Schutzpatron von England, dem sie ihr Herz geschenkt hat, auf dass auch er beschützt werden möge.«

Als Sankt Georg das hörte, machte sein eigenes Herz einen Freudensprung. Und er selbst hätte am liebsten einen Luftsprung gemacht, als Sâbia – so schön wie eh und je, aber mit bleichem, bekümmertem Gesicht und in ein schwarzes Trauergewand gekleidet – vor den Toren des Harem erschien.

Schweigend gab sie jedem der Bittsteller ein Almosen, doch als Sankt Georg an der Reihe war, hielt sie inne. Eine Hand auf ihr Herz gelegt, sagte sie leise:

»Erhebt Euch, werter Mann. Ihr ähnelt so sehr einem Ritter, der mich einst vor dem sicheren Tod bewahrte, dass es Eurer nicht würdig ist, vor mir zu knien.«

Da stand Sankt Georg auf. Er machte eine tiefe Verbeugung und antwortete: »Genau der bin ich. Auch Ihr, werte Dame, seid mir unvergesslich geblieben. Ich trage noch bei mir, was Ihr mir dereinst zum Geschenk machtet.«

Er zog den Diamantring hervor und stecke ihn Sâbia an den Finger. Doch die hatte nur noch Augen für ihren geliebten Sankt Georg.

Als er ihr von dem Verrat erzählte, den ihr Vater gemeinsam mit Almidor begangen hatte, rief sie aufgebracht: »Verschwendet keine weiteren Worte darauf. Denn keine Sekunde länger bleibe ich an diesem vermaledeiten Ort. Noch ehe Almidor von der Jagd zurückkehrt, werden wir über alle Berge sein.«

Sie führte Sankt Georg in die Waffenkammer, wo sein stählernes Schwert Ascalon auf ihn wartete, und dann zu den Pferdeställen, wo sein pfeilschnelles Pferd Bayard aufgezäumt bereitstand.

Sogleich schwang sich Sankt Georg in den Sattel, und nachdem Sâbia mühelos wie ein Vögelchen, das sich in die Lüfte erhebt, hinter ihm aufgesessen hatte, brauchte er Bayard nur kaum merklich die Sporen zu geben und schon trug das stolze Ross sie schnell wie der Wind hinaus aus der Stadt, über Wüsten und durch Wälder, über Berge und durch Täler, über Flüsse und durch Bäche bis nach Griechenland.

Dort feierte das ganze Land die Hochzeit des Königs. Die Kunde, dass anlässlich der Feierlichkeiten ein großes Ritterturnier stattfinden sollte, hatte sich in der ganzen Welt verbreitet und auch die anderen sechs Verfechter der Christenheit erreicht. Alle sechs waren erschienen, und nun gesellte sich Sankt Georg als siebter dazu. Und er war nicht der einzige Schutzpatron, der in Begleitung kam, denn auch einige seiner Gefährten hatten junge Damen gerettet. Sankt Denis von Frankreich hatte die schöne Eglantine mitgebracht, Sankt Jakob von Spanien die liebliche Celestine und Sankt Anton von Italien die edelmütige Rosalind. Sankt David von Wales war nach sieben Jahren Schlaf voller Abenteuerlust. Sankt Patrick von Irland, zuvorkommend wie eh und je, hatte den sechs Prinzessinnen sicheres Geleit gegeben, die einst zu Schwänen verwunschen worden waren und sich abermals bei ihrem Befreier, Sankt Andreas von Schottland, bedanken wollten. Der Schutzpatron Irlands selbst hatte längst allem Weltlichen abgeschworen, um sich ganz der Verbreitung seines Glaubens zu widmen.

So waren die tapferen Ritter endlich wieder vereint und ihre edlen Damen wohnten ihnen bei, während sie sich im Lanzenstechen und anderen Disziplinen erprobten. Ein jeder der sieben Schutzpatrone forderte an einem der sieben Tage unter seinem Wappen die anderen Turnierteilnehmer heraus.

Doch plötzlich platzten hundert Herolde von hundert heidnischen Völkern dieser Welt mitten in das fröhliche Treiben hinein und erklärten der gesamten Christenheit den Krieg.

Daraufhin kamen die sieben Schutzpatrone überein, dass ein jeder in sein Heimatland zurückkehren solle, um zunächst die Dame an seiner Seite in Sicherheit zu bringen und dann ein Heer zusammenzustellen. Sechs Monate später wollten sie einander wiedertreffen und sich mit vereinten Streitkräften zu einer Legion zwecks Verteidigung der Christenheit zusammenfinden.

Und so geschah es. Mit Sankt Georg als oberstem Heerführer zogen sie nach Tripoli, unter dem Marschruf:

> *»Als Christen werden wir uns in den Kampf begeben,*
> *Als Christen bezahlen wir mit unserem Leben.«*

Der hinterhältige König Almidor kam im Gefecht mit Sankt Georg zu Tode. Froh darüber, baten seine Untertanen den Schutzpatron, ihr König zu werden. Er willigte ein, und nach seiner Krönung zogen die christlichen Heere weiter nach Ägypten. Als Ptolemäus die Legion herannahen sah und ihm klar wurde, dass er sie niemals würde besiegen können, stürzte er sich von den Zinnen seines Palastes in den Tod. In Anerkennung ihrer ritterlichen Tugenden und Tapferkeit boten seine ehemaligen Gefolgsleute den Verfechtern der Christenheit die Krone an, und die Wahl fiel einstimmig auf Sankt Georg.

Nachdem der Schutzpatron Englands also abermals zu einem Herrscher gekrönt worden war, zog die christliche Legion weiter nach Persien, wo man Sankt Georg einst sieben Jahre lang in einem Kerker hatte schmoren lassen. In einem erbitterten Kampf, der sieben Tage dauerte, wurden zweihunderttausend seiner Gegner getötet, und viele derer, die zu entkommen versuchten, ertranken im Meer. Als der persische Herrscher selbst Sankt Georg in die Hände fiel und sechs seiner Gefolgsleute von dessen sechs Gefährten gefangengenommen wurden, blieb den Persern nichts anderes mehr übrig, als sich zu ergeben.

Die Verfechter der Christenheit ließen Gnade walten und behandelten die Besiegten wie Ehrenmänner, hatten diese ihnen doch zugesagt, fortan christliche Regeln walten zu lassen. Aber der persische Herrscher war ein hinterhältiger Tyrann, der sämtliche Vereinbarungen missachtete. Er beauftragte den bösen Zauberer Osmond damit, die sieben Schutzpatrone mit einem Bann zu belegen, der sie so träge und faul werden ließ, dass sie ihre Waffen niederlegten. Bei Sankt Georg wirkte der Zauber allerdings nicht. Und da er es natürlich nicht dulden konnte, dass seine Gefährten in Müßiggang verfielen, schärfte er ihnen ein, niemals ihre Schwerter beiseite oder gar ihre Rüstungen abzulegen, und zwar so lange, bis man den hinterhältigen Herrscher samt seinen Gefolgsleuten in genau den Kerker gesperrt hatte, in dem Sankt Georg sieben lange Jahre hatte ausharren müssen.

Als das geschafft war, übernahm Sankt Georg die Herrschaft über Persien und übertrug seinen sechs Gefährten die Aufgaben der sechs Gefolgsleute des gestürzten Herrschers.

Er kleidete sich in ein prächtiges, reich verziertes grünes Gewand und einen goldbestickten purpurnen Umhang mit Hermelinbesatz und bestieg den von Elefanten aus reinstem Alabaster gestützten Thron. Sodann verkündeten die Herolde der jubelnden Menschenmenge:

»Lang lebe Sankt Georg, der Schutzpatron von England und Herrscher über das Maurenreich, Ägypten und Persien!«

Die Gesetze, die Sankt Georg erließ, waren so gut und so gerecht, dass ganze Heerscharen heidnischer Völker herbeiströmten und Christen wurden. Da war es an der Zeit, die Regierungsgeschäfte seinen treuen Gefährten zu überlassen, Waffenstillstand mit dem Rest der Welt zu schließen und nach England zurückzukehren. Dort lebte er in Coventry noch viele Jahre lang mit der ägyptischen Prinzessin Sâbia, die ihm drei Kinder schenkte, die ebenso unerschütterlich waren wie er. Das war die Geschichte von Sankt Georg, dem Schutzpatron Englands und allergrößten der sieben Verfechter der Christenheit.

Die drei Bären

Es waren einmal drei Bären, die wohnten zusammen in einem Häuschen mitten im Wald. Einer war winzig klein, einer war mittelgroß und einer war riesig. Jeder hatte sein eigenes Frühstücksschälchen. Der winzige Bär hatte ein ganz kleines Schälchen, der mittelgroße ein normales und der riesige ein riesengroßes. Für jeden der drei Bären gab es auch einen eigenen Stuhl, einen ganz niedrigen für den winzigen Bären, einen normalen für den mittelgroßen Bären und einen ganz hohen für den riesigen Bären. Natürlich hatte jeder der drei Bären auch sein eigenes Bett. Der winzige Bär schlief in einem ganz kleinen Bett, der mittelgroße in einem normal großen und der riesige in einem riesengroßen.

Eines Morgens, nachdem sich die drei Bären zum Frühstück Porridge gekocht hatten und jeder sich etwas davon in sein Schälchen gefüllt hatte, gingen sie, um ihn ein wenig abkühlen zu lassen, hinaus in den Wald. Die drei hatten nämlich sehr gute Manieren, und deshalb wollten sie nicht mit dem Essen anfangen, solange es noch zu heiß war. Während die drei im Wald waren, kam ein kleines Mädchen an ihrem Haus vorbei. Es hieß Goldlöckchen und wohnte am Waldrand, und eigentlich sollte es für seine Mutter ein paar Besorgungen machen. Doch Goldlöckchen hatte nicht so gute Manieren wie die drei Bären. Es blieb vor dem Haus stehen, spähte erstmal durchs Fenster und dann durchs Schlüsselloch, und als sie sah, dass niemand zu Hause war, rüttelte sie an der Tür. Da die drei Bären gutmütig waren und dachten, alle anderen seien es auch, hatten sie nicht abgeschlossen. Also spazierte Goldlöckchen einfach hinein und war begeistert, als sie die Schälchen mit dem Porridge auf dem Frühstückstisch sah. Wäre das Mädchen so gut erzogen gewesen wie die Bären, hätte es gewartet, bis die Bären nach Hause kamen, und vielleicht hätten die drei es dann zum Frühstück eingeladen. Denn sie waren höfliche Bären – ein bisschen rau vielleicht, aber so sind Bären nun einmal. Doch abgesehen davon waren sie sehr gastfreundlich. Goldlöckchen hingegen war ziemlich dreist. Sie setzte sich einfach an den Tisch und fing an zu essen.

Als erstes probierte sie von dem Porridge des riesigen Bären, aber der war ihr zu heiß. Als nächstes aß sie von dem Brei des mittelgroßen Bären, aber der war ihr zu kalt. Also versuchte sie es mit dem Porridge des winzigen Bären, und den fand sie weder zu heiß noch zu kalt, sondern genau richtig. Und er schmeckte ihr so gut, dass sie sich über das ganze Schälchen hermachte und nicht einen einzigen Löffel übrigließ.

Dann wurde Goldlöckchen müde. Anstatt zu erledigen, was ihre Mutter ihr aufgetragen hatte, war sie nämlich lieber Schmetterlingen hinterhergejagt. Um sich ein wenig auszuruhen, kletterte sie auf den Stuhl des riesigen Bären, aber der war ihr zu hart. Also setzte sie sich auf den Stuhl des mittelgroßen Bären, aber der war ihr zu weich. Dann versuchte sie es mit dem Stuhl des winzigen Bären, und den fand sie weder zu hart noch zu weich, sondern genau richtig. Goldlöckchen wollte es sich bequem machen, aber für den niedrigen Stuhl des winzigen Bären war sie natürlich zu schwer, sodass der Sitz durchbrach und sie auf dem Fußboden landete. Das machte sie wütend, denn sie war ein ziemlich jähzorniges kleines Mädchen.

Aber so eigensinnig wie Goldlöckchen war, wollte sie sich unbedingt ausruhen. Deshalb ging sie die Treppe hinauf zum Schlafzimmer der drei Bären. Als erstes legte sie sich in das Bett des riesigen Bären, aber da war ihr das Kopfende zu hoch. Als nächstes legte sie sich in das Bett des mittelgroßen Bären, aber da war ihr das Fußende zu hoch. Also legte sie sich in das Bett des winzigen Bären und da fand sie weder das Kopfende noch das Fußende zu hoch, sondern alles genau richtig. Goldlöckchen deckte sich zu, und es dauerte nicht lange, da war sie eingeschlafen.

Mittlerweile fanden die drei Bären, dass sie den Porridge lange genug hatten abkühlen lassen. Also gingen sie zurück nach Hause, um zu frühstücken. Aber so unachtsam wie Goldlöckchen war, hatte sie in dem Schälchen des riesigen Bären den Löffel liegen lassen.

»Jemand war an meinem Porridge!«,

rief der riesige Bär dröhnend mit seiner rauen, tiefen Stimme.

Daraufhin warf der mittelgroße Bär einen Blick auf sein Schälchen und sah, dass sein Löffel ebenfalls darin lag.

»Jemand war auch an meinem Porridge!«,

sagte der mittelgroße Bär in normaler Lautstärke mit seiner ganz normalen Stimme.

Sofort sah der winzige Bär zu seinem Schälchen hinüber und stellte fest, dass auch sein Löffel darin lag und das Schälchen leer war.

»An meinem Porridge war auch jemand, und der hat ihn aufgegessen!«,

jammerte der winzige Bär ganz leise mit seinem zarten, hohen Stimmchen.

Da wurde den drei Bären klar, dass jemand ihr Haus betreten und das Frühstück des winzigen Bären aufgegessen hatte. Sofort sahen sie sich überall um, und so nachlässig wie Goldlöckchen war, hatte sie das Kissen auf dem Stuhl des riesigen Bären nicht wieder richtig hingelegt.

»Jemand hat auf meinem Stuhl gesessen!«,

rief der riesige Bär dröhnend mit seiner rauen, tiefen Stimme.

Das Kissen auf dem Stuhl des mittelgroßen Bären hatte Goldlöckchen plattgesessen und so nachlässig wie sie nun einmal war, hatte sie es nicht wieder aufgeschüttelt.

»Jemand hat auch auf meinem Stuhl gesessen!«,

sagte der mittelgroße Bär in normaler Lautstärke mit seiner ganz normalen Stimme.

»Auf meinem Stuhl hat auch jemand gesessen, und der hat ihn kaputtgemacht!«,

»An meinem Porridge war jemand, und der hat ihn aufgegessen!«

jammerte der winzige Bär ganz leise mit seinem zarten, hohen Stimmchen, als er die Bescherung sah.

Um sich zu vergewissern, dass sie es nicht mit einem Einbrecher zu tun hatten, suchten die drei Bären das ganze Haus ab, und natürlich gingen sie auch hinauf ins Schlafzimmer. Unordentlich wie sie war, hatte Goldlöckchen das Kissen des riesigen Bären halb aus dem Bett gezerrt.

»Jemand hat in meinem Bett gelegen!«,

rief der riesige Bär dröhnend mit seiner rauen, tiefen Stimme.

Und so unordentlich, wie Goldlöckchen nun einmal war, hatte sie die Nackenstütze des mittelgroßen Bären mitten auf das Bett geworfen.

»Jemand hat auch in meinem Bett gelegen!«,

sagte der mittelgroße Bär in normaler Lautstärke mit seiner ganz normalen Stimme.

Sofort ging der winzige Bär zu seinem Bettchen, aber die Nackenstütze war noch da.

Auf der Nackenstütze lag auch das Kissen, genau dort, wohin es gehörte.

Doch auf dem Kissen … Ja, was war denn das?

Es waren Goldlöckchens goldblonde Locken, und die gehörten nicht dorthin. Denn Goldlöckchen hatte dort nichts zu suchen.

»In meinem Bett hat auch jemand gelegen, und derjenige ist immer noch da!«,

»In meinem Bett hat auch jemand gelegen, und derjenige ist immer noch da!«

jammerte der winzige Bär nicht mehr ganz so leise mit seinem zarten, hohen Stimmchen.

Goldlöckchen hatte die raue, tiefe Stimme des riesigen Bären im Schlaf gehört, aber so fest, wie sie schlief, war sie ihr vorgekommen, als toste draußen der Wind oder als grollte der Donner. Sie hatte auch die ganz normale Stimme des mittelgroßen Bären gehört, und die war ihr vorgekommen, als hätte jemand im Traum etwas gesagt. Als sie aber das zarte, hohe Stimmchen des winzigen Bären hörte, kam es ihr so schrill vor, dass sie aus dem Schlaf aufschreckte. Als sie dann drei Bären an einer Seite des Bettes stehen sah, schwang sie sich auf der anderen Seite hinaus und rannte zum Fenster. Gewissenhaft wie die Bären waren, hatten sie das Fenster so wie jeden Morgen geöffnet, um gründlich zu lüften. Und vor lauter Angst sprang das freche Goldlöckchen hinaus. Ob sie sich dabei den Hals gebrochen hat oder in den Wald gelaufen ist und sich verirrte, bevor sie den Weg nach Hause fand, wo sie erstmal eine Tracht Prügel bekam, weil sie den ganzen Tag lang herumgetrödelt hatte, hat nie jemand erfahren. Bei den drei Bären hat sie sich jedenfalls nie wieder blicken lassen.

Tom-Tit-Tot

Es war einmal eine Frau, die verstand sich ausgezeichnet auf die Zubereitung von Pasteten. Eines Tages hatte sie fünf davon gebacken, aber sie hatte sie zu lange im Ofen gelassen, deshalb war die Kruste ein bisschen zu hart und sie waren ein wenig zusammengesackt. Daraufhin sagte die Pastetenbäckerin zu ihrer Tochter:

»Töchterchen, stell die Pasteten einfach eine Weile auf das Fensterbrett. Die kommen wieder.«

Damit meinte sie, dass die Pasteten, noch aufgehen würden. Aber die Tochter dachte: ›Wenn Mutter sagt, die Pasteten kommen wieder, kann ich ja schon mal eine essen.‹ Da das junge Mädchen einen gesegneten Appetit hatte, blieb es natürlich nicht bei der einen, und bald waren die Pasteten bis auf den letzten Krumen weg.

Als es Zeit für das Abendessen wurde, sagte die Frau zu ihrer Tochter: »Geh und hol uns eine der Pasteten, Töchterchen. Mittlerweile sind sie bestimmt hochgekommen.«

Die Tochter ging sogleich in die Küche, aber da war keine Spur von Pasteten zu sehen.

Also berichtete das Mädchen: »Nein, Mutter, sind sie nicht.«

»Nicht mal eine einzige?«, fragte die Mutter erstaunt.

»Nicht eine einzige«, antwortete die Tochter. Das wusste sie genau, schließlich hatte sie gerade erst nachgesehen.

»Tja«, sagte die Mutter. »Dann eben nicht. Ich werde trotzdem eine essen.«

»Aber das geht doch gar nicht«, sagte die Tochter. »Wie willst du denn eine Pastete essen, wenn überhaupt keine da sind. Die sind nicht wiedergekommen.«

»Ich will trotzdem eine«, sagte die Mutter ein wenig ungehalten. »Nun hol mir endlich eine der Pasteten, Kind! Nimm die, die am besten aufgegangen und am weichsten ist. Ich werde mir schon nicht die Zähne daran ausbeißen.«

»Die beste oder die schlechteste, davon hast du jetzt nichts«, gab die Tochter schnippisch zurück. »Ich habe nämlich alle aufgegessen. Und weil sie nicht wiedergekommen sind, kriegst du eben keine.«

Da sprang die Mutter auf und lief in die Küche, um sich selbst zu überzeugen. Schon auf den ersten Blick sah sie, dass sämtliche Backformen leer waren und sie an diesem Abend wohl nicht mehr aufgetischt bekommen würde als das wirre Gerede ihrer Tochter.

Anstatt zu Abend zu essen, setzte sich die Mutter mit ihrem Spinnrocken vor die Tür und begann Garn aufzuspulen. Dabei sang sie vor sich hin:

»Fünf Backformen hat mein Töchterchen leer gemacht.
Fünfe alleine an einem Tag!
Das macht ihr so schnell keiner nach.«

Die Mutter staunte nämlich nicht schlecht. Konnte sie es doch selbst kaum glauben.

Wie der Zufall es wollte, ritt an jenem Abend der König durch die Gasse, in der die Pastetenbäckerin wohnte. Aber er konnte nicht genau verstehen, was sie vor sich hin sang. Also zügelte er sein Pferd und fragte:

»Wovon singt Ihr da, gute Frau?«

Die Mutter war zwar nach wie vor vollkommen perplex über den allzu gesegneten Appetit ihrer Tochter, aber sie fand, das ging niemanden etwas an, und den König schon gar nicht. Also sang sie stattdessen:

>»Fünf Garnrollen hat mein Töchterchen fertig gebracht.
>Fünfe alleine an einem Tag.
>Das macht ihr so schnell keiner nach.«

»Fünf Rollen Garn!«, rief der König erstaunt. »Bei meinem Hosenband und meiner Krone! Dass jemand so viel schafft, habe ich noch nie gehört. Gute Frau, ich bin gerade auf Brautschau, und mir scheint, Eure Tochter wäre genau die Richtige für mich. In ihrem ersten Jahr als Königin gibt es allerdings eine Bedingung. Elf Monate lang soll sie alles bekommen, was ihr Herz begehrt. Sie kann sich die besten Speisen und die feinsten Kleider aussuchen, und so viele Hofdamen, wie es ihr beliebt. Im zwölften Monat aber soll sie jeden Tag fünf Rollen Garn spinnen. Und wenn sie das nicht schafft, muss sie sterben. Was haltet Ihr davon? Sind wir uns einig?«

Die Pastetenbäckerin war einverstanden. Machte ihre Tochter, wenn sie den König heiratete, doch eine großartige Partie. Was die fünf Rollen Garn betraf, dachte sich die Mutter: Kommt Zeit, kommt Rat. Abgesehen davon waren elf Monate eine lange Zeit. Vielleicht hatte der König den Handel bis dahin längst vergessen.

Erstmal würde ihre Tochter jedenfalls Königin werden. Also heirateten die beiden und elf Monate lang war die junge Braut so glücklich, wie man es nur sein konnte. Sie durfte essen, was und so viel sie wollte, trug die feinsten Kleider und hatte einen ganzen Hofstaat um sich herum. Und der König war der liebenswürdigste Ehemann, den man sich nur vorstellen konnte. Doch als der zehnte Monat anbrach, musste das Mädchen wieder an die fünf Rollen Garn denken, die es Tag für Tag spinnen sollte, sobald der elfte Monat vorüber war. Oder hatte der König den Handel tatsächlich vergessen? Als der elfte Monat anbrach, hatte die junge Königin nachts schon Albträume. Dabei hatte der König kein Wort mehr über die Abmachung verloren und sie hoffte, er würde gar nicht mehr daran denken.

Am letzten Tag des elften Monats jedoch führte der König seine Frau in einen Raum, den sie zuvor nie betreten hatte. Der Raum war leer und er hatte nur ein einziges Fenster – und darunter standen ein Schemel und ein Spinnrad.

»Bald ist es so weit, meine Liebe«, sagte der König. »Ab morgen wirst du einen Monat lang jeden Tag hinter verschlossener Tür in diesem Raum verbringen, mit nichts als etwas zu Essen und genug Flachs für fünf Rollen Garn. Und wenn du die nicht bis zum Abend gesponnen hast, wirst du geköpft.«

Das jagte der jungen Königin gehörige Angst ein. Sie konnte doch gar nicht spinnen, weil sie sich in ihrer Gedankenlosigkeit nie die Mühe gemacht hatte, es sich bei ihrer Mutter abzuschauen. Was sollte sie nur machen? Jetzt, da sie Königin war, konnte ihre Mutter ihr auch nicht mehr helfen, denn die wohnte ja nicht bei ihr im Palast. Die junge Königin verbarri-

kadierte sich in ihrem Zimmer, setzte sich auf einen der gepolsterten Hocker und fing bitterlich an zu weinen.

Während sie dort hockte und sich fast die Augen ausweinte, hörte sie an der Tür ein sonderbares Rascheln. Zunächst dachte sie, es wäre eine Maus. Oder hatte jemand angeklopft und vor lauter Schluchzen hatte sie es nicht gehört?

Sie raffte sich auf und öffnete die Tür. Und sie traute ihren Augen kaum, als sie sah, wer oder besser gesagt, was dort vor ihr stand. Es war ein kleines, schwarzes Etwas mit einem langen, dünnen Ringelschwanz, der blitzschnell hin und her peitschte und sich aufrollte.

»Warum weinst du denn?«, fragte das kleine, schwarze Etwas und machte eine Verbeugung, wobei es seinen Ringelschwanz so blitzschnell aufrollte, dass man es mit einem Blick kaum verfolgen konnte.

»Was geht dich das an?«, fragte die junge Königin ihrerseits und wich einen Schritt zurück, denn dieses Etwas mit seinem langen, dünnen Ringelschwanz schien ihr nicht ganz geheuer.

»Sieh einfach nicht hin, wenn es dir unheimlich ist«, sagte das kleine, schwarze Etwas mit einem frechen Grinsen. »Aber schau mal auf meine Füße! Sind die nicht schick?«

Das Etwas trug hochhackige, spitze Schnallenschuhe. Und die waren tatsächlich recht schick, sodass der Königin der lange, dünne Ringelschwanz kaum noch auffiel und ihr das kleine, schwarze Etwas schon weniger unheimlich war. Als das Etwas noch einmal fragte, warum sie weinte, zog sie die Nase hoch und antwortete: »Es dir zu erzählen, wird mir auch nicht helfen.«

»Woher willst du das wissen?«, fragte das kleine, schwarze Etwas, während sein langer, dünner Ringelschwanz hin und her peitschte und sich immer schneller aufrollte. »Sei ein braves Mädchen und erzähl es mir.«

»Na gut«, sagte die junge Königin. »Kann ja nicht schaden, wenn es schon nichts nutzt.« Sie wischte sich die Tränen aus ihrem hübschen Gesicht und erzählte dem kleinen, schwarzen Etwas alles von Anfang an, von den Pasteten, die ihre Mutter gebacken hatte, bis zu den fünf Rollen Garn, die sie nun Tag für Tag spinnen sollte.

Daraufhin brach das kleine, schwarze Etwas in schallendes Gelächter aus. »Was denn, das ist alles?«, fragte es und fügte hinzu: »Das lässt sich ganz einfach regeln. Ich komme jeden Morgen an dein Fenster und hole mir den Flachs, und am Abend bringe ich dir die fünf Rollen Garn. Einverstanden?«

Die junge Königin mochte zwar ansonsten gedankenlos sein, aber nun war sie doch auf der Hut.

»Und was verlangst du dafür?«, fragte sie das kleine, schwarze Etwas.

Das Etwas ließ seinen Ringelschwanz so schnell hin und her peitschen, dass man ihn kaum noch erkennen konnte. Dann stellte es sich in seinen schicken Schuhen auf die Zehenspitzen, setzte abermals sein freches Grinsen auf und warf der Königin einen verschlagenen Blick zu. »Jeden Abend werde ich dich drei Mal raten lassen, wie ich heiße. Und wenn du meinen Namen bis zum Ende des Monats nicht erraten hast, tja dann …« – das kleine schwarze Etwas ließ den Ringelschwanz noch schneller hin und her peitschen, stellte sich noch höher auf die Zehenspitzen und setzte ein noch frecheres Grinsen auf – »dann gehörst du mir, schönes Kind.«

Einen ganzen Monat lang jeden Abend drei Mal raten! Da sollte es doch wohl kein Problem sein, auf den Namen des kleinen, schwarzen Etwas zu kommen, dachte sich die junge

Königin. Abgesehen davon, was blieb ihr auch anderes übrig? Also sagte sie: »Na gut. Einverstanden.«

Oh, wie schnell das kleine, schwarze Etwas daraufhin seinen langen, dünnen Ringelschwanz hin und her peitschen ließ! Und wie hoch es sich auf die Zehenspitzen stellte!

Am nächsten Morgen brachte der König seine Frau in den Raum, wo das Spinnrad stand – neben einer Tagesration Essen und einem riesigen Berg Flachs.

»Da wären wir, meine Liebe«, sagte er so liebenswürdig wie eh und je. »Und denk daran, wenn du am Abend nicht fünf Rollen Garn fertig hast, muss ich dich leider köpfen lassen.«

Die junge Königin zitterte vor Angst. Sobald der König gegangen war und die Tür hinter sich abgeschlossen hatte, wäre sie am liebsten sofort wieder in Tränen ausgebrochen. Dann aber hörte sie am Fenster ein leises Klopfen. Wie am Tag zuvor raffte sie sich auf, und da saß das kleine, schwarze Etwas auf dem Fensterbrett, ließ die Füße in den schicken Schnallenschuhen herunterbaumeln und den Ringelschwanz schneller hin und her peitschen denn je.

»Guten Morgen, schönes Kind«, sagte das Etwas. »Also dann, her mit dem Flachs!«

Die junge Königin gab dem kleinen, schwarzen Etwas den Flachs, schloss hastig das Fenster, und wie man sich denken kann, machte sie sich sogleich über ihren Proviant her, denn wie allseits bekannt, hatte sie einen gesegneten Appetit. Da der König sein Versprechen hielt und es ihr diesbezüglich an nichts fehlte, konnte sie sich nun den ganzen Tag lang satt essen. Am frühen Abend hörte sie wieder das leise Klopfen, und als sie das Fenster öffnete, stand dort das kleine, schwarze Etwas mit fünf Rollen Garn.

Schnell wie nie zuvor peitschte der lange, dünne Ringelschwanz hin und her und rollte sich auf und wieder ab, als sich das Etwas auf die Zehenspitzen stellte. Es machte eine Verbeugung und reichte der jungen Königin mit einem Grinsen die fünf Garnrollen.

»Nun, schönes Kind, was glaubst du, wie ich heiße?«, fragte das Etwas dann auch sogleich.

Woraufhin die junge Königin unbekümmert zu raten begann.

»Vielleicht Bill?«

»Aber nein«, antwortete das Etwas, während sich der Ringelschwanz aufrollte.

»Oder Ned?«

»Ganz falsch«, sagte das Etwas, während der Ringelschwanz hin und her peitschte.

»Tja«, sagte die Königin und dachte etwas länger nach. »Heißt du vielleicht Mark?«

»Auch nicht«, gab das kleine, schwarze Etwas mit Gelächter zurück. Blitzschnell rollte es den Ringelschwanz auf und flatterte einfach davon.

Als der König schließlich den Raum betrat, nahm er zufrieden zur Kenntnis, dass dort fünf Rollen Garn für ihn bereit lagen. Und er war froh darüber, denn er war seiner hübschen, jungen Frau sehr zugetan.

»Also brauche ich dich heute wohl noch nicht köpfen zu lassen, meine Liebe«, sagte er und fügte hinzu: »An den anderen Tagen hoffentlich auch nicht.« Dann wünschte er seiner Frau eine gute Nacht, verließ den Raum und schloss die Tür wieder ab.

Am nächsten Morgen ließ er der jungen Königin neuen Flachs und noch mehr Proviant bringen. Abermals klopfte das kleine, schwarze Etwas ans Fenster und stellte sich auf die Zehenspitzen, während sein langer, dünner Ringelschwanz hin und her peitschte und sich aufrollte. Es nahm den Flachs mit und brachte ihn am Abend zu fünf Rollen Garn gesponnen wieder zurück. Dann ließ es die junge Königin drei Mal seinen Namen raten. Aber sie erriet ihn nicht, und wieder flatterte das Etwas mit Gelächter davon.

So ging es fortan Tag für Tag. Jeden Abend hatte die junge Königin drei Versuche, aber es gelang ihr nicht, den Namen zu erraten. Und von Tag zu Tag wurde das Gelächter des kleinen, schwarzen Etwas lauter, sein Grinsen frecher und sein Blick verschlagener. Da bekam die Königin es allmählich mit der Angst zu tun. Anstatt sich den ganzen Tag lang an ihrem Proviant schadlos zu halten, ließ sie sich nun ununterbrochen alle möglichen Namen durch den Kopf gehen. Aber der richtige war nie dabei.

Schließlich war der vorletzte Tag des Monats gekommen, und als das kleine, schwarze Etwas am Abend mit den fünf Garnrollen erschien, konnte es sich vor diebischer Freude kaum noch halten.

»Und? Hast du meinen Namen immer noch nicht erraten?«, fragte es mit seinem frechsten Grinsen.

Die junge Königin, die sogar die Bibel gelesen hatte, wagte den ersten Versuch.

»Lautet er Nikodemus?«

»Nein, so lautet er nicht«, antwortete das Etwas und ließ seinen langen, dünnen Ringelschwanz blitzschnell hin und her peitschen.

»Oder Samuel?«, fragte die Königin noch unsicherer, als sie es ohnehin schon gewesen war.

»Wieder falsch, schönes Kind«, gab das Etwas mit seinem allerfrechsten, geradezu boshaften Grinsen zurück.

»Dann … vielleicht Methusalem?«, fragte die junge Königin, mittlerweile den Tränen nahe.

Dafür hatte das kleine, schwarze Etwas nicht mehr übrig als einen vernichtenden Blick aus Augen, die glühten wie Kohle, bevor es sagte: »Nein, der ist es auch nicht. Nun bleibt dir nur noch der morgige Tag, und am Abend gehörst du mir.«

Und weg war es, mit so schnell hin und her peitschendem Ringelschwanz, dass einem beim Zusehen ganz schwindelig wurde.

Die junge Königin war so verzweifelt, dass sie nicht einmal mehr weinen konnte. Dennoch riss sie sich zusammen, als sie vor der Tür ihren Mann, den König, hörte. Und sie gab sich alle Mühe, ein tapferes Lächeln aufzusetzen, als er sagte: »Gut gemacht, meine Liebe! Fünf weitere Rollen Garn! Wie es aussieht, brauche ich dich tatsächlich nicht köpfen zu lassen. Da können wir es uns heute wohl ein bisschen gutgehen lassen.« Er ließ das Abendessen in dem kleinen Raum servieren und einen weiteren Schemel bringen, und dann saßen die beiden beieinander wie Liebende es eben tun.

Doch die Königin musste unaufhörlich an das kleine, schwarze Etwas denken und brachte keinen Bissen herunter. Der König hatte selbst erst eine oder zwei Gabeln zu sich genommen, als er plötzlich anfing, laut zu lachen, und offenbar gar nicht mehr aufhören konnte. Daraufhin fragte ihn die bekümmerte Königin:

»Worüber lachst du denn so?«

»Über etwas, das ich heute gesehen habe, meine Liebe«, antwortete der König. »Ich war auf der Jagd und geriet in einen Wald, in dem ich noch nie gewesen war. Ich kam an einen alten Kalksteinbruch, und da hörte ich ein seltsames Rascheln.

Ich stieg vom Pferd, um nachzusehen, woher das merkwürdige Geräusch wohl kommen mochte, und schlich mich leise an den Rand der Grube. Du wirst mir nicht glauben, was ich dort unten sah! Ein komisches kleines Etwas. Es war so witzig, das kannst du dir gar nicht vorstellen. Es hatte ein kleines Spinnrad und spulte Flachs auf Garnrollen, so schnell, als ob es um sein Leben ginge. Aber das war nichts gegen seinen Ringelschwanz. Der peitschte hin und her und rollte sich schneller auf als die Spulen auf dem Spinnrad. So etwas hast du bestimmt noch nicht gesehen. Die kleinen Füßchen steckten in spitzen, hoch-hackigen Schnallenschuhen und sausten in Windeseile auf und ab. Und die ganze Zeitlang sang dieses komische, kleine, schwarze Ding:

> »Kennt ihr meinen Namen, ja oder nein?
> Ratet mal! Könnte es nicht Tom-Tit-Tot sein?«

Als die Königin das hörte, hätte sie vor Freude beinahe einen Luftsprung gemacht. Aber sie schaffte es, ruhig sitzen zu bleiben, und allmählich kehrte sogar ihr gesegneter Appetit zurück.

Auch am nächsten Morgen, als das kleine, schwarze Etwas vor ihrem Fenster erschien, um den Flachs abzuholen, ließ sie sich nichts anmerken. Und das fiel ihr umso schwerer, denn das Etwas grinste so unverschämt, dass sie sich zusammenreißen musste, um nicht laut aufzulachen. Aber nun konnte sie sicher sein, dass sie es austricksen würde. Als sie es dann am Abend ans Fenster klopfen hörte, setzte sie eine Trauermine auf und öff-nete so zögerlich, als würde sie vor lauter Angst fast vergehen. Das kleine, schwarze Etwas jedoch sprang einfach vom Fens-terbrett in den Raum hinein und grinste frech über das ganze

Gesicht. Ach, wie der lange, dünne Ringelschwanz da hin und her peitschte und sich aufrollte!

»Nun, schönes Kind«, begann das kleine, schwarze Etwas, als es der Königin die fünf Rollen Garn reichte. »Weißt du immer noch nicht, wie ich heiße?«

Mit gesenktem Kopf stammelte die Königin wie unter Tränen: »Sa- Salomon, vie- vielleicht?«

»Ganz falsch«, antwortete das Etwas mit seinem verschlagenen Grinsen und kam einen Schritt näher.

Beim nächsten Versuch klang die Königin, als wäre sie vor Angst kaum noch in der Lage, auch nur ein einziges Wort herauszubringen.

»Z- Ze- Zebedäus?«

»Wieder falsch«, rief das kleine, schwarze Etwas mit geradezu diebischer Freude. Es kam noch einen Schritt näher und streckte schon seine kleinen, schwarzen Arme aus. Und, oh, dieser lange, dünne Ringelschwanz … !!!

»Lass dir ruhig Zeit, schönes Kind«, sagte das Etwas triumphierend und verschlang die Königin mit Blicken aus seinen kleinen, schwarzen Augen. »Lass dir nur Zeit. Und vergiss nicht: Noch einmal raten, dann gehörst du mir!«

Die Königin wich ein wenig zurück, aber nur einen ganz kleinen Schritt, weil sie das kleine, schwarze Etwas so unansehnlich fand. Dann streckte sie laut lachend den Arm so weit aus, dass sie dem Etwas fast an die Brust tippte, und sagte:

»Kenne ich deinen Namen, ja oder nein?
Ich rate mal, könnte es vielleicht Tom-Tit-Tot sein?«

Noch nie hat man so lautes Gekreische gehört wie das des kleinen, schwarzen Etwas. Sein langer, dünner Ringelschwanz sackte kläglich in sich zusammen und seine Füße schrumpften in den schicken Schnallenschuhen. Sodann flatterte es aus dem Fenster und verschwand in der Dunkelheit.

Und die junge Königin? Die sah das kleine, schwarze Etwas nie wieder und wurde glücklich mit ihrem Mann, dem König.

Die goldene Schnupftabakdose

In den guten alten Zeiten, die schon so lange her sind, dass weder ich, noch ihr, noch sonst jemand, den wir kennen, sich daran erinnert, lebten ein Mann und eine Frau, die hatten einen Sohn, der hieß Jack und las furchtbar gern Bücher. Er las und las und las, und weil er mit seinen Eltern in einem einsamen Haus in einem einsamen Wald wohnte und außer seinem Vater und seiner Mutter niemanden zu sehen bekam, war er irgendwann ganz versessen darauf, in die Welt hinauszuziehen – um hübsche Prinzessinnen kennenzulernen und so weiter.

Eines Tages sagte er zu seiner Mutter, dass er nun fortgehen wolle, woraufhin sie ihn einen schwachköpfigen Luftikus nannte und noch hinzufügte, zu Hause sei er ohnehin zu nichts nutze, also könne er ebenso gut in der Ferne sein Glück suchen. Dann fragte sie ihn, ob sie ihm lieber einen kleinen Kuchen und ihren Segen mitgeben solle oder einen großen mit einem Fluch. Und Jack, der wie die meisten jungen Männer so gut wie immer Hunger hatte, nahm kein Blatt vor den Mund, sondern antwortete ganz ehrlich:

»Also, wenn du mich so fragst, nehme ich lieber den großen.«

Seine Mutter packte ihm also einen großen Kuchen ein, und als er sich auf den Weg machte, lief sie hinauf in die obere Etage des Hauses und rief ihm ein paar Verwünschungen hinterher. Wisst ihr, sie konnte eben nicht anders. Doch kaum war er außer Sichtweite, setzte sie sich hin und brach in Tränen aus.

Jack war noch gar nicht weit gegangen, da traf er auf seinen Vater, der gerade ein Feld umpflügte. Der gute Mann war sehr betrübt, als sein Sohn ihm erzählte, dass er fortgehen wolle, umso mehr, als er hörte, dass seine Frau dem Jungen ein paar Flüche mit auf den Weg gegeben hatte. Er überlegte, wie er das Ganze wieder gutmachen konnte, und zog schließlich eine kleine goldene Schnupftabakdose aus der Hosentasche. Die gab er seinem Sohn und erklärte ihm:

»Solltest du jemals in Todesgefahr geraten, darfst du diese Dose öffnen. Und nur dann! Sie ist seit Generationen im Besitz unserer Familie. Bisher lebten alle so friedlich im Wald wie wir beide, deshalb hat keiner von uns sie jemals benutzen müssen. Doch wer weiß, vielleicht bist du der erste.«

Jack steckte die Schnupftabakdose in die Hosentasche und ging weiter seines Weges.

Nach einiger Zeit wurde er schrecklich müde und bekam großen Hunger. Den Kuchen hatte er nämlich längst gegessen, und mittlerweile war es schon so dunkel, dass er kaum noch die Hand vor Augen sehen konnte.

Endlich kam er an ein großes Haus, und dort bat er an der Hinterpforte um Kost und Logis. Da Jack ein gutaussehender junger Bursche war, gewährte die Magd ihm sogleich Einlass. Sie sagte ihm, er könne sich an den Ofen setzen und versorgte ihn mit reichlich gutem Fleisch, Brot und Bier. Während er sein Mahl verzehrte, kam die Tochter des Hauses, ein heiteres junges Mädchen, in die Küche. Als sie Jack sah, lief sie schnurstracks zu ihrem Vater, sagte ihm, unten in der Küche sitze der bestaussehende junge Mann, der ihr jemals begegnet sei, und wenn ihr Vater sie wirklich liebe, solle er ihm doch bitte eine Beschäftigung geben. Dem Hausherrn bedeutete seine Tochter, das heitere junge Mädchen, tatsächlich sehr viel, und da er sie nicht enttäuschen wollte, ging er selbst hinunter in die Küche und fragte Jack, welche Tätigkeiten er denn verrichten könne.

»Alle möglichen«, antwortete Jack unbekümmert, womit er natürlich meinte, alle möglichen, die in Haus und Garten normalerweise so anfallen.

Der Hausherr jedoch witterte sogleich die Chance, einerseits seiner Tochter einen Gefallen zu tun und sich andererseits den Aufwand zu schenken, eine angemessene Tätigkeit für Jack zu finden. Deshalb sagte er zu ihm: »Aha, alle möglichen! Da habe ich doch schon etwas Passendes für dich: Bis acht Uhr morgen früh musst du vor meinem Haus einen See von vier Meilen Durchmesser gegraben haben, auf dem eine Flotte von Schiffen schwimmt, die vor meinem Haus Position beziehen und aus ihren Kanonen Salut schießen. Die Kanonenkugel des letzten Schusses muss eins der vier Beine des Himmelbettes treffen, in dem meine Tochter schläft – denn das tut sie morgens grundsätzlich zu lange.«

Tja, da war Jack erstmal geplättet. Doch ungeachtet dessen fragte er:

»Und wenn nicht?«

»Dann«, so der Hausherr, »hast du dein Leben verwirkt.«

Er wies die Bediensteten an, Jack in eins der Zimmer hoch oben in einem der Türmchen des Herrenhauses zu bringen und dort einzuschließen.

Jack setzte sich auf die Bettkante und überlegte fieberhaft, was er nun machen sollte. Aber er war so durcheinander, dass er kaum noch in der Lage war, seinen Ellbogen von seinem Knie zu unterscheiden. Also beschloss er, vorerst nicht weiter darüber nachzudenken. Er sprach sein Abendgebet und legte sich ins Bett, in der Hoffnung, dass er überhaupt schlafen konnte. Und wie er schlafen konnte! Als er aufwachte, war es bereits kurz vor acht und ihm blieb kaum Zeit, zum Fenster zu laufen und einen Blick hinauszuwerfen, als die große Turmuhr auch schon zu surren begann. Im nächsten Moment würde sie zur vollen Stunde schlagen, und der von Blumenbeeten, Büschen und Rosenstöcken umrandete Rasen vor dem Haus war immer noch da. Doch dann fiel Jack die kleine goldene Schnupftabakdose wieder ein.

»Wenn das keine Todesgefahr ist, dann weiß ich es nicht«, murmelte er vor sich hin und zog die goldene Schnupftabakdose aus der Hosentasche.

Kaum hatte er den Deckel geöffnet, sprangen drei spaßige kleine, rote Männchen mit roten Nachtmützen heraus. Sie rieben sich den Schlaf aus den Augen und gähnten, denn wie wir von Jacks Vater ja bereits erfahren haben, hatten sie jahrzehntelang in der Schnupftabakdose ihre Ruhe gehabt.

»Was willst du, Meister?«, fragten sie gähnend. Jack, der angestrengt mit einem Ohr auf das Surren der Turmuhr lauschte, blieb gerade noch Zeit, ihnen zuzurufen, was er wollte. Und während die roten Männchen hastig aus dem Fenster hinaussausten, hörte er die Turmuhr auch schon schlagen. Doch plötzlich hörte er darüber hinaus noch etwas ganz anderes:

Bumm! Bumm! Bumm! Bumm! Bumm! Bumm!

So donnerten die Kanonen. Und die letzte musste tatsächlich ein Bein des Himmelbettes getroffen haben. Denn die heitere, junge Tochter des Hauses stand mit ihrer Nachthaube auf dem Kopf am Fenster und sah mit vor Staunen offenem Mund hinunter auf den See und die Schiffe, die darauf schwammen.

Auch Jack staunte nicht schlecht! So etwas hatte er noch nie gesehen. Er fand es beinahe schade, dass die drei roten Männchen ihm für einen Moment die Sicht nahmen, als sie durch das Fenster wieder hereinsausten und über den Rand der goldenen Schnupftabakdose kletterten.

»Nächstes Mal sagst du uns aber eher Bescheid, Meister«, murrten sie. Dann zogen sie den Deckel herunter und Jack hörte sie noch einmal herzhaft gähnen, bevor sie wieder einschliefen.

Ihr könnt euch wohl denken, wie verwundert der Hausherr war, noch dazu, als seine heitere, junge Tochter erklärte, sie wolle den jungen Mann, der dieses Wunder vollbracht hatte, heiraten. Ein anderer komme fortan nicht mehr in Frage. Aber sicher habt ihr euch ohnehin längst gedacht, dass sich die beiden schon auf den ersten Blick ineinander verliebt hatten.

Der Hausherr allerdings war noch längst nicht überzeugt. »Der junge Mann scheint mir in der Tat ein Tausendsassa zu sein«, kam er nicht umhin einzuräumen, um gleich darauf seine Bedenken zu äußern: »Wie können wir sicher sein, dass es sich hierbei nicht eher um einen Glückstreffer handelt denn um echtes Können oder der junge Bursche gar Dreck am Stecken hat. Wir sollten ihn lieber noch einmal auf die Probe stellen.«

Ganz in diesem Sinne sagte er anschließend zu Jack: »Meine Tochter soll in einem prächtigen Haus wohnen. Deshalb erwarte ich von dir, dass morgen früh um acht Uhr ein Schloss auf zwölf goldenen Säulen in dem See steht, und gleich daneben eine Kirche. All das sollte übrigens schon für eure Hochzeit geschmückt sein, und natürlich müssen um Punkt acht die Hochzeitsglocken läuten. Wenn du das nicht hinbekommst, hast du dein Leben verwirkt.«

Diesmal nahm Jack sich vor, den kleinen roten Männchen mehr Zeit zu geben. Aber da er den ganzen Tag lang vergnügt umhergestreift war und reichhaltige Mahlzeiten zu sich genommen hatte, verschlief er auch am nächsten Morgen. Erst als die große Turmuhr zu surren begann, wurde er wach. Hastig sprang er aus dem Bett und griff sofort nach der goldenen Schnupftabakdose. Doch schlaftrunken wie er war, wusste er nicht mehr, wo er sie hingelegt hatte. Als er sie endlich unter seinem Kopfkissen fand, den Deckel aufriss und den roten Männchen zubrüllte, was sie zu tun hatten, hörte er die Turmuhr bereits schlagen. Ihr hättet einmal sehen sollen, wie sich die roten Männchen gähnend reckten und streckten und in ihrer Hast aus der Schnupftabakdose stolperten. Jack fürchtete schon, nun hätte er tatsächlich sein Leben verwirkt. Doch mit dem letzten Schlag der Turmuhr ertönte helles Glockengeläut und in der Mitte des Sees stand ein Schloss nebst Kirche auf zwölf goldenen Säulen. Alles war bereits für die Hochzeit geschmückt, und ein Heer von Bediensteten und Vasallen in Sonntagsuniformen stand schon Spalier.

So etwas hatte Jack noch nie gesehen, und die heitere, junge Tochter des Hauses ebenfalls nicht. Denn natürlich stand sie auch an diesem Morgen mit ihrer Nachthaube auf dem Kopf am Fenster. Und sie sah so hübsch aus und schien so erfreut, dass Jack ein bisschen ärgerlich wurde, weil er einen Schritt zur Seite gehen musste, als die drei roten Männchen durch das Fenster wieder hereinsausten und in die goldene Schnupftabakdose kletterten. Noch ärgerlicher aber waren die drei kleinen, roten Männchen selbst, hatten sie an diesem Morgen doch alles in noch größerer Eile erledigen müssen als am Tag zuvor. Sie murrten und meckerten vor sich hin, sodass Jack froh war, als sie endlich den Deckel der Schnupftabakdose herunterzogen und er sie kurz darauf schnarchen hörte.

Selbstverständlich heirateten Jack und die heitere, junge Tochter des Hauses sogleich, und für eine Weile waren sie so glücklich, wie der Tag lang ist. Jack trug feine Kleidung, bekam wohlschmeckendes Essen serviert und hatte ebenso viele Dienstboten, die ihm aufwarteten, wie Freunde, die um ihn herumscharwenzelten.

Er konnte sich wirklich glücklich schätzen. Doch er musste die bittere Erfahrung machen, dass der Fluch einer Mutter nicht so einfach aus der Welt zu schaffen ist und einen irgendwann einholt.

In Jacks Fall geschah das, als er eines Tages mit all den feinen Damen und Herren auf die Jagd ging und vergaß, die goldene Schnupftabakdose (die er sonst immer bei sich trug, damit ihm nichts passierte) aus der Westentasche zu nehmen und in seinen roten Jagdrock zu stecken. Und so kam es, wie es kommen musste. Denn einer der Dienstboten ließ sie auf den Boden fallen, als er die Weste zusammenlegen wollte. Der Deckel sprang auf und die drei kleinen, roten Männchen purzelten heraus.

Sie gähnten erst einmal herzhaft und reckten und streckten sich. Doch als sie merkten, dass sie gar nicht herbeibefohlen worden waren, weil ja keinerlei Todesgefahr bestand, schimpften sie sogleich drauflos und sagten, sie hätten große Lust, sich davonzumachen und das Schloss samt goldenen Säulen und allem Drum und Dran mitzunehmen.

Als der Dienstbote das hörte, spitzte er die Ohren und fragte:

»Könnt ihr das denn so einfach?«

»Ob wir das können?«, gaben die drei roten Männchen zurück und lachten sich halb kaputt. »Was für eine Frage! Es gibt nichts, das wir nicht können.«

Gewieft, wie der Diener war, kam ihm sogleich ein Gedanke. »Dann bringt mir das Schloss mit dem Drumherum doch irgendwohin, wo euer Meister uns nicht mehr stören kann.«

Die drei roten Männchen wären nicht verpflichtet gewesen, dieser Aufforderung Folge zu leisten. Aber so wütend, wie sie auf Jack waren, hatte der Dienstbote es kaum ausgesprochen, da war der Auftrag auch schon erledigt. Und als die Jagdgesellschaft zurückkehrte – lieber Himmel, was für ein Schreck! Schloss samt Kirche und allem Drumherum waren weg.

Es herrschte Fassungslosigkeit. Ein Betrüger sei er, musste Jack sich anhören. Ein Schurke! Sein Schwiegervater machte ihm die Hölle heiß: Wie hatte er die heitere, junge Tochter des Hauses dermaßen hinters Licht führen können! Doch schließlich ließ er sich zumindest darauf ein, Jack zwölf Monate und einen Tag Zeit zu geben, um das Schloss mit allem Drum und Dran zurückzuholen.

Mit einem wendigen Pferd und ein paar Talern in der Tasche machte Jack sich schleunigst auf den Weg.

Er ritt schnell, und er ritt weit, gen Osten und Westen, nach Norden und Süden, Hügel hinauf und hinab, Hänge hinab und hinauf, über Berge und durch Täler, er ritt an Wiesen entlang und durchquerte Weiden. Aber nirgends war auch nur die geringste Spur des verschwundenen Schlosses zu sehen. Irgendwann kam er zum Palast des Königs aller Mäuse. Vor dem Tor stand ein kleines Mäuschen mit Helm und Kettenhemd und hielt Wache. Es wollte Jack keinen Einlass gewähren, ehe er ihm nicht Auskunft darüber gegeben hatte, was ihn herführte. Erst als er sein Anliegen vorgetragen hatte, wurde er durchgelassen bis zum Tor des Innenhofs, wo ihn der nächste Mäusewächter erwartete. So arbeitete sich Jack Mäusewache für Mäusewache vor bis zum Thronsaal des Königs aller Mäuse, der, umgeben von seinen Mäusehöflingen, so liebenswürdig war, Jacks Anliegen Gehör zu schenken.

Er selbst habe nichts von einem verschwundenen Schloss gehört, sagte er wenig später. Doch da er der König aller Mäuse auf der ganzen Welt sei, bestehe die Möglichkeit herauszufinden, ob einer seiner Untertanen etwas davon mitbekommen hatte. Er befahl dem Maushofmeister, eine außerordentliche Versammlung des Mäuserats einzuberufen, und bis zu deren Beginn bot er Jack wahrhaft königliche Unterhaltung.

Aus aller Welt strömten graue Mäuse, braune Mäuse, weiße Mäuse, schwarze Mäuse und gescheckte Mäuse herbei. Doch als sie am nächsten Morgen alle versammelt waren, ließen sie durch ihren Sprecher verkünden:

»So leid es uns tut, Eure Majestät, aber von einem verschwundenen Schloss ist uns nichts bekannt.«

Daraufhin schlug der König aller Mäuse Jack vor: »Geh und frag meinen älteren Bruder, den König aller Frösche. Vielleicht kann er dir Auskunft geben. Am besten lässt du dein Pferd hier stehen und nimmst eins von meinen. Es kennt den Weg und bringt dich sicher dorthin.«

Jack machte sich also auf einem Pferd des Königs der Mäuse auf den Weg. Als er durch das äußere Tor ritt, war gerade Wachablösung und das kleine Mäuschen, das ihm tags zuvor Einlass gewährt hatte, kam ihm entgegen. Da Jack nicht nur ein gutaussehender sondern auch ein gutherziger junger Bursche war, hatte er daran gedacht, sich ein paar Krumen vom Abendessen einzustecken, um sich bei dem Mäusewächter für seine Freundlichkeit zu bedanken.

»Die sind für dich, Mäuslein«, sagte er und holte die Krumen aus der Hosentasche, »weil du dir die Zeit genommen hast, dir mein Anliegen anzuhören.«

Das Mäuschen bedankte sich herzlich, und dann fragte es, ob es Jack zum König der Frösche begleiten könne.

»Das geht nicht«, antwortete Jack. »Ich würde bestimmt Ärger mit eurem König bekommen.«

Aber das Mäuslein blieb hartnäckig. »Ich könnte dir von Nutzen sein«, sagte es. Und dann krabbelte es einfach an einem der Hinterbeine des Pferdes hinauf, sprang auf dessen Schweif und kroch in Jacks Jackentasche. Das Pferd verfiel sofort in Galopp, denn das Kribbeln von Mäusefüßchen an einem seiner Beine war ihm alles andere als recht.

Als Jack vor dem Palast des Königs aller Frösche ankam, stand vor dem Tor ein Frosch in einer Ritterrüstung mit einem blank polierten Helm auf dem Kopf und hielt Wache. Auch er wollte Jack nicht ohne eine Begründung Einlass gewähren, aber das Mäuschen beugte sich über den Saum von Jacks Jackentasche und erklärte dem wachhabenden Frosch, der König der Mäuse habe sie geschickt und bitte um unverzügliche Amtshilfe in einer dringenden Angelegenheit. Daraufhin wurden sie zum Thronsaal des Königs aller Frösche vorgelassen, wo dieser gerade mit den Froschhöflingen beisammensaß. Aber leider hatte auch er nichts von einem Schloss auf goldenen Säulen gehört. Er ließ sogleich den Froschrat einberufen, woraufhin sich am nächsten Morgen die Frösche aus aller Welt versammelten. Doch auch sie konnten seine Frage nur mit einem eindeutigen

»Quei, quo-quo-quei«

beantworten, was wie jeder, der der Sprache der Frösche einigermaßen mächtig ist, vermutlich weiß, soviel bedeutet wie »Nein, tut uns leid«.

Daraufhin sagte der König der Frösche zu Jack: »Dann bleibt uns nur noch eine Möglichkeit. Du musst dich an meinen ältesten Bruder, den König aller Vögel wenden. Seine Untertanen fliegen ja überall herum. Möglicherweise haben sie etwas gesehen. Am besten lässt du das Pferd meines jüngeren Bruders hier stehen und nimmst eins von meinen. Es kennt den Weg und bringt dich sicher dorthin.«

Also wechselte Jack ein weiteres Mal das Pferd und machte sich wieder auf den Weg. Und gutherzig wie er war, hatte er beim Essen am Abend zuvor natürlich auch an den wachhabenden Frosch gedacht und ein paar Krumen für ihn beiseite geschafft. Am Tor des Palastes traf er ihn nach seiner Wachablösung, und als er ihm die Krumen gab, fragte auch der Frosch, ob er ihn begleiten könne. Abermals sagte Jack, das ginge nicht, woraufhin der Frosch sich ebenso hartnäckig zeigte wie das Mäuschen. Er hüpfte einfach auf einen der Steigbügel und von dort aus mit einem »Plopp« auf die Kruppe des Pferdes. Noch ein weiterer Satz, und schon hockte er in Jacks anderer Jackentasche.

Diesmal verfiel das Pferd in den gestreckten Galopp, war ihm ein schleimiger Frosch auf dem Rücken doch noch unliebsamer als das leichte Kribbeln von Mäusefüßchen an den Hinterbeinen.

Nach einiger Zeit gelangte Jack zum Palast des Königs aller Vögel, vor dessen Tor ein Spatz und eine Krähe patrouillierten. Beide mit Musketen über den Schultern, boten sie einen derart komischen Anblick, dass Jack sich vor Lachen hätte ausschütten können, während die Maus und der Frosch sich aus seinen Jackentaschen herauslehnten und riefen:

»Wir sind Gesandte des Königs aller Mäuse und des Königs aller Frösche. Platz da, werte Herren!«

Das verblüffte die beiden gefiederten Wachen so sehr, dass sie Jack mit Maus und Frosch ungehindert passieren ließen.

Als die drei den Weg zum Thronsaal gefunden hatten, saß der König der Vögel dort inmitten seiner gefiederten Höflinge. Meisen, Rotkehlchen, Kormorane, Turteltauben – um nur ein paar zu nennen, denn alle möglichen Arten waren vertreten. Doch auch der König aller Vögel hatte nichts von einem verschwundenen Schloss gehört. Er beraumte umgehend eine Generalversammlung für den nächsten Morgen an, und aus aller Welt flogen die Vögel herbei. Aber keiner von ihnen hatte etwas gesehen oder gehört.

Jack war sehr enttäuscht, bis der König plötzlich aufsprang und rief:

»Moment mal, wo steckt denn der Adler? Ich sehe ihn nirgends.«

Der Haushofmeister – übrigens eine Meise – trat vor, machte eine Verbeugung und antwortete:

»Er lässt ausrichten, dass er sich leider ein wenig verspäten wird, Eure Majestät.«

»Verspäten?«, rief der König aufgebracht. »Schafft ihn sofort herbei!«

Zwei Lerchen schwangen sich sogleich in die Luft und zwitscherten so laut, dass auch der Adler es nicht überhören konnte. Wenig später waren sie schon nicht mehr zu sehen, und kurz darauf erschien vollkommen erschöpft, weil er so schnell geflogen war, der Adler.

»Habt Ihr ein verschwundenes Schloss auf zwölf goldenen Säulen gesehen?«, fragte der König.

»Mit Verlaub, Eure Majestät, von dort komme ich gerade«, erklärte der Adler und blinzelte mit seinen scharfen Augen, wie Adler es immerfort tun.

Daraufhin gerieten alle in einen wahren Freudentaumel. Und nachdem der Adler zur Stärkung erstmal ein halbes Kalb zu sich genommen hatte, damit er auf dem Rückflug nicht zwischenlanden musste, breitete er seine mächtigen Schwingen aus, auf denen Jack mit dem Mäuschen in der einen und dem Frosch in der anderen Jackentasche schon Platz genommen hatte. Sodann erhob er sich in Lüfte, um dem Befehl seines Königs Folge zu leisten und den rechtmäßigen Besitzer des verschwundenen Schlosses schnellstmöglich zu seinem Eigentum zu bringen.

Sie flogen über das Land und über die See, bis sie in weiter Entfernung das Schloss auf den zwölf goldenen Säulen erspähten. Doch sämtliche Türen und Fenster waren verschlossen und verriegelt. Der ehemalige Dienstbote und selbst ernannte Schlossherr war nämlich auf die Jagd gegangen. Und er verbarrikadierte immer alles, wenn er nicht zu Hause war, damit es ihm nicht jemand nachtun und das Schloss mir nichts, dir nichts fortschaffen konnte.

Jack zerbrach sich den Kopf darüber, wie er an die goldene Schnupftabakdose kommen sollte, aber das Mäuschen hatte schon einen Vorschlag parat:

»Ich kann sie doch holen. In jedem Schloss gibt es auch ein Mauseloch. Da komme ich bestimmt hinein.«

Voller Aufregung wartete Jack auf den Schwingen des Adlers, während das Mäuschen sein Glück versuchte.

»Hast du sie?«, rief er ungeduldig, woraufhin es aus dem Mauseloch zurückschallte:

»Na klar!«

Erneut herrschte allgemeiner Freudentaumel, dann machten sich die vier schleunigst auf den Flug zurück zum Palast des Königs aller Vögel, wo Jack das Pferd des Königs aller Frösche hatte stehenlassen. Das Schloss zurückzuholen hatte vorerst keine Eile, denn da Jack nun wieder im Besitz der goldenen Schnupftabakdose war, konnte er jederzeit die drei roten Männchen losschicken, um es ihm zurückzubringen. Auf dem Weg über das Meer machte er es sich zwischen den Schwingen des Adlers bequem und nachdem er so lange auf den Beinen gewesen war, schlief er vor lauter Müdigkeit sofort ein. Unterdessen debattierten das Mäuschen und der Adler darüber, wer von ihnen beiden Jack am meisten geholfen hatte. Da sie sich absolut nicht einig werden konnten, sollte der Frosch entscheiden. Der Frosch wiederum, der einen guten Richter abgegeben hätte, sagte, ohne eingehende Prüfung der Umstände könne er sich kein Urteil darüber erlauben, von daher möge man ihm die Angelegenheit bitte genauer schildern. Daraufhin holte das Mäuschen die goldene Schnupftabakdose aus Jacks Jackentasche, mit der das ganze Drama schließlich begonnen hatte, und berichtete von Anfang an alles ganz genau. Als es an der Stelle angekommen war, wo es sie wiedergefunden hatte, wurde Jack wach. Er streckte die Beine aus und plumps, fiel die goldene Schnupftabakdose ins Wasser und sank bis auf den Grund des Meeres.

»Wusste ich's doch, meine Zeit würde kommen«, sagte der Frosch und hüpfte sogleich hinterher.

Die drei anderen warteten und warteten und warteten – drei Tage und drei Nächte lang, aber das Fröschlein kam und kam nicht wieder. Betrübt waren sie schon kurz davor, die Hoffnung aufgegeben, dass sie es jemals wiedersehen würden, aber dann tauchte sein Näschen doch noch aus dem Wasser auf.

»Hast du sie?«, riefen die drei unisono.

»Nein«, antwortete der Frosch und schnappte nach Luft.

»Was machst du denn dann schon hier oben?«, gaben die anderen empört zurück.

»Luft holen«, antwortete der Frosch und tauchte sogleich wieder ab.

Zwei weitere Tage und Nächte mussten sie noch warten, bis der Frosch endlich wieder auftauchte. Und im Maul hatte er die Schnupftabakdose.

Abermals herrschte Freudentaumel, und dann flog der Adler die drei Gefährten schleunigst zurück zum Palast des Königs aller Vögel.

Aber ach, offenbar war es wieder einmal einer dieser Tage! Denn für Jack war der Ärger noch immer nicht vorbei, sollte der Fluch seiner Mutter ihn doch ein weiteres Mal einholen. Der König aller Vögel geriet nämlich außer sich, weil Jack das Schloss auf den goldenen Säulen nicht sofort mitgebracht hatte. Wenn er, der König aller Vögel, es nicht spätestens um acht Uhr am nächsten Morgen mit eigenen Augen sehe, so ereiferte er sich, müsse er wohl davon ausgehen, dass Jack ein Betrüger sei, ein Tunichtgut, der sich schon mal darauf einstellen könne, geköpft zu werden.

Da Jack sich nun eindeutig in Todesgefahr befand, öffnete er die goldene Schnupftabakdose und heraus purzelten die drei kleinen roten Männchen mit ihren roten Nachtmützen. Mittlerweile hatten sie sich beruhigt, und eigentlich waren sie sogar recht froh, wieder bei ihrem rechtmäßigen Meister zu sein, denn der kannte wenigstens die Regeln und störte sie nur bei echter Todesgefahr. Der ehemalige Dienstbote und selbsternannte Schlossherr hatte sie nämlich wegen jeder Kleinigkeit aus dem Schlaf gerissen. Aber wie ich euch kenne, wundert euch das nicht.

Bevor am nächsten Morgen der achte Glockenschlag verhallte, war das Schloss auf den goldenen Säulen mit allem Drum und Dran also an Ort und Stelle. Hochzufrieden gab der

König aller Vögel Jack das Pferd seines jüngeren Bruders zurück, damit er es dem König aller Frösche zurückbringen konnte. Kaum angekommen, geriet Jack dort in das gleiche Dilemma, sodass er die Schnupftabakdose abermals öffnen musste, um das Schloss zum König der Frösche bringen zu lassen. Das ärgerte die kleinen, roten Männchen schon ein wenig, aber dann sagten sie, daran ließe sich wohl nichts ändern. Gähnend machten sie sich ans Werk und brachten das Schloss herbei. So war auch der König der Frösche zufriedengestellt, und Jack durfte sich auf dem Pferd des Königs der Mäuse auf den Weg machen, um es eben diesem zurückzubringen. Und vermutlich ahnt ihr schon, was dort passierte. Ein weiteres Mal stolperten die drei kleinen roten Männchen also aus der Schnupftabak-

dose und schimpften, ob man ihnen denn überhaupt keinen Schlaf mehr gönnen wolle! Wie auch immer, jedenfalls brachten sie das Schloss vom Palast des Königs aller Frösche zum Palast des Königs aller Mäuse, damit auch dieser zufrieden war. Dann bekam Jack endlich sein eigenes Pferd zurück und konnte sich auf den Heimweg machen.

Aber die Zeit von einem Jahr und einem Tag, die sein Schwiegervater ihm eingeräumt hatte, war beinahe herum, und selbst Jacks sonst so heitere junge Frau, die sich fast die Augen ausgeweint hatte, weil sie ihren gutaussehenden Ehemann so sehr vermisste, glaubte kaum noch daran, dass sie ihn jemals wiedersehen würde. Dementsprechend groß war das Erstaunen, als er zurückkehrte. Da er jedoch das Schloss nicht bei sich hatte, hielt sich bei manchen die Begeisterung in Grenzen. Sein Schwiegervater schwor tausend Eide, dass Jack nun endgültig sein Leben verwirkt hatte, wenn das Schloss nicht am nächsten Morgen um Punkt acht Uhr wieder dort war, wo es hingehörte.

Genau darauf hatte Jack von Anfang an hinausgewollt. Denn sobald ihm echte Todesgefahr drohte, durfte er die goldene Schnupftabakdose öffnen und die Dienste der drei kleinen, roten Männchen in Anspruch nehmen. Das hatte er aber so oft auf die letzte Minute getan, dass er überlegte, was wohl das kleinere Übel wäre: Den roten Männchen mehr Zeit zu geben, hieß, er würde sich auch umso länger ihre Schimpftiraden anhören müssen. Gab er ihnen zu wenig Zeit, würden sie sich beim nächsten Mal noch mehr aufregen. Also wählte er den goldenen Mittelweg. Um fünf Minuten vor acht öffnete er den Deckel und hielt sich die Ohren zu.

Ihr könnt euch gar nicht vorstellen, wie die kleinen, roten Männchen gähnten, und wie sie dann schimpften und zeterten.

Was er sich überhaupt einbilde! Musste er den ganzen Arm nehmen, wenn man ihm den kleinen Finger reichte? Und wenn er sowieso ständig in Todesgefahr schwebte, könne er sich doch auch gleich den Kopf abschlagen lassen, damit das Ganze endlich mal ein Ende hatte!

Die Turmuhr begann zu surren … und Jack standen schon die Schweißperlen auf der Stirn.

»Gentlemen!«, unterbrach er das Gezeter, »uns läuft die Zeit davon.«

»Das ist das letzte Mal!«, schrien die roten Männchen. »Bei einem Meister, der jeden Tag glaubt, er sei in Todesgefahr, bleiben wir nicht länger.«

Dann sausten sie aus dem Fenster hinaus.

Und kamen nicht wieder zurück.

Die goldene Schnupftabakdose blieb leer.

Doch als Jack einen Blick hinauswarf, stand in der Mitte des Sees das Schloss auf den zwölf goldenen Säulen. Seine junge Frau stand ebenfalls am Fenster, heiter und hübsch wie eh und je, und natürlich mit ihrer Nachthaube auf dem Kopf.

So lebten sie glücklich bis ans Ende ihrer Tage.

Das Lumpenmädchen

In einem herrschaftlichen Palast hoch oben auf den Felsen über der tosenden See wohnte einst ein sehr reicher alter Graf, der keine Frau und keine Kinder mehr hatte. Einzig und allein eine Enkelin war ihm geblieben, aber von der wollte er nichts wissen. Er hasste sie, weil seine Lieblingstochter bei ihrer Geburt gestorben war. Als die Amme ihm das Neugeborene in die Arme legen wollte, hatte er sich geschworen, er werde dem Mädchen niemals ins Gesicht sehen. Mochte es leben oder sterben, das war ihm einerlei.

Fortan zog sich der alte Graf zurück. Den ganzen Tag lang saß er am Fenster, starrte auf das tosende Meer hinaus und beweinte die Tochter, die ihm gestorben war. Währenddessen wurde sein Haar weiß und wuchs ihm bis über die Schultern, und auch sein ebenso weißer Bart wurde immer länger. Mit der Zeit wickelten sich Haar und Bart um den Stuhl, auf dem der alte Mann saß, und dann um die Dielenböden. Die bitteren Tränen, die er Tag für Tag aus Trauer um seine verlorene Tochter vergoss, tropften auf das Fensterbrett und liefen die Felsen hinunter, bis aus dem Rinnsal ein kleiner Fluss geworden war, der ins Meer floss. Unterdessen wuchs die Enkelin des alten Grafen heran, ohne dass sich jemand um sie kümmerte oder sie einkleidete. Einzig und allein die alte Amme steckte ihr manchmal ein paar Reste aus der Küche zu oder gab ihr ein altes Kleid aus der Lumpensammlung, aber nur, wenn es niemand sah. Die anderen Dienstboten verscheuchten das Mädchen, sobald sie es sahen, manchmal sogar mit ein paar Hieben. »Lumpenmädchen!« riefen sie ihm hinterher und machten sich lustig über die nackten Füße und die zerrissene Kleidung. Dann huschte das Mädchen weinend davon und verschwand zwischen den Sträuchern und Büschen, die den Palast umgaben.

So fristete das Lumpenmädchen sein kümmerliches Dasein vor den Toren des Palastes, manchmal ohne etwas zu Essen oder zu Trinken. Die einzige Gesellschaft, die es hatte, war ein Gänsehirte, der auf den Wiesen um den Palast herum seine Gänse hütete. Er war ein merkwürdiger, aber freundlicher kleiner Geselle. Und er besaß eine kleine Flöte. Wenn das Mädchen traurig war oder wenn es allzu großen Hunger leiden und bei bitterer Kälte gar frieren musste, spielte er darauf so muntere Weisen, dass der Kummer bald vergessen war. Obwohl der Hirte ein wenig hinkte, tanzten die beiden dann fröhlich um die schnatternden Gänse herum.

Eines Tages verbreitete sich die Nachricht, dass der König durchs Land reiste und ein großes Fest zu Ehren der Landjunker und Grafen geben wollte. Aus deren Töchtern oder Enkelinnen, so hieß es, solle sich der Prinz eine Braut aussuchen. Im Palast auf den Felsen hoch über der tosenden See wurde die Einladung gerade noch rechtzeitig abgegeben und die Diener trugen sie sogleich hinauf in die Stube des alten Grafen, der mittlerweile gänzlich eingeschnürt in sein langes weißes Haar und den langen weißen Bart noch immer am Fenster saß, während seine bitteren Tränen die Felsen hinunterrannen.

Als man ihm die Einladung überbrachte, trocknete er sich die Tränen von den Wangen und befahl den Dienern, eine Schere zu holen, um ihn loszuschneiden, denn er selbst konnte sich kaum noch rühren. Als das geschehen war, ließ er

Das Lumpenmädchen tanzt, während die Gänse fröhlich schnattern.

sich feine Kleidung bringen, seinen Schimmel satteln und ihm goldenes Zaumzeug anlegen. Dann schmückte er sich mit seinen kostbaren Juwelen und machte sich auf den Weg zu den Festlichkeiten. Was er dabei allerdings vergessen hatte, war die Tatsache, dass er selbst eine Enkelin hatte, die er hätte mitnehmen können.

Währenddessen hockte das Lumpenmädchen vor der Küchentür und schluchzte bitterlich, weil es das große Fest verpassen würde. Daraufhin ging die alte Amme zu dem Grafen und bat ihn, seine Enkelin zu den Festlichkeiten mitzunehmen.

Der Graf jedoch antwortete ungehalten, sie solle den Mund halten, woraufhin sie von den anderen Dienstboten auch noch ausgelacht wurde. »Das Lumpenmädchen kennt ja nichts anderes als seine Lumpen. Soll es sich doch mit dem Gänsehirten amüsieren!«

Ein weiteres Mal versuchte die alte Amme, das Herz des Grafen zu erweichen, und dann noch einmal. Aber sie erntete nichts weiter als einen finsteren Blick und noch mehr Gespött, sodass sie sich schließlich vom höhnischen Gelächter der anderen Dienstboten vertreiben ließ.

Weinend machte sie sich auf den Weg zurück zur Küche. Doch der Koch hatte das Lumpenmädchen längst verjagt, und es war es zu dem Gänsehirten gelaufen, um ihm sein Leid zu klagen.

Um das Mädchen ein wenig aufzuheitern, schlug der Gänsehirte vor, gemeinsam hinunter in die Stadt zu laufen, um zumindest einen Blick auf den König und seinen Hofstaat zu erhaschen. Betrübt sah das Mädchen an sich hinunter, trug es doch nichts als Lumpen am Leib und an den Füßen nicht einmal Schuhe. Da begann der Gänsehirte auf seiner Flöte eine Melodie zu spielen, die so fröhlich und unbeschwert klang, dass das Mädchen sogleich seinen Kummer vergaß und seine Tränen versiegten. Ehe es sich versah, nahm der Gänsehirte es an die Hand und schon tanzten die beiden inmitten der schnatternden Gänseschar die Straße entlang, die zur Stadt hinunterführte.

»Jeder kann tanzen. Man muss es nur wollen«, sagte der Gänsehirte.

Bald darauf begegnete ihnen ein edler junger Reiter. Er zügelte sein Pferd und fragte nach dem Weg zu dem Schloss, in dem die Festlichkeiten stattfinden sollten. Als er erfuhr, dass die beiden ebenfalls dorthin wollten, saß er ab und führte sein Pferd am Zügel neben ihnen her.

»Ihr scheint mir zwei muntere Weggefährten zu sein«, sagte er.

»Allerdings, das sind wir«, erwiderte der Gänsehirte und spielte eine Melodie, zu der sich aber nicht tanzen ließ.

Sie klang seltsam, und je länger der junge Reiter ihr lauschte, desto schwerer fiel es ihm, seinen Blick von dem Lumpenmädchen loszureißen – bis er die Lumpen vollkommen vergessen hatte und nichts anderes mehr sah als das hübsche Gesicht des Mädchens.

»Du bist das schönste Mädchen, das ich je gesehen habe«, sagte er. »Heirate mich!«

Der Gänsehirte lächelte in sich hinein und spielte lieblicher auf seiner Flöte als jemals zuvor.

Aber das Lumpenmädchen konnte es nicht glauben. »Ich doch nicht!«, entgegnete es. »Wenn Ihr mich zur Frau nehmt, erntet Ihr ebensolchen Spott wie ich! Wählt eine von denen, die Ihr heute Abend auf dem Fest des Königs zu Gesicht bekommt, und macht euch nicht lustig über ein Lumpenmädchen wie mich.«

Je mehr das Mädchen sich sträubte, desto lieblicher spielte der Gänsehirte auf seiner Flöte und desto mehr verliebte sich der edle Reiter, bis er das Mädchen schließlich bat, um Mitternacht auf dem Fest zu erscheinen, und zwar so wie es war, in Lumpen und mit bloßen Füßen. Den Gänsehirten mit seiner Gänseschar könne sie mitbringen, bekräftigte er. Dann werde sie schon sehen, ob er vor den Augen des Königs und all der Landjunker und Grafen mit ihr tanzen und sie als seine Auserwählte vorstellen würde.

Das Lumpenmädchen weigerte sich nach wie vor, aber dann sagte der Gänsehirte: »Du musst das Glück beim Schopf ergreifen, Mädchen!«

Während sich Landjunker und Grafen mit Gräfinnen und Komtessen zum Klang der Musik im hell erleuchteten Ballsaal des Schlosses wiegten, brach die Nacht herein. Und als die Uhr zur zwölften Stunde schlug, erschien in Begleitung des Gänsehirten das Lumpenmädchen, gefolgt von einer Schar Gänse, die schnatternd und zischend die Hälse reckten, während Junker und Grafen, Gräfinnen und Komtessen Spalier standen und tuschelnd die Köpfe zusammensteckten. Der König selbst glaubte, er könne seinen Augen nicht mehr trauen.

Doch der Reiter, der zu seiner Rechten saß, erhob sich sogleich. Er nahm das Mädchen bei der Hand und küsste es, drei Mal, vor aller Augen. Dann sagte er an den König gewandt: »Vater« – denn der Reiter war der Prinz höchstselbst – »ich habe meine Wahl getroffen. Hier präsentiere ich dir meine Braut, das bezauberndste Mädchen im ganzen Land, und das hübscheste obendrein.«

Noch ehe der Prinz zu Ende gesprochen hatte, griff der Gänsehirte nach seiner Flöte und spielte eine Weise, die so lieblich klang wie der Gesang eines Vögelchens aus einem weit entfernten Wald. Und wie er so spielte, verwandelte sich das zerrissene Kleid des Lumpenmädchens in eine juwelenbesetzte Robe. Auf dem Kopf trug das Mädchen eine goldene Krone, und die Gänse wurden zu anmutigen Brautjungfern, die ihr die lange Schleppe trugen.

Nun erhob sich auch der König, und als er seine künftige Schwiegertochter herzlich begrüßte, erschallten ihr zu Ehren Fanfaren, so laut, dass die Leute auf der Straße zueinander sagten:

»Hört nur! Der Prinz hat seine Prinzessin gefunden, und wie es scheint, ist sie das bezauberndste Mädchen im ganzen Land.«

Der Gänsehirte ward nie wieder gesehen, und niemand weiß, was aus ihm geworden ist. Der alte Graf jedoch ging wieder zurück in seinen Palast hoch oben auf den Felsen über der See. Am Königshof konnte er nicht bleiben, hatte er doch geschworen, seiner Enkelin niemals ins Gesicht zu sehen.

Er setzte sich wieder an sein Fenster, und dort sitzt er noch heute. Wenn ihr dort zufällig einmal vorbeikommt, dann seht ihr ihn vielleicht, mit seinem weißen Haar und dem weißen Bart, so wie eh und je. Er weint immer noch bittere Tränen, und die fließen noch immer in die tosende See.

Die drei Federn

Es war einmal eine junge Frau, die war mit einem Mann verheiratet, den sie noch nie bei Tageslicht gesehen hatte. Er kehrte immer erst nach Anbruch der Nacht zurück und verließ das Haus noch vor dem Morgengrauen. Auch um ihre Hand angehalten hatte er, als es bereits dunkel war.

Dennoch war er ihr ein guter Ehemann, von dem sie alles bekam, was ihr Herz begehrte. So lebte sie eine Zeitlang glücklich und zufrieden mit ihm zusammen. Dann aber setzten ihr die Nachbarn und ihre Freundinnen, die zweifellos neidisch waren, weil sie es so gut getroffen hatte, den Floh ins Ohr, mit einem Mann, der das Tageslicht scheute, könne ja wohl etwas nicht stimmen. Womöglich sei er so unansehnlich, dass er sich nicht zeigen wolle.

Seit sie verheiratet war, hatte sich die junge Frau selbst schon einige Male gefragt, warum sie ihren Mann nie tagsüber zu Gesicht bekam, so wie alle anderen Ehefrauen. Zunächst gab sie nichts auf die Spekulationen ihrer Freundinnen und das Gerede der Nachbarn, aber dann kam ihr der Gedanke, dass vielleicht doch etwas Wahres daran sein könnte. Also beschloss sie, der Sache auf den Grund zu gehen, und zündete eines Nachts, als sie hörte, dass ihr Mann das Schlafzimmer betrat, rasch eine Kerze an.

Und … lieber Himmel, welch ein Bild von einem Mann! Unansehnlich? Ganz im Gegenteil, so ansehnlich, wie er war, hätte ihm jede Frau zu Füßen gelegen. Doch kaum hatte sie ei-

nen Blick auf ihn erhascht, verwandelte er sich in einen großen, braun gefiederten Vogel, der sie voller Zorn ansah.

»Wie konntest du nur an mir zweifeln!«, sagte der Vogel-
mann vorwurfsvoll. »Jetzt wirst du mich niemals wiedersehen.
Es sei denn, du verrichtest sieben Jahre lang und einen Tag
Dienstbotenarbeit. Um meinetwillen.«

Die junge Frau fing bitterlich an zu weinen. »Und wenn ich
sieben Mal sieben Jahre und einen Tag lang Dienstbotenarbeit
verrichten müsste, um deinetwillen würde ich es tun. Wenn du
nur zu mir zurückkommst! Sprich, was verlangst du von mir?«

Der Vogelmann erwiderte: »Ich werde dir eine Stelle als
Dienstmädchen in einem Haushalt verschaffen. Dort musst du
die sieben Jahre und den einen Tag lang bleiben und anständige
Arbeit verrichten. Hör auf niemanden, der versucht, dich mir
abspenstig zu machen und von dort fortzulocken. Tust du es
doch, wirst du mich niemals wiedersehen.«

Die junge Frau war zu allem bereit, und so breitete der Vogel
seine mächtigen, braun gefiederten Schwingen aus und flog
mit ihr zu einem großen Herrenhaus.

»Hier brauchen sie eine Wäscherin«, sagte der Vogelmann.
»Geh hinein, frag nach der Hausherrin und sag ihr, du nimmst
jede Arbeit an. Und denk daran, wie lange du sie verrichten
musst: sieben Jahre lang und einen Tag.«

»Das schaffe ich doch nicht einmal sieben Tage lang«, klagte
die junge Frau. »Waschen und plätten, das kann ich doch gar
nicht.«

»Nur keine Sorge«, sagte der Vogelmann. »Alles, was du zu
tun hast, ist, mir drei Federn aus dem Gefieder zu ziehen, hier
unter einem meiner Flügel, ganz in der Nähe meines Herzens.
Die drei Federn werden dir jeden Wunsch erfüllen, ganz gleich
was es auch sein mag. Du musst sie auf deine Handfläche legen

und sagen: »Vom Herzen meines Liebsten kommen dieser Federn drei und machen, dass, was auch immer es ist, erledigt sei.«

Die junge Frau zupfte ihrem Vogelmann drei Federn aus dem Gefieder in der Nähe seines Herzens, dann flog der Vogel davon.

Seine Ehefrau tat wir ihr geheißen. Sie sprach bei der Hausherrin vor und wurde vom Fleck weg in Dienst genommen. Nie zuvor hatte man in diesem Haus eine so flinke Wäscherin erlebt. Nachdem sie die Tür des Waschhauses hinter sich verriegelt hatte, damit niemand sie sehen konnte, brauchte sie nur die drei Federn auf ihre Handfläche zu legen, und schon ging alles wie von selbst. Sie sagte ihr Sprüchlein auf: »Vom Herzen meines Liebsten kommen dieser Federn drei und machen, dass Waschzuber anheizen, Wäsche waschen und trocknen, stärken, falten und plätten erledigt sei.« Dann wirbelte die Wäsche herum und landete schrankfertig auf dem Tisch. Sie sei die beste Wäscherin, die sie je in Diensten gehabt habe, lobte die Hausherrin. So vergingen vier Jahre, in denen sich niemand hätte einfallen lassen, die Wäscherin fortzulocken oder gar wegzuschicken. Und da sie ein sehr hübsches Mädchen war, verloren die männlichen Dienstboten einer nach dem anderen ihr Herz an sie – sehr zum Missfallen der anderen Dienstmädchen.

Doch von ihren Verehrern wollte die Wäscherin nichts wissen, sehnte sie doch nur den Tag herbei, an dem sie ihren Liebsten endlich wiedersehen würde – in menschlicher Gestalt selbstverständlich, nicht in der eines Vogels.

Einer der Dienstboten, der ihr den Hof machte, war der Mundschenk, ein recht stämmiger Kerl. Eines Tages, als er aus dem Schuppen kam, in dem die Apfelpresse stand und die Fässer mit Most gelagert wurden, wollte er wieder einmal sein Glück bei ihr versuchen. Er blieb vor dem Waschhaus stehen und hörte, wie die Wäscherin sagte: »Vom Herzen meines Liebsten kommen dieser Federn drei und machen, dass Waschzuber anheizen, Wäsche waschen und trocknen, stärken, falten und plätten erledigt sei.«

Das kam dem Mundschenk äußerst seltsam vor, und so spähte er durch das Schlüsselloch. Da sah er die Wäscherin dort sitzen. Sie hatte es sich auf einem Stuhl bequem gemacht, während die Wäsche herumwirbelte und schrankfertig auf dem Tisch landete. Noch am selben Abend ging er zum Gesindehaus, klopfte an die Tür und drohte ihr: Sollte sie ihn ein weiteres Mal abweisen, würde er der Hausherrin erzählen, dass es sich bei der hochgelobten Wäscherin um eine Hexe handelte. Selbst wenn man sie daraufhin nicht bei lebendigem Leib verbrannte, würde man sie ganz sicher aus dem Haus jagen.

Das brachte die junge Frau gehörig in die Bredouille. Wenn sie es nicht schaffte, die Arbeit als Wäscherin so lange zu verrichten, bis die sieben Jahre und der eine Tag herum waren, würde sie ihren Liebsten niemals wiedersehen. Also redete sie sich damit heraus, dass jemand, der ihr nicht ein gewisses Maß an Wohlstand bieten könne, für sie ohnehin nicht in Frage komme.

Darauf entgegnete der stämmige Mundschenk lachend: »Daran soll es nicht scheitern. Ich habe siebzig Pfund gespart und bei unserem Dienstherrn angelegt. Würde das reichen?«

»Das würde es durchaus«, antwortete die Wäscherin.

Am nächsten Abend klopfte der Mundschenk abermals an die Tür des Gesindehauses, mit Goldmünzen im Wert von siebzig Pfund. Die Wäscherin breitete ihre Schürze aus, nahm die Münzen entgegen und erklärte sich damit zufrieden. Doch in Wahrheit hatte sie längst einen Plan geschmiedet. Auf dem Weg die Treppe hinauf blieb sie stehen und sagte:

»Wenn Ihr mich für einen Moment entbehren könntet, werter Mundschenk. Die Fensterläden des Waschhauses sind noch geöffnet. Wenn ich sie nicht schließe, schlagen sie die ganze Nacht lang gegen die Hauswand und wecken am Ende noch den Hausherrn und die Hausherrin auf.«

Der Mundschenk, wenngleich stämmig und obendrein schon ein wenig in die Jahre gekommen, wollte sich dennoch als Kavalier erweisen.

»Überlass das nur mir, meine Schöne«, sagte er galant. »Ich bin gleich zurück.«

Kaum war er die Treppe hinunter, holte die Wäscherin die drei Federn hervor und legte sie auf ihre Handfläche. Hastig ließ sie sich eine passende Ergänzung für ihr Sprüchlein einfallen: »Vom Herzen meines Liebsten kommen dieser Federn drei und machen …, dass das Klappern der Läden die ganze Nacht nicht sei vorbei.«

Genauso kam es.

Sobald der Mundschenk die Fensterläden geschlossen hatte, klapper-di-klapp, da sprangen sie wieder auf. Er schloss sie abermals, doch diesmal schlugen sie ihm sogar ins Gesicht. Aber er mühte sich weiter, denn sein lassen konnte er es nicht. Und so verbrachte er die ganze Nacht damit. Fluchend schloss er ein ums andere Mal die Läden, bis der Morgen graute. Erbost und erschöpft schleppte er sich hernach ins Bett, und um nicht zum Gespött der Leute zu werden, schwor er sich, niemandem davon zu erzählen. Also behielt ein jeder der beiden etwas für sich, der Mundschenk die nächtlichen Ereignisse und die Wäscherin siebzig Pfund in Goldmünzen. Und jedes Mal, wenn sie ihrem Möchtegern-Kavalier begegnete, lachte sich die pfiffige Wäscherin ins Fäustchen.

Wenig später begann der Kutscher, ein schmucker Herr mittleren Alters, ihr nachzustellen. Schon seit geraumer Zeit hatte er ein Auge auf die hübsche Wäscherin geworfen, und auch er gedachte, um ihre Hand anzuhalten. Eines Tages, als er Wasser aus dem Brunnen holen wollte, um die Pferde zu tränken, hörte er, wie sie im Waschhaus ihr Sprüchlein aufsagte. Ebenso wie der Mundschenk spähte er durchs Schlüsselloch und sah die Wäscherin auf ihrem Stuhl sitzen, während die Wäsche herumwirbelte und schließlich gestärkt und geplättet auf dem Tisch landete.

Und ebenso wie der Mundschenk klopfte er abends an die Tür des Gesindehauses. »Hab ich dich heute also erwischt, meine Schöne«, sagte er. »Wag es ja nicht, mich abzuweisen. Sonst erzähle ich der Hausherrin, dass du eine Hexe bist.«

Doch so einfach ließ sich die pfiffige Wäscherin nicht einschüchtern. »Jemanden, der mir nichts bieten kann, nehme ich nicht«, gab sie zurück.

»Dem lässt sich abhelfen«, sagte der Kutscher. »Ich habe vierzig Pfund gespart und sie beim Hausherrn angelegt. Die werde ich mir morgen Abend auszahlen lassen und dann bringe ich sie dir.«

Am nächsten Abend breitete die Wäscherin abermals ihre Schürze aus und nahm Goldmünzen im Wert von vierzig Pfund entgegen. Und wie zuvor blieb sie auf dem Weg die Treppe hinauf plötzlich stehen. »Ach, es hängt noch Wäsche auf der Leine«, sagte sie. »Die muss ich rasch abnehmen. Wenn Ihr mich für einen Moment entschuldigen würdet.«

Der Kutscher, ohnehin ein zuvorkommender Mensch, bot ihr sogleich seine Hilfe an.

»Lass mich das nur machen«, sagte er. »Draußen weht ein kalter, stürmischer Wind. Da wirst du dir noch den Tod holen, und das wollen wir doch nicht.«

Kaum war er die Treppe hinunter, holte die Wäscherin die drei Federn hervor, legte sie auf ihre Handfläche und sagte:

»Vom Herzen meines Liebsten kommen dieser Federn drei und machen, dass das Flattern der Wäsche die ganze Nacht nicht sei vorbei.«

Nachdem sie ihr Sprüchlein aufgesagt hatte, ging sie zu Bett. Sie wusste ja, was passieren würde. Genauso kam es dann auch, und jene Nacht sollte dem Kutscher unvergesslich bleiben. Die nasse Wäsche flatterte ihm um die Ohren, schlug ihm gegen die Beine und wickelte sich schließlich um ihn herum. So erbittert er sich auch zu befreien versuchte, schnürte sie ihn doch ein wie zu einem Bündel. Als endlich der Morgen graute, bot der Kutscher ein Bild des Jammers. Sogleich zu seiner Schlafstelle schleppen konnte er sich nicht, denn er musste ja noch die Pferde tränken. Auch er erzählte niemandem davon, wohl wissend, dass er andernfalls nichts als Gelächter geerntet hätte. Die pfiffige Wäscherin jedoch legte die vierzig Pfund zu den siebzig, die sie dem Mundschenk abgeknöpft hatte, und vertraute weiter auf die drei Federn.

Es sollte nicht lange dauern, da kam der Kammerdiener des Hausherrn am Waschhaus vorbei. Er war ein redlicher Mann und der Wäscherin aufrichtig zugetan. Um einen Blick auf seine Angebetete zu erhaschen, spähte er durch das Schlüsselloch, und da sah auch er sie dort auf ihrem Stuhl sitzen, während die schrankfertige Wäsche auf dem Tisch landete.

Das brachte ihn dermaßen aus der Fassung, dass er sogleich zum Hausherrn rannte und sich seine gesamten Ersparnisse auszahlen ließ. Anschließend lief er zu der Wäscherin und drohte ihr, dass, wenn sie nicht einwilligte ihn zu heiraten, er der Hausherrin erzählen werde, was er gesehen hatte.

»In all den Jahren, die ich in diesem Haushalt in Diensten bin, habe ich ein wenig zurückgelegt«, sagte er. »Und du bist nun auch schon eine Weile hier. Lass uns das Ersparte zusammenlegen und selbst einen Hausstand gründen. Oder willst auf ewig ein Dienstmädchen bleiben?«

Die Wäscherin ließ sich alle möglichen Ausflüchte einfallen. Doch es war vergebens, denn so leicht wollte sich der Kammerdiener nicht abspeisen lassen.

»Ach, James«, sagte sie schließlich seufzend, denn so hieß der Kammerdiener, »vor lauter Aufregung wird mir ganz schwindelig. Tu mir die Liebe, lauf in den Keller und hol mir einen Schluck Brandy.«

Sobald James die Treppe hinunter war, holte sie die drei Federn hervor, legte sie auf ihre Handfläche und sagte: »Vom Herzen meines Liebsten kommen dieser Federn drei und machen, dass sich den Brandy einzuverleiben, das einzige ist, was James möglich sei.«

Und genau so kam es. So oft er es auch versuchte, es wollte James nicht gelingen, mehr als ein paar Tropfen Brandy in ein Glas zu füllen. Jedes Mal verschüttete er fast alles. So ging es weiter und weiter, bis er dessen so überdrüssig wurde, dass er sich dachte, nun könne er wohl selbst einen Schluck vertragen. Er stürzte die paar Tropfen herunter, die im Glas gelandet waren, und begann aufs Neue, jedoch abermals mit nur mäßigem Erfolg. Also genehmigte er sich auch diese paar Tropfen, und die nächsten, und die übernächsten, und die überübernächsten auch, bis er so recht benebelt war. Es dauerte auch nicht lange, da erschien der Hausherr im Keller, denn er fragte sich, woher der Geruch nach Brandy kam.

James, der gleichermaßen aufrichtige wie redliche Kammerdiener, erzählte ihm, was ihn überhaupt dort hinuntergeführt hatte: Der Wäscherin sei ein wenig schwindelig geworden, woraufhin sie ihn gebeten habe, ihr ein Gläschen Brandy zu holen. Dabei hätten ihm die Hände so sehr gezittert, dass er das meiste verschüttet habe und es ihm nicht gelungen sei, das Glas zu füllen. Der Geruch sei ihm dann schließlich zu Kopfe gestiegen.

»Was für eine abenteuerliche Geschichte!«, empörte sich der Hausherr und ließ James ein paar Hiebe versetzen.

Auch berichtete er der Hausherrin, was sich zugetragen hatte, und fügte die Empfehlung hinzu: »Du solltest dich dieser Wäscherin schleunigst entledigen, meine Liebe. Ich weiß gar nicht, was über meine Bediensteten gekommen ist. Alle haben sich ihre Ersparnisse auszahlen lassen, ganz so, als ob sie heiraten wollten. Aber keiner von ihnen hat um Entlassung gebeten, was mich vermuten lässt, hinter all dem steckt deine Wäscherin.«

Die Hausherrin jedoch ließ auf ihre Wäscherin nichts kommen. Schließlich war sie das beste Dienstmädchen im Haus und brachte mehr zustande als alle anderen zusammen. Demnach konnte das Problem wohl nur bei den Dienstboten des Hausherrn liegen. So stritten die beiden, bis der Hausherr nachgab, und des lieben Friedens willen legte die Hausherrin ihrer Wäscherin nahe, keinem der Herren schöne Augen zu machen. Die betreffenden Herren selbst sagten natürlich kein Wort darüber, was ihnen widerfahren war, wollte sich doch keiner dem Gespött der anderen aussetzen.

So ging das Leben weiter, bis der Hausherr eines Tages die Kutsche vorfahren ließ. Der Kammerdiener hielt schon die Tür auf und der Mundschenk noch eine Erfrischung bereit, als – wie konnte es auch anders sein – die pfiffige Wäscherin mit einem Korb schrankfertiger Wäsche den Hof überquerte. Das war zu viel für James, den Kammerdiener.

»Um all mein Erspartes hat sie mich gebracht, diese frevelhafte Person!«, rief er. »Und ein paar Hiebe musste ich auch noch einstecken.«

Auch der Kutscher konnte nicht länger an sich halten. »Das glaube ich gern«, pflichtete er dem Kammerdiener bei. »Aber das ist gar nichts gegen das, was sie mir eingebrockt hat!« Erbost sprang er vom Kutschbock und berichtete von der nassen Wäsche, die er nur rasch hatte ins Haus holen wollen und die ihn dann die ganze Nacht gekostet hatte.

Daraufhin machte auch der Mundschenk, der ohnehin schon fast platzte vor Zorn, aus seinem Herzen keine Mördergrube und erzählte vom nächtlichen Klappern der Fensterläden.

»Eine hat mich sogar an der Nase getroffen!«, eiferte er sich.

So kamen die drei Männer überein, ihren Dienstherrn umgehend in Kenntnis zu setzen und darauf zu drängen, dass er die Wäscherin des Hauses verwies. Doch auch die Wäscherin selbst war nicht weit. Dank ihrer scharfen Ohren hatte sie die Beschwerden mitbekommen, sich hinter der Tür versteckt und ihre drei ehemaligen Nähertreter belauscht. Als sie hörte, was die drei Männer vorhatten, sah sie sich veranlasst, schleunigst zu handeln. Sie zog die drei Federn hervor, legte sie auf ihre Handfläche und sagte: »Vom Herzen meines Liebsten kommen dieser Federn drei und machen, dass ein Zwist ausbreche, wer der am härtesten Gebeutelte sei.«

Kaum hatte sie es ausgesprochen, entbrannte zwischen den drei Männern ein Streit darüber, wer von ihnen am meisten hatte einstecken müssen. James, der Kammerdiener, schlug dem stämmigen Mundschenk ein Auge blau, woraufhin sich dieser auf ihn stürzte und ihn mit den Fäusten bearbeitete. Das trieb auch den Kutscher ein weiteres Mal von seinem Bock herunter, um gehörig mitzumischen. Und die Wäscherin? Die stand in einigem Abstand daneben und amüsierte sich köstlich. Mittlerweile war auch der Hausherr erschienen und wollte in seine Kutsche steigen. Doch bei all dem Gerangel schenkte man ihm kaum Beachtung. Die drei Männer prügelten sich munter weiter, bis sie in gefährliche Nähe des Gartenteichs gerieten und – wie könnte es auch anders sein? – sich gegenseitig hineinschubsten oder -fielen.

Als der Hausherr die Wäscherin zur Rede stellte, sagte sie: »Die drei haben sich eine wüste Geschichte ausgedacht, um mich schlechtzumachen, weil ich keinen von ihnen heiraten wollte. Jeder war der Ansicht, seine Version sei die beste, und darüber sind sie in Streit geraten. Aber jetzt haben sie ihre gerechte Strafe bekommen. Es tut also nicht not, ihnen eine weitere aufzuerlegen.«

Daraufhin ging der Hausherr zu seiner Frau und sagte: »Meine Liebe, ich glaube, ich muss Abbitte leisten. Deine Wäscherin ist tatsächlich ein recht kluges Mädchen.«

So blieb dem Mundschenk, dem Kutscher und James, dem Kammerdiener, nichts anderes übrig, als dumm aus der sprichwörtlichen Wäsche zu gucken und weiter die Münder zu halten, während die Wäscherin munter die drei Federn zum Einsatz brachte.

Als die sieben Jahre und der eine Tag vorüber waren, kam eine goldene Kutsche vorgefahren und darin saß niemand anders als der Vogelmann, natürlich wieder in menschlicher Gestalt, und die war so ansehnlich wie sieben Jahre und einen Tag zuvor. Er nahm seine pfiffige Wäscherin gleich mit, und der Hausherr und die Hausherrin freuten sich so sehr über das junge Glück, dass sie sämtliche Dienstboten Spalier stehen ließen. Als die Wäscherin an dem Mundschenk vorbeischritt, drückte sie ihm einen Beutel mit Goldmünzen im Wert von siebzig Pfund in die Hand und sagte: »Nehmt dies für das Schließen der Fensterläden.«

Auch der Kutscher bekam seine vierzig Pfund zurück, mit den Worten: »Hier ist euer Lohn für das Abnehmen der Wäsche.« Als sie vor James, dem Kammerdiener, stand, reichte sie ihm einen Beutel mit hundert Pfund und erklärte lachend: »Das ist für den Brandy, den Ihr mir nie gebracht habt.«

Dann fuhr sie mit ihrem äußerst ansehnlichen Ehemann in der goldenen Kutsche davon, und sie lebten glücklich zusammen bis in alle Tage.

Jack, der Faulpelz

Es war einmal ein junger Mann, der hieß Jack und wohnte mit seiner Mutter am Rand eines Dorfes. Die alte Frau verdiente sich ihr Geld mit dem Spinnen von Flachs, aber das reichte vorne und hinten nicht. Jack war so faul, dass er im Sommer von früh bis spät in der Sonne lag und im Winter nichts anderes tat, als vor dem warmen Ofen zu hocken. Deshalb wurde er Jack, der Faulpelz, genannt. Seine Mutter brachte ihn einfach nicht dazu, seinen Anteil zu leisten, aber irgendwann reichte es ihr. Wenn er sich nicht endlich eine Arbeit suchte, um sich seinen Porridge selbst zu verdienen, so sagte sie ihm, werde sie ihn vor die Tür setzen und dann könne er sehen, wo er bleibe.

Das scheuchte Jack auf. Gleich am nächsten Morgen ging er zu einem Bauern in der Nachbarschaft und verdiente sich dort einen Penny. Da er jedoch nie zuvor eine Geldmünze in der Hand gehabt hatte, fiel sie ihm in einen Bach, den er auf dem Heimweg überqueren musste.

»Du dummer Junge!«, tadelte ihn seine Mutter. »Du hättest den Penny in die Jackentasche stecken müssen.«

»Nächstes Mal«, antwortete Jack gleichmütig.

Am nächsten Tag machte er sich abermals auf die Suche nach Arbeit und versorgte bei einem anderen Bauern die Kühe. Dieser gab ihm als Lohn einen Krug Milch. Jack verstaute den Krug in seiner Jackentasche, und bevor er zu Hause ankam, war auch der letzte Tropfen Milch vergossen.

»Himmel nochmal!«, rief seine Mutter. »Du hättest den Krug Milch auf deinem Kopf nach Hause tragen sollen.«

»Nächstes Mal«, sagte Jack gleichmütig.

Am folgenden Tag verdingte sich Jack ein weiteres Mal bei einem Bauern und erhielt für seine Dienste einen frischen Laib Käse. Den trug er am Abend auf seinem Kopf nach Hause. Als er dort ankam, war der Käse halb geschmolzen und klebte ihm in den Haaren.

»Was bist du nur für ein gedankenloser Bengel!«, schimpfte seine Mutter. »Du hättest den Käse vorsichtig in den Händen tragen sollen.«

»Nächstes Mal«, entgegnete Jack gleichmütig.

Am Tag darauf fand Jack Arbeit bei einem Bäcker, und der fand nichts Rechtes, um ihn zu entlohnen. Also gab er ihm einen fetten Kater mit. Jack wollte ihn vorsichtig in den Händen nach Hause tragen, aber es dauerte nicht lange, da hatte ihm der Kater die Hände zerkratzt und Jack musste ihn laufen lassen.

»Das ist doch nicht zu glauben!«, zeterte seine Mutter. »Du hättest dem Kater einen Strick umbinden und hinter dir herziehen sollen.«

»Nächstes Mal«, gab Jack gleichmütig zurück.

Am darauffolgenden Tag suchte sich Jack eine Beschäftigung bei einem Metzger, der ihn mit einer feinen Hammelkeule entlohnte. Jack band der Keule einen Strick um und zog sie hinter sich her, sodass kaum noch etwas davon übrig war, als er nach Hause kam. Nun verlor seine Mutter endgültig die Geduld, denn es war Samstag und anstelle eines Sonntagbratens würde sie sich am nächsten Tag mit Kohl zufriedengeben müssen.

»Du begriffsstutziger Einfaltspinsel«, ereiferte sie sich. »Du hättest die Keule auf der Schulter tragen sollen.«

»Nächstes Mal«, lautete Jacks gleichmütige Antwort.

Am Montag zog Jack ein weiteres Mal los und ging einem Viehzüchter zur Hand, der ihm seine Mühe mit einem Esel vergütete. Jack war alles andere als ein Schwächling, aber sich den Esel auf die Schulter zu hieven, bereitete ihm doch einige Schwierigkeiten. Als er es endlich geschafft hatte, machte er sich auf den Weg, um ihn nach Hause zu schleppen. Dabei kam er an einem Haus vorbei, in dem ein reicher Mann wohnte, dessen einzige Tochter sehr hübsch, aber taubstumm war. In ihrem ganzen Leben hatte sie noch nie gelacht, und sämtliche Ärzte hatten gesagt, bevor nicht jemand kam, der sie zum Lachen brachte, werde ihr auch kein Wort über die Lippen kommen. So hatte ihr Vater gelobt, sie demjenigen, der ihr ein Lachen entlockte, zur Frau zu geben. Als das junge Mädchen aus dem Fenster sah und Jack mit dem Esel auf der Schulter erblickte, während das arme Tier mit den Beinen strampelte und so laut es konnte I-ah rief, brach es in so lautes Gelächter aus, dass es Sprache und Gehör augenblicklich wiederfand. Der Vater des Mädchens war überglücklich und hielt Wort. Er gab Jack seine Tochter zur Frau, und so wurde aus dem Faulpelz ein reicher Mann. Seine Mutter nahm er großzügig bei sich auf, und die hatte bis an ihr Lebensende nichts mehr an ihm auszusetzen.

Jack, der Riesen-Schreck

I

In den guten alten Zeiten, als England noch von König Artus und seiner Gemahlin Guinevere regiert wurde, lebte am westlichsten Zipfel des Landes in Cornwall ein Bauer, der einen Sohn hatte. Der Sohn hieß Jack und war ein aufgeweckter Bursche, den nichts aus der Fassung bringen konnte, weil ihm immer etwas Schlaues einfiel.

In jenen Zeiten hauste in einer Höhle zwischen den Felsen auf dem St. Michael's Mount der Riese Cormoran.

Er war fünf Meter groß und zweieinhalb Meter breit. Sein Gesicht war garstig anzusehen, und er versetzte ganz Cornwall in Angst und Schrecken. Ob bei Ebbe oder bei Flut, so riesig wie er war, konnte er jederzeit ans Festland stapfen. Und wenn ihm nach etwas zu Essen war, verleibte er sich alles ein, das ihm in die Quere kam. Dann ergriffen die Bewohner von Cornwall die Flucht, ganz gleich ob arm oder reich. Sobald sie ihn durch das Wasser waten hörten, rannten sie alle aus ihren Häusern und suchten sich ein Versteck. Und wehe, jemand lief ihm über den Weg! Dann sammelte Cormoran ein halbes Dutzend der Bewohner des nächstbesten Dorfes ein, um sie garzukochen und zum Frühstück zu verspeisen. Konnte er keinen der Dorfbewohner finden, warf er sich anstelle der Menschen ein halbes Dutzend Ochsen über

Der Riese Cormoran versetzte ganz Cornwall in Angst und Schrecken.

die Schulter und hängte sich ein paar Schafe oder Schweine an den Gürtel, als wären sie nichts weiter als frisch gezogene Kerzen. So ging es seit Jahren, und die hart gebeutelten Bewohner von Cornwall waren verzweifelt, weil niemand es mit dem Riesen Cormoran aufnehmen wollte.

Doch es sollte der Tag kommen, an dem Jack, damals noch ein ganz junger Kerl, des Weges kam, weil in der nahe gelegenen Stadt Wochenmarkt war. Die ganze Stadt stand Kopf, weil der Riese wieder einmal sein Unwesen trieb. Die Frauen weinten, die Männer fluchten, und der Stadtrat beriet sich schon seit Stunden. Doch niemandem fiel etwas ein, das man hätte tun können. Da spazierte Jack frohen Mutes ins Rathaus hinein. Mit einer Verbeugung – wenngleich noch jung, wusste er nämlich, was sich gehörte – stellte er sich den Ratsherren vor und fragte höflich, was man ihm als Belohnung bieten könne, wenn er den Riesen töten würde.

»Den Schatz aus Cormorans Höhle«, antworteten die Ratsherren wie aus einem Munde.

»Den ganzen Schatz?«, fragte Jack noch einmal nach.

»Auf den letzten Heller«, versicherten ihm die Ratsherren.

»Dann könnt ihr auf mich zählen«, versprach Jack und machte sich sogleich ans Werk.

Er besorgte sich ein Jagdhorn und eine Schaufel, und da der Winter bevorstand, war es ihm ein Leichtes, auch einen Eispickel aufzutreiben. Damit gerüstet ging er in der Dunkelheit bei Ebbe zum St. Michael's Mount, und noch vor dem Morgengrauen hatte er eine Grube gegraben. Sie war sieben Meter tief und fast ebenso breit. Er bedeckte sie mit langen, dünnen Zweigen, legte Stroh darauf und streute gerade so viel von der lockeren Erde darüber, dass man sie für festen Boden halten konnte. Als es hell wurde, setzte er sich an die Seite der Grube, die am weitesten von der Höhle des Riesen entfernt lag, und blies so kräftig in das Horn, als wolle er das Signal für eine Fuchsjagd geben:

»Hallali! Hallali! Hallali!«

Das schreckte den Riesen aus dem Schlaf. Wutentbrannt stürmte er aus seiner Höhle, und als er Jack, der weiter in das Jagdhorn blies, dort sitzen sah, wurde er noch wütender. »Dir werd' ich weiterhelfen mit deinem Hallali«, brüllte er. »Was fällt dir ein, den Schlaf eines Riesen zu stören, du kleiner Knirps! Na warte, dich verspeise ich mit einem Bissen zum Früh …«

Weiter kam er nicht, denn schon war er in die Grube gefallen und so fest aufgeschlagen, dass das seichte Wasser um den St. Michael's Mount herum Wellen schlug.

Jack konnte sich vor Lachen kaum noch halten. »Ho, ho!«, rief er. »Wie hättet Ihr mich denn gerne, werter Riese? Gekocht oder lieber gebraten? Und werdet Ihr von einem kleinen Knirps wie mir überhaupt satt? Aber darüber brauchst du dir keine Gedanken mehr zu machen. Denn jetzt sitzt du in der Falle. Wie ich gehört habe, hast du ziemlich schlechte Manieren, und dafür lasse ich dich nun büßen. Schade, dass ich keine faulen Eier bei mir habe. Aber das hier tut es sicherlich auch.« Mit diesen Worten trieb Jack dem Riesen den Eispickel genau in den Scheitel und tötete ihn damit auf einen Schlag.

Dann schaufelte er die Erde, die er zuvor ausgehoben hatte, wieder in die Grube, betrat die Höhle und holte sich den Schatz.

Sobald die frohe Kunde bis zu den Ratsherren durchgedrungen war, verliehen sie ihm den Titel

JACK DER RIESEN-SCHRECK.

Dazu überreichten sie ihm ein Schwert mit Gurt, worauf in goldenen Lettern eingraviert stand:

Dem tapferen Helden aus Cornischem Land,
der einen Weg, den Riesen zu töten, fand.

II

Wie zu erwarten, verbreitete sich Jacks Heldentat bald in ganz England, sodass sie auch einem anderen Riesen zu Ohren kam, der nördlich von Cornwall in einem verwunschenen Schloss lebte, das mitten in einem finsteren Wald lag. Er hieß Blunderbore und schwor Rache, falls er Jack jemals in die Finger bekommen sollte.

Etwa vier Monate, nachdem Jack Cormoran getötet hatte, führte ihn sein Weg nach Wales und er kam an dem finsteren Wald vorbei. Müde von der langen Wanderung machte er an einer sprudelnden Quelle am Wegesrand Rast. Er legte sich auf den weichen Waldboden und war bald darauf eingeschlafen.

Als der Riese Blunderbore an der Quelle Wasser holen wollte und Jack schlafend dort liegen sah, las er die Inschrift auf dessen Gurt. Sogleich wusste er, wen er vor sich hatte und konnte sein Glück kaum fassen. Er hob Jack auf, legte ihn sich über die Schulter und trug ihn durch den Wald zu seinem verwunschenen Schloss.

Das Knacken der Zweige unter den schweren Schritten des Riesen weckte Jack auf, doch es war ihm nicht möglich, sich aus dem festen Griff des Riesen zu befreien. Da bekam er es schon ein wenig mit der Angst zu tun, und die menschlichen Skelette, die auf Blunderbores Schlosshof herumlagen, machten es nicht besser.

»Da wirst du auch bald liegen«, sagte Blunderbore und sperrte Jack in eine riesige Dachkammer über dem Torhaus. Dort hockte der arme Junge, während Blunderbore seinen Bruder holte, einen Riesen, der gleich nebenan im selben Wald wohnte und den er an der unerwarteten Mahlzeit teilhaben lassen wollte.

Als Jack aus dem Fenster sah, das direkt über der Straße lag, näherten sich die beiden Riesen schon voller Vorfreude auf das Festmahl.

»Entweder schaffe ich es nun hier heraus oder meine letzte Stunde hat geschlagen«, sagte Jack zu sich selbst. Er hatte auch schon einen Plan, wie er ersteres anstellen sollte. In einer Ecke der Kammer hingen nämlich zwei feste Stricke, und die nahm er sich. Geschickt machte er in beide eine Schlaufe und ließ sie aus dem Fenster hängen. Als die riesigen Brüder die Köpfe senkten und damit beschäftigt waren, das Schloss des Tors aufzuschließen, gelang es Jack, ihnen unbemerkt die Schlaufen um die Hälse zu legen. Er warf die Seilenden über einen der Dachbalken und zog daran, bis die beiden Riesen blau anliefen, weil sie keine Luft mehr bekamen. Dann ließ er sich an den Seilen hinunter, zog sein Schwert und tötete beide.

Die Schlüssel zum Tor des Schlosses nahm er ihnen ab und öffnete damit sämtliche Türen. Dabei ließ er auch drei junge Mädchen frei, die an den Haaren zusammengebunden und schon fast verhungert waren.

»Darf ich Euch die Schlüssel des verwunschenen Schlosses anvertrauen, werte Damen«, sagte Jack höflich wie immer mit einer Verbeugung. Blunderbore und seinen ebenso unflätigen

Jack nahm die Schlüssel zum Tor des Schlosses und öffnete damit sämtliche Türen.

Bruder braucht Ihr nicht mehr zu fürchten, denn die sind nicht mehr. Ihr könnt euch sämtliche Freiheiten herausnehmen und euch mithilfe dieser Schlüssel an allem bedienen, was Eure Herzen begehren.«

Sprach's, und da es schon recht spät am Tage war, setzte er seinen Weg Richtung Wales fort, so schnell er konnte.

III

Zu schnell vielleicht, denn alsbald hatte er sich verirrt und fand sich bei Anbruch der Dunkelheit weitab jeglicher Zivilisation wieder. In der Hoffnung, auf bewohntes Gebiet zu stoßen, lief er unermüdlich weiter, bis er zu einer Schlucht kam, in der ein riesiges, einsames Haus stand. Obwohl es alles andere als anheimelnd aussah, klopfte Jack an, um Schutz vor der dunklen Nacht zu suchen. Man mag sich seine Überraschung und sein Entsetzen vorstellen, als die Tür von einem Riesen mit zwei Köpfen geöffnet wurde. Aber ungeachtet seiner furchterregenden Erscheinung begrüßte der Riese Jack mit ausgesuchter Höflichkeit. In Wahrheit war das jedoch nur vorgegaukelt. Zweiköpfige Ungeheuer haben natürlich auch zwei Gesichter und verbergen ihre Arglist gern hinter einer umgänglichen Fassade.

Der Riese führte Jack ins Gästezimmer, machte ihm sein Lager zurecht und wünschte ihm mit walisischem Akzent eine gesegnete Nachtruhe. So übermüdet, wie Jack war, konnte er jedoch nicht sofort einschlafen und hörte, wie der Riese im Zimmer nebenan etwas vor sich hinmurmelte. Sogleich spitzte er die Ohren, und obwohl der Riese Walisisch sprach, konnte Jack seine Worte im Groben verstehen. Sie lauteten in etwa folgendermaßen:

»Hier bei mir verbringst du die dunkle Nacht,
und es wird deine letzte sein, hab Acht,
weil mein Knüppel dir bald den Garaus macht.«

»Das glaubst auch nur du«, murmelte Jack und sprang aus dem Bett. »Wollen wir doch mal sehen, wer hier auf wen hereinfällt.« Er stopfte eine der dicken Wolldecken unter den Bettbezug, legte sich die andere um die Schultern, um sich warm zu halten, und hockte sich in die dunkelste Ecke des Zimmers. Dann tat er, als würde er laut schnarchen, damit der Riese dachte, er wäre eingeschlafen.

Kurz darauf schlich sich der Riese so leise, als würde er über rohe Eier laufen, auf Zehenspitzen in das Zimmer hinein. Er hatte einen dicken Knüppel dabei, und …

Wumm! Wumm! Wumm!

… hörte Jack, wie er auf die Bettdecke einschlug, bis er dachte, er habe seinem nächtlichen Gast sämtliche Knochen gebrochen. Dann schlich er sich wieder hinaus. Jack legte sich wieder ins Bett und schlief sogleich ein. Am nächsten Morgen konnte der Riese es kaum glauben. Kam Jack doch frohgemut die Treppe herunter.

»Deubel no ennas!«, rief er verblüfft und erkundigte sich gleich darauf mit ausgesuchter Höflichkeit: »Gut geschlafen? Nix passiert?«

»Ach, jetzt da Ihr mich danach fragt, fällt es mir wieder ein«, antwortete Jack und lachte in sich hinein. »Mir war, als wäre eine Ratte über die Bettdecke gekrochen und hätte mir drei Mal einen Klaps mit ihrem langen, dünnen Schwänzchen verpasst.«

Der Riese war sprachlos. Ihm blieb wohl nichts anderes übrig, als Jack das Frühstück zu servieren: eine riesige Schüssel mit mindestens vier Gallonen Maispudding. Ein junger Bursche wie Jack, so erklärte er, könne sicher eine anständige Portion verdrücken. Jack wusste auch schon, wie er sich aus der Affäre ziehen konnte. Wenn er auf Reisen ging, trug er unter seinem Umhang stets einen Lederbeutel über der Schulter oder auf dem Rücken, in dem er alles Notwendige verstauen konnte. Den rückte er, als er sich an den Frühstückstisch setzte, mit einer unauffälligen Bewegung so zurecht, dass er vor seinem Bauch hing und die Öffnung sich genau unter seinem Kinn befand. So konnte er beim Essen den größten Teil des Puddings unbemerkt in den Beutel fallen lassen. Der Riese schlang seinen Maispudding herunter, und Jack tat, als machte er es ebenso.

»Und jetzt«, begann Jack, nachdem er seine Schüssel geleert hatte, »zeige ich Euch einen ganz besonderen Trick.« Er stand auf, zog sein Messer hervor und schlitzte durch seinen Umhang hindurch den Lederbeutel auf, sodass der ganze Maispudding auf den Boden fiel.

»Deubel no ennas!« rief der Riese, der Jack in nichts nachstehen wollte. »Aber was du kannst, kann ich auch.« Dann riss er ihm das Messer aus der Hand, schlitzte sich damit den Bauch auf und fiel tot um.

Und damit war Jack den Riesen los.

IV

In jener Zeit zogen noch edle Ritter durchs ganze Land und erlebten allerlei Abenteuer. So auch König Artus' einziger Sohn, ein wahrhaft tapferer Prinz. Eines Tages bat er seinen Vater um eine große Summe Geld, die er benötigte, um nach Wales zu reiten und ein holdes Fräulein zu befreien, das unter der Macht von sieben bösen Geistern stand. König Artus wollte ihm eigentlich seine Zustimmung verweigern, aber sein Sohn ließ nicht locker. Also gewährte Artus ihm schließlich seine Bitte. Mit zwei Pferden – eins, um darauf zu reiten, und eins beladen mit Goldstücken – machte sich der Prinz auf die Reise. Nach ein paar Tagen kam er auf den Marktplatz einer walisischen Stadt, in der großer Aufruhr herrschte. Der Prinz fragte, was denn der Grund dafür sei, woraufhin man ihm erklärte, ein Toter, der gerade zu Grabe getragen werden sollte, sei verhaftet worden. Er habe auf sehr großem Fuß gelebt und schulde den Geldverleihern noch eine große Summe.

»Hier herrschen aber unbarmherzige Sitten«, sagte der junge Prinz. »Geht und begrabt euren Toten und schickt die Gläubiger zu mir. Ich werde die Schulden des Toten begleichen.«

Die Gläubiger erschienen in der Unterkunft des Prinzen, doch es waren so viele, dass der Prinz am Abend nur noch zwei Pennys übrig hatte und seine Unterkunft nicht bezahlen konnte.

Wie es sich aber zutragen sollte, kam auch Jack, der Riesen-Schreck, der ja ebenfalls auf dem Weg nach Wales war, durch die besagte Stadt. Als er von der Notlage des Prinzen hörte, war er so beeindruckt von dessen Mitgefühl und Großherzigkeit, dass er beschloss, sich in seine Dienste zu stellen. Gesagt, getan. Am nächsten Morgen waren Kost und Logis mit Jacks letztem Heller bezahlt, und die beiden setzten ihren Weg gemeinsam fort. Doch kaum waren sie durch das Stadttor geritten, lief ihnen eine alte Frau hinterher und rief: »Was recht ist, muss recht bleiben! Der Tote schuldete mir seit sieben Jahren zwei Pence. Ich will mein Geld zurück, so wie alle anderen.«

Daraufhin holte der Prinz seine letzten beiden Pennys aus der Tasche und gab sie der alten Frau. Da Jack den Schatz aus der Höhle des Riesen Cormoran natürlich nicht bei sich hatte, waren der Prinz und er nun vollkommen mittellos. Als der Abend nahte, fragte der Prinz:

»Wie sollen wir denn ohne Geld an ein Nachtlager kommen, Jack?«

Worauf Jack antwortete: »Das wird sich schon finden, Mylord. Zwei oder drei Meilen von hier wohnt ein gewaltig großer Riese mit drei Köpfen, der es mit fünfhundert bewaffneten Männern aufnehmen kann und sie wegpustet wie gehäckselte Spreu.

»Und wie soll uns das weiterhelfen?«, fragte der Prinz. »Der wird uns doch mit einem Bissen verschlingen.«

»Ach was«, gab Jack lachend zurück. »Lasst mich nur machen. Ich werde Euch den Weg bereiten. Wie ich gehört habe, ist dieser Riese nämlich ein dreifacher Dummkopf. Ich schätze, mit dem kann ich fertigwerden.«

Also blieb der Prinz zurück, und Jack galoppierte auf dem Packpferd, das ohne Goldmünzen keine Last mehr zu tragen hatte, zum Schloss des Riesen. Dort angekommen, hämmerte er so laut gegen das Tor, dass man das Echo hinter den umliegenden Hügeln noch hörte.

»Wer da?«, ertönte eine donnernde Stimme.

Woraufhin Jack rotzfrech antwortete: »Ich bin es. Jack. Dein verarmter, kleiner Vetter.«

»Mein Vetter Jack?«, rief der Riese verdattert, der, wie man sich denken kann, nicht mit dem Besuch eines Verwandten gerechnet hatte. »Was gibt es denn? Dringliche Kunde?«

»Üble Kunde, Vetter«, beeilte sich Jack zu sagen. »Ganz üble Kunde.

»Üble Kunde?«, schallte es besorgt zurück. »Wie das? Hab doch drei Köpfe! Kann es mit fünfhundert Mann aufnehmen! Puste sie weg wie gehäckselte Spreu!«

»Wohl wahr, Vetter«, gab Jack zurück. »Aber ich komme, um dich zu warnen. Der Sohn von Artus, dem größten König aller Zeiten, naht mit tausend Mann, ach, was red' ich, mit zehntausend, um dich zu töten.«

Da zitterte und bebte der dreiköpfige Riese vor Angst. »O je! In der Tat, ganz üble Kunde!«, dröhnte es hinter den dicken Mauern. »Herein mit dir, Vetter Jack! Sag, was soll ich denn nun machen?«

»Am besten verbarrikadierst du dich im tiefsten Gewölbe deines Schlosses«, empfahl der gewiefte Jack. »Ich werde die Tür von außen verriegeln und nehme den Schlüssel an mich, bis die Gefahr vorüber ist. So wirst du sicher sein vor dem Prinzen und seinen Mannen.«

Der Riese eilte hinunter in das Gewölbe des Schlosses und suchte sich ein Versteck. Jack legte den Riegel vor, verschloss die Tür und steckte den Schlüssel ein. Dann ritt er zurück zu dem wartenden Prinzen und zeigte ihm den Weg zum Schloss des dreiköpfigen Riesen. Dort machten sich die beiden über dessen Abendbrot her, während der Riese schlotternd vor Angst im entlegensten seiner Kellergewölbe hockte.

Anschließend schliefen sie den Schlaf der Gerechten, bis Jack den Prinzen am frühen Morgen weckte und ihn, mit reichlich Gold und Silber aus der Schatztruhe des Riesen ausgestattet, drei Meilen vorausreiten ließ. Erst als der Prinz außer Reichweite war, ließ Jack den Riesen frei. Der war in dem feuchten Kellergewölbe mittlerweile halb tot vor Kälte, zeigte sich aber äußerst dankbar. Was Vetter Jack zur Belohnung wolle, fragte er. Schließlich habe er nicht nur für die Sicherheit von Leib und Leben gesorgt, sondern auch für den Erhalt seines Besitzes. Was auch immer er wolle, er solle es haben.

»Überaus großzügig von dir, werter Vetter«, sagte Jack, ohne die drei Köpfe des Riesen aus den Augen zu lassen. »Aber mit deinem alten Umhang, der dazugehörigen Kappe, dem rostigen Schwert und den Pantoffeln, die vor deinem Bett stehen, wäre ich schon zufrieden.«

Seufzend schüttelte der Riese seine drei Köpfe. »Du ahnst ja nicht, was du da von mir verlangst«, sagte er. »Das sind die wertvollsten Dinge, die ich besitze. Aber was man versprochen hat, muss man auch halten. Also nimm sie dir. Der Umhang macht dich unsichtbar. Die Kappe verrät dir alles, was du wissen willst. Das Schwert zerschneidet alles, was du damit berührst. Und die Pantoffeln bringen dich in einem Augenblick, wohin auch immer du willst.«

Freudig nahm Jack den Umhang, die Kappe, das Schwert und die Pantoffeln entgegen und ritt sogleich dem Prinzen hinterher. Schon bald hatte er ihn eingeholt, und dann machten sie sich gemeinsam auf den Weg zu dem Schloss, in dem sich die Herzensdame des Prinzen befand.

Sie war tatsächlich sehr hübsch anzusehen, aber nun galt es, sie aus der Macht der sieben Geister zu befreien. Als sie erfuhr, dass der Prinz keine Kosten und Mühen scheute, um sie zu befreien und möglicherweise sogar zu seiner Gemahlin zu machen, huschte ihr ein Lächeln über die Lippen. Dann ließ sie ein Festmahl auftragen, um ihn gebührend in Empfang zu nehmen. Dabei saß sie den ganzen Abend lang zu seiner Rechten, und so wie der Brauch es damals verlangte, aßen die beiden von einem Teller und tranken aus demselben Becher.

Als das Mahl beendet war, zog sie ihr Taschentuch hervor, tupfte dem Prinzen die Lippen ab und sagte:

»Ich werde Euch eine Aufgabe stellen, die nicht einfach zu lösen ist, Mylord. Bringt mir morgen früh dieses Taschentuch. Wenn nicht, werdet Ihr einen Kopf kürzer gemacht.«

Dann ließ sie das Taschentuch in ihrem Ausschnitt verschwinden und wünschte dem Prinzen eine »Angenehme Nacht.«

Der Prinz war der Verzweiflung nahe, doch Jack ließ sich wie immer nicht aus der Fassung bringen. Sobald der Prinz sich schlafen gelegt hatte, setzte er die Kappe auf, die er von dem dreiköpfigen Riesen bekommen hatte. Und siehe da, eine Minute später wusste er alles, was er wissen musste. Mitten in der Nacht, als die Angebetete des Prinzen einen ihrer geisterhaften Vertrauten herbeirief, der sie zu Luzifer höchstselbst bringen sollte, war Jack längst an ihrer Seite – dank der Pantoffeln, die ihn brachten, wohin auch immer er wollte, und in den Mantel gehüllt, der ihn unsichtbar machte. Als sie dem Teufel das Taschentuch überreichte, damit er es für sie aufbewahrte, und dieser es hoch oben auf ein Regalbrett legte, kletterte Jack hinauf und schnappte es sich.

Am nächsten Morgen, als die von den sieben Geistern besessene Schönheit erwartete, der Prinz werde sich geschlagen geben, präsentierte dieser ihr mit einer galanten Verbeugung das Taschentuch.

Zunächst wusste sich die schöne Besessene nicht weiterzuhelfen, aber im Verlauf des Tages fiel ihr doch noch etwas ein. Sie ließ abermals ein Festmahl auftragen, mit noch erleseneren Speisen als am Tag zuvor. Und diesmal tupfte sie dem Prinzen nicht nur den Mund ab, sondern küsste ihn und sagte:

»Ich habe eine weitere Aufgabe für Euch, Mylord. Zeigt mir morgen früh die Lippen, die ich am Abend als letztes geküsst habe. Wenn nicht, werdet Ihr einen Kopf kürzer gemacht.«

Worauf der Prinz, mittlerweile bis über beide Ohren in die besessene Schöne verliebt, ihr zärtlich zuraunte: »Wenn ihr abgesehen von mir bis dahin niemand anderen mehr küsst, sollte dem nichts im Wege stehen.«

Ungeachtet dessen, dass sie unter der Macht von sieben bösen Geistern stand, konnte die junge Dame nicht umhin zu bemerken, welch wohlgeratenen Prinzen sie da vor sich hatte. Und so gab sie ein wenig errötend zur Antwort:

»Das wäre doch allzu einfach. Morgen früh müsst Ihr sie mir zeigen, sonst werdet Ihr Euren Kopf verlieren.«

So blieb dem Prinzen nichts anderes übrig, als sich ein weiteres Mal ratlos schlafenzulegen. Und ein weiter2es Mal setzte Jack die Kappe auf, die ihm alles verriet, was er wissen musste.

Als die besessene Schöne auch in dieser Nacht ihren geisterhaften Vertrauten herbeizitierte, um sie abermals zu Luzifer zu bringen, war Jack, gehüllt in den Mantel, der ihn unsichtbar machte, und dank der Pantoffeln, die ihn brachten, wohin auch immer er wollte, bereits dort.

»In der gestrigen Nacht hast du versagt«, warf die schöne Besessene dem Leibhaftigen vor, »gelang es dir doch nicht, mein Taschentuch aufzubewahren. Deshalb werde ich dir heute Nacht etwas geben, das man nicht stehlen kann, am allerwenigsten der Prinz. Mag er auch der Sohn des größten Königs aller Zeiten sein.«

Dann gab sie dem Abscheulichen einen Kuss auf die Lippen. Doch mit dem rostigen Schwert des dreiköpfigen Riesen hieb Jack dem Leibhaftigen den Schädel ab. Er verbarg ihn unter seinem Umhang, der ihn auch sogleich unsichtbar machte, und brachte ihn dem Prinzen.

Als die besessene Schöne den Prinzen am nächsten Morgen mit maliziösem Lächeln fragte, ob er ihr denn zeigen könne, welche Lippen die letzten waren, die sie geküsst hatte, zog dieser den Schädel des Leibhaftigen hinter dem Rücken hervor und hielt ihn an den Hörnern gepackt in die Höhe. Als das geschah, gaben die sieben bösen Geister, von denen die Schöne besessen war, sieben grauenvolle Schreie von sich. Und die Schöne gaben sie frei. So war der Bann gebrochen und die junge Dame erschien nicht nur in vollendeter Schönheit sondern auch in der ihr eigenen Güte.

Am nächsten Morgen heiratete sie den Prinzen. Der nahm sie mit an den Hof seines Vaters, König Artus, wo Jack, der Riesen-Schreck zum Ritter der Tafelrunde geschlagen wurde.

V

Doch der Tatendrang unseres Helden war ungebrochen, und so zog es ihn bald wieder in entlegenere Gefilde, um Jagd auf Riesen zu machen. Allzu weit brauchte er sich aber gar nicht zu entfernen, da traf er schon wieder auf einen. Er saß auf einem riesigen Klafter Holz vor einer finsteren Höhle und war ein besonders schauderhaftes Exemplar, mit rot glühenden Glotzaugen und schaurig grimmiger Fratze. Seine fleischigen Wangen hingen wie zwei schlaffe Scheiben Bauchspeck herunter und waren übersät mit drahtigen Bartstoppeln. Und das strähnige Haar schlängelte sich wie zischende Nattern und Ottern um seinen Kopf herum bis über die wuchtigen Schultern. Mit einem verbeulten Eisenprügel in den Händen saß er da, so laut schnaufend, dass man ihn meilenweit hören konnte. Keineswegs eingeschüchtert von seiner furchterregenden Erscheinung stieg Jack vom Pferd. Er schlüpfte in den Umhang, der ihn unsichtbar machte, und näherte sich dem Riesen.

»Holla, wen haben wir denn da«, sagte er. »Wird Zeit, dass dir mal jemand den Bart stutzt.«

Sprach's und holte aus mit dem rostigen Schwert. Doch die schlaffen Wangen des Riesen gaben nach, und so verfehlte Jack sein Ziel und trennte ihm stattdessen die Nase ab, mit einem einzigen sauberen Schnitt. Lieber Himmel! Darauf brach die Hölle los. Wie Donnergrollen hallte das Gebrüll des Riesen noch nach, als er sich auf Jack stürzen wollte. Doch der wich geschickt aus, und unsichtbar, wie er war, lief er um den Riesen herum und rammte ihm das Schwert in den Rücken. Da fiel der Riese tot um.

Jack trennte ihm den Kopf ab und ließ ihn zu König Artus bringen, von einem Fuhrmann, den er eigens damit beauftragt hatte. Dann suchte er in der Höhle nach dem Schatz des Riesen. Er folgte den gewundenen Gängen und Stollen, bis er in einem riesigen Gewölbe stand, dessen Boden und Decke aus behauenem Sandstein waren. An der hinteren Mauer war eine Feuerstelle, und darüber hing ein riesiger Kessel, so riesig, wie Jack noch keinen gesehen hatte. Darin brodelte es, und der Dampf, der ihm entstieg, erfüllte das Gewölbe mit einem pikanten Duft. Der schwere Holztisch neben der Feuerstelle war bereits gedeckt mit riesigen Tellern und Krügen. Hier nahmen die Riesen also ihre Mahlzeiten ein. Als Jack sich ein Stück näherte, kam er an einer Maueröffnung mit eisernen Gitterstäben vorbei. Dahinter waren ein paar Männer eingekerkert.

»O weh, o weh«, riefen sie, als sie Jack bemerkten. »Da ist wieder einer, den dasselbe elende Schicksal ereilt hat.«

»Das hängt ganz von der Betrachtungsweise ab«, gab Jack zurück. »Doch sagt, womit habt ihr ein so elendes Schicksal überhaupt verdient?«

»Das haben wir nicht«, riefen die Gefangenen im Chor. »Eins dieser riesigen Ungetüme hat uns einfach mitgenommen und eingesperrt. Jetzt werden wir gemästet, bis die Riesen wieder einen Festschmaus veranstalten. Dann suchen sie sich den Fettesten von uns aus, um ihn zu verspeisen.«

Als Jack das hörte, schob er sogleich den Riegel beiseite und ließ die armen Tröpfe frei. Dann suchte er weiter nach den

Schatztruhen des Riesen, und als er sie gefunden hatte, teilte er Gold und Silber brüderlich mit den Freigelassenen, um sie für das Leid zu entschädigen, das sie hatten erdulden müssen. Anschließend brachte er sie zu einer nahegelegenen Ritterburg und veranstaltete ein Festgelage.

VI

*W*ährend sie dort ausgelassen ihre wiedergewonnene Freiheit feierten und Loblieder auf Jacks Heldenmut sangen, traf ein Bote ein und berichtete, ein gewaltig großer Riese aus dem Norden namens Thunderdell – einer von der Sorte mit zwei Köpfen – habe vom Tod seines Anverwandten gehört und wolle Rache nehmen. Er sei bereits auf dem Weg und kaum noch zwei Meilen entfernt. Die umliegenden Städte und Dörfer seien wie leergefegt, da die Bevölkerung samt Viehherden schon die Flucht ergriffen habe.

Die Burg, auf der Jack und die Freigelassenen sich befanden, stand auf einer kleinen Insel und war umgeben von einem sieben Meter breiten und zehn Meter tiefen Graben. Eine Zugbrücke aus Holzplanken führte darüber, und sogleich ließ Jack auf halbem Weg die äußeren Planken ansägen, sodass nur die mittlere unbeschädigt blieb, auf der er, gehüllt in den Mantel, der ihn unsichtbar machte, und bewaffnet mit dem rostigen Schwert, das alles zerteilte, den steilen Burggraben überquerte.

Der Riese konnte ihn zwar nicht sehen, aber riechen konnte er ihn sehr wohl, denn Riesen haben empfindliche Nasen. Und so schallte es von Thunderdell schon dröhnend herüber:

»Holdrio, es riecht nach Blut von englischen Rittern.
Die lehre ich noch heute das Fürchten und Zittern.
Tot oder lebendig, das ist mir egal,
wenn mit Haut und Haar zu Mehl ich sie zermahl.«

»So, so«, sagte Jack, den nicht einmal diese Aussicht aus der Fassung bringen konnte. »Dann bin ich wohl an einen recht grausamen Müller geraten.«

Verwirrt sah sich der Riese um. Und als er seinen Gegner nirgends entdecken konnte, rief er:

»Bist du der hinterhältige Wicht, der so viele von uns getötet hat? Wenn ja, werde ich dich in Stücke reißen, dir das Blut aussaugen und deine Knochen zermahlen.«

»Dafür musst du mich aber erstmal kriegen«, sagte Jack lachend. Er legte den Umhang ab, schlüpfte aus den Pantoffeln und hüpfte leichtfüßig vor dem Riesen her. Wie ein wandelnder Bergfried folgte der Riese ihm und bei jedem seiner Schritte schien die ganze Insel zu beben. Die Schaulustigen, die sich versammelt hatten, bogen sich vor Lachen, bis Jack fand, er hatte ihnen genug geboten. Zielstrebig ging er auf die Zugbrücke zu, lief über die noch intakte Planke und erwartete seinen Verfolger mit provokantem Blick.

Wutschnaubend schwang der Koloss seine Keule und rannte schwerfällig hinter ihm her. Als er auf der Mitte der Brücke angekommen war, brachen die angesägten Planken unter seinem Gewicht. Hals über Kopf kugelte er den steilen Abhang hinunter und blieb liegen wie ein gestrandeter Wal.

Mit Gelächter verfolgte die johlende Menge seine vergeblichen Versuche, wieder auf die Beine zu kommen. Auch Jack schüttete sich beinahe aus vor Lachen, doch dann riss er sich zusammen. Er holte ein Seil, warf es dem Riesen über seine beiden Köpfe, und ließ ihn von einem Gespann kräftiger Gäule ans Ufer der Insel ziehen. Zwei saubere Hiebe mit dem rostigen Schwert, das alles zerteilte, und ab waren die beiden Köpfe.

VII

Es folgte eine Zeit der Ruhe und Heiterkeit, doch bald war Jack schon wieder voller Tatendrang und nahm Abschied von seinen Gefährten, um sich neuen Abenteuern zu stellen.

Durch Berg und Tal ritt er schnell und weit, bis er zu später Stunde ein kleines Häuschen am Fuße eines hohen Berges erreichte.

Auf sein Klopfen wurde die Tür von einem alten Mann mit schneeweißem Haar geöffnet.

»Väterchen«, fragte Jack höflich, »würdet Ihr einem Reisenden, der sich vom Einbruch der Nacht hat überraschen lassen, Quartier gewähren?«

»Aye«, antwortete der Alte, »kommt nur herein. Platz ist in der kleinsten Hütte.«

Das ließ sich Jack nicht zwei Mal sagen. Nachdem sie zu Abend gegessen hatten, saßen sie noch eine Weile beisammen und sprachen über dieses und jenes. Da fiel der Blick des Alten auf Jacks Gürtel, und an den Worten, die darauf eingraviert waren, erkannte er, dass es sich um den Riesen-Schreck handelte, der in aller Munde war.

»Ihr seid doch der, der schon zahlreiche dieser riesigen Unholde bezwungen hat, junger Mann. Ganz in der Nähe gibt es einen, an dem Ihr euren Heldenmut auch einmal er-

Der Riese Galligantua hatte mithilfe des bösen, alten Zauberers die Tochter eines Herzogs in eine weiße Hirschkuh verwandelt.

proben könntet. Auf dem Hügel dort drüben steht ein verwunschenes Schloss. Es wird von einem Riesen namens Galligantua bewacht, der mit der Hilfe eines bösen, alten Zauberers schon viele holde Damen und edle Ritter dort hingelockt hat, um sie in Vögel oder andere Tiere zu verwandeln, einige sogar in Fische oder Insekten. Dann müssen sie dort ein jämmerliches Dasein in Gefangenschaft fristen. Am meisten liegt mir die Tochter eines Herzogs am Herzen, die aus dem Garten ihres Vaters geraubt wurde. Hergebracht hat man sie in einem flammenden Gefährt, das von feuerspeienden Drachen gezogen wurde. Nun lebt sie hier als eine weiße Hirschkuh. Viele tapfere Ritter haben schon versucht, den Bann zu brechen, aber keinem ist es gelungen. Man muss nämlich wissen, dass man vor dem Tor des Schlosses zwei grässlichen Greifen begegnet, die jeden zerfetzen, der sich an ihnen vorbeischleichen will.«

Jack besann sich auf den Umhang, der ihn unsichtbar machte und ihm schon oftmals gute Dienste geleistet hatte. Er setzte die Kappe auf, die ihm alles verriet, was er wissen musste, und einen Augenblick später wusste er, was er zu tun hatte. Am nächsten Tag stand er im Morgengrauen auf, legte sich den Umhang um und schlüpfte in die Pantoffeln, die ihn brachten, wohin er wollte. Es dauerte kaum einen Wimpernschlag, und schon stand er hoch oben auf dem Hügel. Das Tor wurde tatsächlich von den beiden Greifen bewacht – zwei entsetzlichen Kreaturen mit gegabelten Schwanzfedern und Schnäbeln. Aber dank des Umhangs konnten die beiden ihn trotz ihrer scharfen Augen nicht sehen. So konnte sich Jack unbemerkt an ihnen vorbeischleichen.

An der Pforte hing eine silberne Kette mit einer goldenen Trompete, und darunter stand geschrieben:

Wer auch immer in diese Trompete stößt,
die Verfluchten aus ihrem Banne erlöst.
Wenn vorüber die finstere Zauberei,
Die Betrübnis dem Frohsinn gewichen sei.

Kaum hatte Jack diese Zeilen gelesen, nahm er die Trompete und blies hinein:

»Täterätätä! Täterätätä! Täterätätä!«

Schon das erste Täterätätä erschütterte das Schloss bis in die Grundfesten, und ehe das dritte Täterätätä verhallte, herrschte bei dem Riesen und dem bösen Zauberer Heulen und Zähneklappern. Wussten sie doch, dass es mit ihrer finsteren Zauberei nun ein Ende hatte. Der Riese zeigte noch Kampfgeist und wollte sich mit einem riesigen Knüppel zur Wehr setzen, woraufhin Jack ihm mit dem rostigen Schwert, das alles zerteilte, einen gekonnten Hieb versetzte und dem Riesen der Schädel von den Schultern rollte. Dem Zauberer wäre es zweifellos ebenso ergangen, hätte er nicht vor lauter Feigheit einen Wirbelwind heraufbeschworen und sich darin offenbar in Luft aufgelöst. So vermutet man jedenfalls, denn er hat nie wieder sein Unwesen getrieben. Da der Bann nun gebrochen war, erhielten all die holden Damen und edlen Ritter, die in Vögel oder Fische und in andere Tiere oder gar in Insekten verwandelt worden waren, ihre menschliche Gestalt zurück. Die Tochter des Herzogs, die dem alten Mann mit dem schneeweißen Haar so sehr am Herzen gelegen hatte, verwandelte sich aus einer weißen Hirschkuh zurück in das schönste junge Fräulein, das die Welt je gesehen hatte. Kaum war das geschehen, verschwand das verwunschene Schloss in einer Wolke aus Rauch, und alle Riesen, die sich noch irgendwo herumtrieben, verschwanden gleich mit.

So kehrte Jack mit dem Haupt des Galligantua an die Tafelrunde von König Artus zurück. Die holden Damen und die edlen Ritter, die er befreit hatte, brachte er mit. Und da es keine Riesen mehr gab, waren auch keine mehr zu bezwingen. Als Dank für seine treuen Dienste gab Artus ihm die Tochter des Herzogs zur Frau. Bei der Hochzeit stand das ganze Land wieder einmal Kopf, aber diesmal vor Freude. Der größte König aller Zeiten schenkte Jack eine Ritterburg mit Ländereien. So wurde er sesshaft, Jack, der Riesen-Schreck. Und er lebte glücklich mit der Dame seines Herzens und den Kindern, die sie ihm schenkte, bis ans Ende ihrer Tage.

Die drei Dummköpfe

Vor langer, langer Zeit, als die Menschen noch nicht überall so weltgewandt waren wie heutzutage, lebten auf dem Land ein Bauer und eine Bäuerin. Sie hatten eine recht hübsche Tochter, und wenn der junge Gutsherr, von dem sie ihr Land gepachtet hatten, nicht gerade auf Reisen war, besuchte er sie abends immer.

Abend für Abend wanderte er von seinem Gutshaus zu dem Bauernhof, um dort noch etwas zu essen. Und Abend für Abend ging die Bauerstochter in den Keller, um zum Essen einen Krug Apfelmost aus einem großen Fass abzufüllen.

Eines Abends, als sie wieder in den Keller gegangen war und gerade den Hahn des Fasses aufgedreht hatte, hob sie den Kopf und sah, dass zwischen den Deckenbalken ein großer Holzhammer steckte.

Er musste dort schon seit Ewigkeiten gesteckt haben, denn er war voller Spinnweben. Doch er war ihr noch nie aufgefallen, und mit einem Mal kam ihr der Gedanke, dass ein Hammer in der Decke doch ziemlich gefährlich werden konnte.

»Was ist, wenn ich den Gutsherrn heirate und wir einen Sohn bekommen, der, wenn er groß ist, in den Keller geht, weil er Apfelmost holen will, so wie ich jetzt?«, dachte sie. »Und wenn er dann tot umfällt, weil ihm der Hammer auf den Kopf gefallen ist? Das wäre ja schrecklich!«

Sogleich stellte sie die Kerze ab, die sie immer mit in den Keller nahm. Dann setzte sie sich auf eine Bank neben dem Fass und begann zu weinen, so bitterlich, dass sie gar nicht mehr aufhören konnte.

Am Abendbrottisch fragte man sich bereits, warum sie so lange dafür brauchte, Apfelmost zu holen, und irgendwann ging die Bäuerin hinunter, um nachzusehen, was sie im Keller machte. Da sah sie ihre Tochter bitterlich weinend neben dem Fass sitzen, während der Apfelmost aus dem offenen Hahn des Fasses auf den Boden lief.

»Himmel und Herrgott!«, rief sie. Was ist denn los mit dir?«

»Ach, Mutter«, antwortete die Tochter schluchzend. »Es ist dieser schreckliche Hammer. Stell dir nur vor, ich heirate den Gutsherrn und wir bekommen einen Sohn. Und wenn er groß ist, geht er in den Keller, um Apfelmost zu holen, so wie ich. Und dann fällt er tot um, weil ihm der Hammer auf den Kopf gefallen ist!«

»Nicht auszudenken!«, sagte die Mutter. Sie setzte sich neben ihre Tochter und fing auch an zu weinen. »Das wäre ja schrecklich!«

Jetzt saßen sie also beide neben dem Fass und weinten bitterlich.

Als auch die Bäuerin nicht wieder aus dem Keller kam, fragte man sich am Abendbrottisch, was Mutter und Tochter denn dort unten machten. Nach einer Weile ging der Bauer in den Keller und fand Frau und Tochter bitterlich weinend neben dem Fass sitzend, während der Apfelmost auf den Boden lief.

»Zapperlot!«, rief er. »Was ist denn hier los?«

»Sieh doch nur!«, antwortete die Bäuerin schluchzend. »Dieser Hammer dort oben. Wenn unsere Tochter Ihren Verehrer, den Gutsherrn heiratet, und wenn die beiden einen Sohn bekommen, der wenn er groß ist, in den Keller geht, um Apfelmost zu holen, dann fällt er womöglich tot um, weil ihm der Hammer auf den Kopf gefallen ist. Das wäre doch schrecklich!«

»Ganz schrecklich wäre das!«, sagte der Bauer und setzte sich neben seine Frau und seine Tochter. Und dann fing auch er an zu weinen.

Unterdessen saß der junge Gutsherr allein in der Stube und wartete auf den Apfelmost zum Abendessen, bis er schließlich die Geduld verlor und in den Keller ging, um nachzusehen, was der Bauer, die Bäuerin und deren Tochter dort so lange machten. Da fand er sie alle drei weinend nebeneinander auf der Bank neben dem Fass sitzen, mit nassen Füßen. Denn der Apfelmost überflutete schon den ganzen Boden. Als erstes drehte der Gutsherr den Hahn des Fasses zu. Dann sagte er:

»Was sitzt ihr drei denn hier heulend wie die Schlosshunde und lasst den Apfelmost auf den Boden laufen?«

Darauf antworteten die drei wie aus einem Munde: »Seht Euch doch einmal diesen vermaledeiten Hammer an! Wenn ich/sie Euch heirate(t), und wir/Ihr dann einen Sohn bekommen/t, der, wenn er groß ist, in den Keller geht, um Apfelmost zu holen, dann fällt er womöglich tot um, weil ihm der Hammer auf den Kopf gefallen ist. Das wäre doch schrecklich!«

Der Gutsherr brach in Gelächter aus. Und nachdem er sich halb kaputtgelacht hatte, griff er nach dem Hammer, zog ihn zwischen den Deckenbalken hervor und legte ihn auf den Boden. Kopfschüttelnd sagte er: »Ich bin ja schon viel herumgekommen, aber drei solche Dummköpfe wie ihr sind mir noch nie begegnet. Ich kann doch nicht die dümmste Frau der Welt heiraten. Also gehe ich wieder auf Reisen, und wenn mir drei noch größere Dummköpfe über den Weg laufen, dann komme ich zurück und heiratete sie doch. Sonst nicht.«

Damit verabschiedete er sich und ging wieder auf Reisen. Die drei Dummköpfe blieben weinend zurück – diesmal, weil aus der Hochzeit vorerst nichts wurde.

Der junge Gutsherr reiste schnell und er reiste weit, aber nirgends kam ihm ein noch größerer Dummkopf unter als die drei, die er bereits kannte – bis er am Cottage einer alten Frau vorbeikam, dessen Dach mit Gras bewachsen war.

Die Alte mühte sich redlich, ihre Kuh eine Leiter hochzutreiben, damit die Kuh auf dem Dach grasen konnte. Doch das arme Vieh traute sich nicht die Leiter hinauf. Da wollte die Alte es mit Worten überzeugen: »Von dort oben hast du eine wunderbare Aussicht!«, lautete ihr Argument. Doch die

Kuh sträubte sich hartnäckig, während die Alte allmählich die Geduld verlor.

Nachdem sich der Gutsherr das Spektakel eine Weile angesehen hatte, fragte er: »Wäre es nicht leichter, wenn Ihr selbst die Leiter hinaufsteigt, das Gras abmäht und es dann hinunterwerft, damit die Kuh es fressen kann?«

»So weit kommt es noch!«, gab die Alte zurück. »Die Kuh kann doch selbst grasen. Das blöde Vieh braucht auch keine Angst zu haben, dass es herunterfällt, denn ich werde ihm einen Strick um den Hals binden. Den lasse ich durch den Kamin hinunter und binde mir das Ende ums Handgelenk. Wenn ich dann die Wäsche wasche, kann die Kuh nicht vom Dach fallen, ohne dass ich es bemerke. Und ihr, kümmert Euch gefälligst um euren eigenen Kram!«

Es dauerte noch ein Weilchen, aber dann hatte die Alte es tatsächlich geschafft, ihre Kuh über die Leiter auf das Dach hinaufzubefördern. Sie band ihr einen Strick um den Hals, ließ ihn durch den Kamin herunter und band sich das Ende um ihr Handgelenk. Dann machte sie sich daran, die Wäsche zu waschen, und der junge Gutsherr ritt weiter seiner Wege.

Er war noch gar nicht weit gekommen, als er ein fürchterliches Gepolter hörte. Sogleich machte er kehrt und galoppierte zum Cottage der Alten zurück. Da sah er, dass die Kuh vom Dach gefallen war und sich dabei stranguliert hatte. Wie ein Flaschenzug hatte sie mit ihrem Gewicht die Alte durch den Kamin gezogen, wo diese nun geschwärzt von Ruß auf halber Höhe feststeckte.

»Da habe ich ja schon einen noch größeren Dummkopf gefunden«, sagte sich der Gutsherr. »Fehlen nur noch zwei.«

Doch bis ihm ein weiterer über den Weg lief, sollte es noch bis zum Abend dauern, als er sich in einem kleinen

Gasthof einquartierte. Der war nämlich so überfüllt, dass er sich sein Zimmer mit einem anderen Reisenden teilen musste. Dieser erwies sich als verträglicher Zeitgenosse, und so kamen die beiden gut miteinander aus und ein jeder schlief tief und fest in seinem Bett.

Am nächsten Morgen jedoch, als es Zeit wurde aufzustehen, hängte der Fremde seine Hosen an den Griffen der Kommode auf.

»Wozu tut Ihr das?«, fragte der Gutsherr.

»Ich will mir meine Hosen anziehen«, antwortete sein Zimmergenosse. Er durchquerte den Raum und nahm Anlauf, um in die Hosen zu springen.

Der erste Versuch scheiterte, also nahm er abermals Anlauf und probierte es erneut. So ging es weiter und weiter, bis er vollkommen verschwitzt und erledigt war – wie die Alte, deren Kuh sich nicht die Leiter hatte hinauftreiben lassen wollen. Einmal mehr lachte sich der Gutsherr halb kaputt. Etwas so Dämliches hatte er sein Lebtag noch nicht gesehen.

Sein Zimmergenosse, mittlerweile schweißgebadet, legte eine Pause ein und wischte sich mit einem Taschentuch die Stirn. »Ihr habt gut lachen!«, sagte er. »Aber in solche Kniebundhosen hineinzuspringen ist eins der schwierigsten Unterfangen, die man sich vorstellen kann. Üblicherweise dauert es eine Stunde, bis ich es geschafft habe. Und das jeden Morgen! Doch sagt, wie stellt Ihr es an, in Eure Hosen hineinzukommen?«

Der Gutsherr machte ihm vor, wie man erst mit einem Bein und dann mit dem anderen in die Hosen steigt – soweit das vor lauter Lachen überhaupt möglich war. Woraufhin sich sein Zimmergenosse überschwänglich bedankte und sagte, auf diese Methode wäre er ja niemals gekommen.

»Na dann«, sagte der Gutsherr mehr zu sich selbst. »Da haben wir also den zweiten.« Dann reiste er weiter. Wie zuvor ritt er schnell und weit, aber es war kein dritter Dummkopf zu finden. Schließlich kam er in einer mondhellen, sternenklaren Nacht in ein Dorf. Vor dem Dorf war ein Teich, und um den Teich herum standen alle Dorfbewohner. Einige hatten Forken bei sich, andere Mistgabeln, und wieder andere Besen. Und alle waren vollauf damit beschäftigt, in dem Teich herumzustochern.

»Was ist denn hier los?«, rief der Gutsherr und sprang vom Pferd, um den Leuten zur Hand zu gehen. »Ist jemand in den Teich gefallen?«

»Aye. So ist es«, antworteten die Dorfbewohner. »Seht Ihr ihn denn nicht? Den Mond. Da liegt er und scheint durch die Wasseroberfläche. Und wir wissen nicht, wie wir ihn wieder herausbekommen sollen.«

Sogleich machten sich die Dorfbewohner mit ihren Forken, Mistgabeln und Besen wieder ans Werk. Da platzte der Gutsherr fast vor Lachen. Es sei ja großartig, dass sie sich solche Mühe gaben, sagte er. Aber sie sollten doch bitte einmal die Köpfe heben und hinauf zum Himmel sehen. Da hinge doch der Mond und scheine so hell wie selten. Doch die Dorfbewohner waren nicht dazu zu bewegen. Sie wollten auch nicht glauben, dass es sich bei dem Mond, den sie im Wasser zu sehen glaubten, lediglich um sein Spiegelbild handelte. Das Ganze gipfelte darin, dass sie den Gutsherrn beschimpften und ihm damit drohten, ihn in den Teich zu werfen. Da stieg der Gutsherr schleunigst wieder auf sein Pferd und ließ die Leute weiter harken, schaufeln und kehren. Vermutlich sind sie heute noch damit beschäftigt.

Der junge Gutsherr aber sagte sich: »Es gibt doch mehr Dummköpfe auf der Welt, als ich dachte. Am besten reite ich zurück und heirate die Bauerstochter. Dümmer als all die anderen kann sie ja gar nicht sein.«

Genau das tat er. Und falls die beiden nicht auf ewig miteinander glücklich waren, lag es sicher nicht daran, dass jemand zu dumm gewesen wäre.

The Bogles in the Courtyard

Die goldene Kugel

Es waren einmal zwei Schwestern, und eines Tages, als sie vom Markt kamen, begegneten sie einem sehr ansehnlichen jungen Mann – so ansehnlich, wie sie noch keinen gesehen hatten. Er stand vor der Tür eines Hauses, und alles, was er an sich trug, war aus Gold. Er hatte goldene Ringe an den Fingern, eine goldene Kette um den Hals, einen goldenen Gürtel um die Taille, ja sogar die Kappe, die er auf dem Kopf trug, war goldbesetzt. In jeder Hand hielt er eine goldene Kugel, und diese beiden Kugeln gab er den beiden Schwestern. Jede bekam eine. Sie dürften sie behalten, sagte er. Aber sie müssten gut darauf aufpassen. Denn sollte eine von ihnen ihre Kugel verlieren, würde sie am Hals aufgeknüpft.

Der jüngeren Schwester kam die Kugel tatsächlich abhanden, und das geschah so: Sie spielte vor den Toren eines großen Gartens, warf die goldene Kugel in die Luft und fing sie wieder auf. Beim nächsten Mal warf sie die Kugel ein Stück höher, dann noch höher und immer, immer höher, bis sie in den großen Garten fiel. Das junge Mädchen kletterte über den Zaun und lief hinterher, doch die Kugel rollte über den Rasen auf das Haus zu, das in dem Garten stand, und da die Tür geöffnet war, rollte sie hinein und verschwand.

Man brachte die jüngere der beiden Schwestern nach York, wo sie am Hals aufgeknüpft werden sollte, weil sie die goldene Kugel verloren hatte.

Das junge Mädchen hatte aber schon einen Verlobten, und der sagte, er werde die Kugel für sie zurückholen. Er ging zu dem großen Garten, aber das Tor war verschlossen. Also kletterte der junge Mann über den Zaun, und als er auf der anderen Seite wieder hinunterkletterte, erschien wie aus dem Nichts im Graben hinter dem Zaun eine alte Frau. Wenn er die goldene Kugel zurückbekommen wolle, sagte sie zu ihm, müsse er drei Nächte allein in dem Haus schlafen, in das sie hineingerollt war.

Bewaffnet mit einem Schwert ging der junge Mann am Abend in das Haus und suchte zunächst in der Eingangshalle nach der goldenen Kugel. Dann suchte er im ganzen Haus, aber er fand sie nirgends. Später, als die Nacht hereingebrochen war, kam es ihm so vor, als hörte er Kobolde draußen herumlaufen. Er warf einen Blick aus dem Fenster, und tatsächlich, es wimmelte nur so von ihnen.

Noch dazu hörte er, dass sich auf der Treppe Schritte näherten. Hastig versteckte er sich hinter der Tür und war mucksmäuschenstill. Die Tür wurde geöffnet und ein Riese kam herein, fünf Mal so groß wie der junge Mann selbst. Er sah sich um, und als er niemanden entdeckte, ging er zum Fenster. Als er sich zu den Kobolden hinauslehnte, schlich sich der junge Mann von hinten an ihn heran. Und mit einem einzigen kräftigen Schwerthieb schnitt er ihn entzwei. Die obere Hälfte fiel aus dem Fenster, und die untere blieb davor stehen.

Bei den Kobolden gab es ein fürchterliches Geschrei, als der halbe Riese aus dem Fenster stürzte. »Da kommt die eine Hälfte unseres Meisters heruntergefallen!«, riefen sie. »Aber wo ist die andere?«

»Ja, ohne deine obere Hälfte stehst du nutzlos herum«, sagte der junge Mann. »Und ohne Augen kannst du nicht einmal etwas sehen. Also werfe ich dich am besten gleich hinterher.« Genau das tat er, und da die Kobolde ihren Riesen nun wieder beisammenhatten, gaben sie Ruhe.

In der zweiten Nacht schlief der junge Mann wieder in dem Haus, und wieder kam ein Riese herein. Doch kaum hatte er das Zimmer betreten, da holte der junge Mann mit seinem Schwert aus und trennte auch ihn in zwei Hälften. Die Beine des Riesen liefen weiter zum Kamin und dann den Schornstein hinauf.

»Da schicke ich die andere Hälfte doch am besten hinterher«, sprach der junge Mann zum Kopf des Riesen. Und genau das tat er.

In der dritten Nacht geschah zunächst nichts, und so legte sich der junge Mann schlafen. Doch ehe er einschlafen konnte, hörte er wieder die Kobolde, diesmal waren sie unter seinem

Bett. Er fragte sich, was sie dort machten, und um nachzusehen, beugte er sich über die Bettkante. Da sah er, wie die Kobolde mit der goldenen Kugel spielten und sie einander zuwarfen.

Nach einer Weile trat einer der Kobolde, als er die Kugel fangen wollte, mit einem Beinchen vor das Bett. Und mit einem blitzschnellen Schwerthieb war das Beinchen weg. Auf der anderen Seite des Bettes schaute das Ärmchen eines Kobolds hervor, und ehe der sich's versah, war das Ärmchen weg. So ging es weiter und weiter, bis der junge Mann sämtliche Kobolde verstümmelt hatte. Heulend und jammernd machten sie sich davon – und vergaßen dabei, die goldene Kugel mitzunehmen. Sogleich sprang der junge Mann aus dem Bett, schnappte sich die Kugel und eilte zu seiner Liebsten.

Doch die stand bereits unter dem Galgen. »Hängen sollst du, bis dich der Tod ereilt, Mädchen«, sprach der Henker. Woraufhin das Mädchen rief:

»Halt ein, da naht meine Mutter!
Ach, Mutter, sag, kommst du gelaufen,
mir die Kugel zu bringen, um mich freizukaufen?«

Darauf antwortete die Mutter:

»Weder Kugel, noch Freiheit,
vergeblich dein Flehen.
Bin gekommen, um dich
hängen zu sehen.«

»Sprich dein letztes Gebet, Mädchen«, sagte der Henker. Doch das Mädchen rief:

»Halt ein, da naht mein Vater.
Ach, Vater, sag, kommst du gelaufen,
mir die Kugel zu bringen, um mich freizukaufen?«

Darauf antwortete auch der Vater:

»Weder Kugel, noch Freiheit,
vergeblich dein Flehen.
Bin gekommen, um dich
hängen zu sehen.«

»Hast du dein letztes Gebet nun gesprochen?«, fragte der Henker. »Dann Mädchen, leg den Kopf in die Schlinge.« Da rief das Mädchen:

»Halt ein, da naht meine Schwester.
Ach, Schwester, sag, kommst du gelaufen,
mir die Kugel zu bringen, um mich freizukaufen?«

Und auch die Schwester antwortete:

»Weder Kugel, noch Freiheit,
vergeblich dein Flehen.
Bin gekommen, um dich
hängen zu sehen.«

»Willst du mich zum Narren halten!«, fragte der Henker und fügte hinzu: »Länger kann ich nun wirklich nicht warten.«
Doch dann, endlich! Da bahnte sich der Verlobte des Mädchens seinen Weg durch die Menge. Und das Mädchen rief:

»Halt ein! Da ist noch wer,
und es kann nur einer sein.
Ach, Liebster, sag, kommst du gelaufen,
mir die Kugel zu bringen, um mich freizukaufen?«

»Aye«, rief der junge Mann und hielt die goldene Kugel in die Höhe.

»Die goldene Kugel, die bringe ich dir,
dich freizukaufen. Nimm sie von mir
und ein Ende hat dein Flehen.
Bin nicht gekommen, um dich
hängen zu sehen.«

Der junge Mann nahm seine Liebste mit, und die beiden lebten glücklich bis ans Ende ihrer Tage.

Die beiden Schwestern

Es waren einmal zwei Schwestern, die glichen einander wie ein Ei dem anderen. Aber die eine war gutmütig und die andere war garstig. Und weil ihr Vater keine Arbeit mehr hatte, beschlossen die beiden, sich selbst eine Stelle zu suchen.

Voller Zuversicht sagte die jüngere Schwester zur älteren: »Ich werde mich zuerst auf die Suche machen, und wenn ich Glück habe und etwas finde, kommst du hinterher.«

Sie schnürte ihr Bündel, sagte Lebewohl und machte sich auf den Weg. Aber in der Stadt gab es keine Arbeit für ein junges Mädchen, deshalb suchte es auf dem Land weiter. Irgendwann kam es an einem Ofen vorbei, der voller Brot war.

»Hol uns heraus, Mädchen«, riefen die Brotlaibe. »Seit sieben Jahren werden wir hier schon gebacken, und keiner nimmt uns aus dem Ofen. Hol uns heraus, sonst werden wir verkohlen.«

Das Mädchen blieb stehen, und hilfsbereit wie es war, stellte es sein Reisebündel ab und holte die Brote aus dem Ofen.

»Jetzt geht es euch sicher besser«, sagte es.

Dann setzte es seinen Weg fort, bis es an einer Kuh vorbeikam, die vor einem leeren Eimer stand.

»Ich muss gemolken werden, Mädchen«, rief die Kuh. »Sieben Jahre stehe ich hier schon, und keiner kommt, um mich zu melken.«

Abermals blieb das Mädchen stehen und legte sein Bündel ab. »Gleich geht es dir besser«, sagte es, und ging erst weiter, nachdem es die Kuh gemolken hatte.

Wenig später kam es an einem Apfelbaum vorbei, an dem so viele Äpfel hingen, dass die Äste sich bogen.

»Kannst du meine Zweige schütteln, damit die Äpfel herunterfallen, Mädchen?«, fragte der Baum. »Sie sind so schwer! Ich kann kaum noch gerade stehen.«

Ein weiteres Mal blieb das hilfsbereite Mädchen stehen, stellte sein Reisbündel ab und schüttelte die Zweige, bis die Äpfel herunterfielen und der Baum wieder gerade stand. »Jetzt geht es dir besser«, sagte es, bevor es sich wieder auf den Weg machte.

Bald darauf gelangte das Mädchen zu einem kleinen Haus, in dem eine alte Frau wohnte, die Zauberkräfte hatte. Sie suchte jemanden, der ihr bei der Hausarbeit half, und da kam das Mädchen gerade richtig. Die alte Frau versprach einen anständigen Lohn, und so willigte das Mädchen ein. Es musste den Boden fegen, Staub wischen und das Feuer im Kamin schüren. Nur eines durfte es nicht: in den Kamin hinaufsehen.

»Wenn du das tust«, sagte die Alte, »dann fällt dir etwas Schweres auf den Kopf, und es wird ein böses Ende mit dir nehmen.«

Das Mädchen kehrte also den Boden, wischte Staub und schürte das Feuer. Doch nie erhielt es auch nur einzigen Penny dafür. Am liebsten wäre es wieder zurück nach Hause gegangen, denn es mochte die Alte nicht. Die verspeiste zum Frühstück nämlich gern Neugeborene, die sie geraubt hatte und deren Knochen sie unter den Steinen im Garten vergrub. Dennoch wollte das Mädchen nicht ohne Lohn zu Vater und Schwester zurückkehren. Also blieb es und verrichtete gewissenhaft die Hausarbeit. Es fegte weiter den Boden, wischte Staub und schürte das Feuer. Eines Tages, als es vor dem Kamin hockte und den Ruß zusammenkehrte, dachte es für einen

Moment nicht mehr an das Verbot der Alten und sah doch hinauf, um festzustellen, woher der viele Ruß kam. Und was fiel herunter? Es war ein dicker Beutel mit Goldmünzen. Und der fiel dem Mädchen nicht auf den Kopf, sondern in die Schürze, die es rasch ausgebreitet hatte.

Da die Alte gerade ausgegangen war, fand das Mädchen, es sei eine gute Gelegenheit, sich davonzumachen.

Es raffte seine Röcke zusammen und rannte los. Aber es war noch nicht weit gekommen, da hörte es die Alte hinter sich. Auf ihrem Besenstiel ritt sie hinter dem Mädchen her. Doch gottlob war der Apfelbaum, dem das Mädchen geholfen hatte, schon in Sicht. Und so rief es:

>>Bieg dich, Bäumchen,
beug dich über mich.
Beschütz mich vor der alten Hexe,
        denn sie darf mich nicht finden,
sonst werden meine Knochen
        unter den Steinen verschwinden.<<

>>Das tue ich gern für dich<<, antwortete der Apfelbaum. >>Du hast mir dabei geholfen, dass ich wieder aufrecht stehe. Und Gutes sollte man mit Gutem vergelten.<<

Der Baum beugte sich über das Mädchen und versteckte es unter seinen grünen Zweigen. Da kam auch schon die Alte auf ihrem Besenstiel geflogen und sagte:

>>Bäumchen, mein Bäumchen, sag mir geschwind,
wohin ist dieses unsägliche Kind?
Es hat mir einen Beutel voller Gold gestohlen.
Der ist alles, was ich hab, will ihn wiederholen.<<

»Bäumchen, mein Bäumchen, sag mir geschwind,
wohin ist dieses unsägliche Kind?«

Und der Apfelbaum antwortete:

>»Nein, Mütterchen, hier war kein Kind,
nicht in sieben Jahr, die vergangen sind.«

Daraufhin flog die alte Hexe in eine andere Richtung. Das Mädchen aber kam unter dem Baum hervor, bedankte sich herzlich und ging weiter. Doch bald darauf hörte es abermals die Hexe auf ihrem Besenstiel. So schnell es konnte, lief es bis zu der Kuh und rief:

>»Kuh, liebe Kuh, du musst mich verstecken.
Dann kann mich die Alte nicht entdecken.
Sonst wird sie mich am Ende doch noch finden,
dann werd' ich unter den Steinen verschwinden.«

»Das mache ich gern für dich«, antwortete die Kuh. »Du hast mich doch von der Milch befreit. Versteck dich hinter mir, da bist du in Sicherheit.«

Als die alte Hexe auf ihrem Besenstiel angeflogen kam, rief sie der Kuh schon von Weitem zu:

>»Ach, Kuh, liebe Kuh, komm sag mir geschwind,
wohin ist dieses unsägliche Kind?
Es hat mir einen Beutel voller Gold gestohlen.
Der ist alles, was ich hab, will ihn wiederholen.«

Darauf gab die Kuh in aller Höflichkeit zurück:

>»Nein, Mütterchen, hier war kein Kind,
nicht in sieben Jahr, die vergangen sind.«

Wieder flog die alte Hexe in eine andere Richtung, und das Mädchen konnte seinen Weg fortsetzen. Doch als es sich dem Ofen näherte, hörte es sie ein weiteres Mal hinter sich. So schnell es konnte, rannte das Mädchen auf den Ofen zu und rief:

»Ach, Ofen, sei so gut, du musst mich verstecken.
Sonst wird mich die Alte doch noch entdecken.
Und wird sie mich am Ende doch noch finden,
dann werd' ich unter den Steinen verschwinden.«

Darauf antwortete der Ofen: »Ich habe leider keinen Platz mehr, denn ich backe schon die nächsten Brote. Aber da kommt der Bäcker. Lauf und frag ihn.«

Also bat das Mädchen den Bäcker um Hilfe, und der sagte: »Natürlich helfe ich dir. Du hast dafür gesorgt, dass meine Brote nicht verkohlen. Lauf in die Backstube, da bist du sicher. Die Alte kannst du getrost mir überlassen.«

Gerade noch rechtzeitig konnte sich das Mädchen in der Backstube verstecken, denn schon kam die Hexe auf ihrem Besenstiel angeflogen und rief voller Wut:

»Sag mir, Bäcker, aber mach geschwind,
wohin ist dieses unsägliche Kind?
Es hat mir einen Beutel voller Gold gestohlen.
Der ist alles, was ich hab, will ihn wiederholen.«

Darauf antwortete der Bäcker:

»Es ist wohl in den Ofen gekrochen,
darin hat es so gut nach Brot gerochen.«

Sogleich sprang die alte Hexe von ihrem Besenstiel und spähte in den Ofen, wo sie das Mädchen natürlich nicht entdecken konnte.

»Um in die hinterste Ecke zu spähen, müsst Ihr schon selbst hineinkriechen«, sagte der schlaue Bäcker. Das tat die alte Hexe, und …

Peng!

… machte der Bäcker die Klappe zu und die alte Hexe wurde geröstet. Als er sie wieder herausholte, war sie genauso knusprig wie die Brote und schleppte sich zurück zu ihrem Häuschen, um sich von oben bis unten mit kalter Buttermilch einzureiben.

Das gutmütige, hilfsbereite Mädchen aber kehrte mit einem Beutel voller Goldstücke nach Hause zurück.

Doch die garstige, ältere Schwester neidete der jüngeren ihr Glück und wollte selbst einen Beutel voll Gold. Also schnürte auch sie ihr Reisebündel und machte sich auf den Weg.

Als erstes traf sie auf den Ofen, doch als die Brotlaibe sie baten, sie herauszuholen, weil sie fürchteten zu verkohlen, schüttelte sie nur den Kopf und gab zurück:

»Nein, lieber nicht. Das fehlte mir noch, dass ich mir an euch die Finger verbrenne.«

Dann begegnete sie der Kuh, die gemolken werden wollte. »Ach, Mädchen, so hilf mir doch!«, bat sie. »Ich muss dringend gemolken werden.«

Doch die garstige, ältere Schwester lachte nur und gab spöttisch zurück: »Was geht mich das an? Darauf musst du wohl noch mal sieben Jahre warten. Ich lasse mich doch nicht zu einer Dienstmagd machen wie meine Schwester.«

Als Letztes kam sie zu dem Apfelbaum, dessen Äste sich unter den reifen Äpfeln bogen. Als er sie bat, sie von den Zweigen zu schütteln, pflückte sie lachend einen Apfel und biss hinein. »Der reicht mir«, sagte sie mit vollem Mund. »Die anderen kannst du behalten.«

Dann ging sie weiter, bis sie schließlich vor dem Haus der alten Hexe stand.

Deren Verbrennungen waren mittlerweile verheilt, aber sie war noch immer furchtbar wütend, und zwar auf alle Dienstmädchen. Noch einmal würde sie sich nicht hereinlegen lassen, schwor sie sich und ließ das Mädchen nicht aus den Augen. So bekam die ältere der beiden Schwestern keine Gelegenheit den Kamin hinaufzusehen, obwohl es ihr doch genau darum ging. Stattdessen musste sie den Boden fegen, Staub wischen und das Feuer schüren, bis sie erschöpft war.

Eines Tages jedoch, als die alte Hexe in den Garten ging, um wieder ein paar Knochen unter den Steinen zu vergraben, nutzte die garstige, ältere Schwester die Gelegenheit und sah in den Kamin hinauf. Auch ihr fiel ein Beutel voller Goldstücke in den Schoß.

Sogleich machte sie sich davon, und als sie an dem Apfelbaum vorbeikam, hörte auch sie hinter sich die alte Hexe auf ihrem Besen. Wie zuvor die jüngere rief nun die ältere Schwester:

»Bieg dich, Bäumchen,
beug dich über mich.
Beschütz mich vor der alten Hexe,
        denn sie darf mich nicht finden,
    sonst werden meine Knochen
        unter den Steinen verschwinden.«

Doch der Apfelbaum sprach:

>Kein Platz, dich zwischen die Zweige zu drängen,
weil viel zu viele Äpfel daran hängen.«

Da kam auch schon die böse Hexe angeflogen. Sie verpasste der garstigen, älteren Schwester eine gehörige Tracht Prügel, nahm ihr den Beutel mit den Goldstücken ab und schickte sie ohne Lohn für Fegen, Staubwischen und Feuerschüren nach Hause.

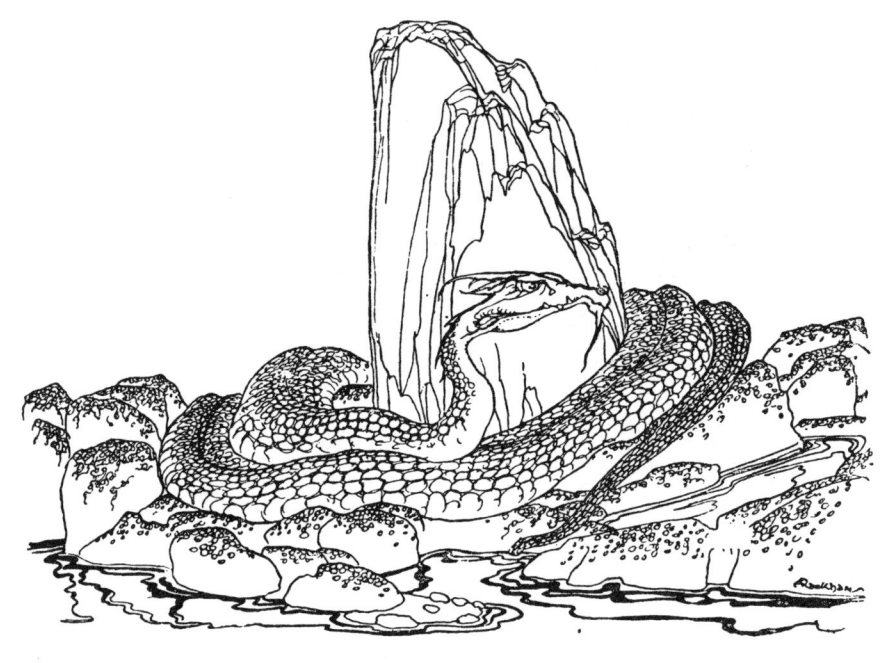

Der Lindwurm
von Bamborough Castle

Auf Bamborough Castle lebte einst ein König, der zwei
Kinder hatte: Childe Wynde und May Margret. Die Mutter der beiden, eine edelmütige Frau, war vor einiger Zeit gestorben, und der König vermisste sie schmerzlich. Als Childe
Wynde alt genug war, um sich in der Ferne als Schildknappe zu
erproben, war der König noch immer in Trauer. Doch eines Ta-

ges, als er durch den Wald ritt, weil er ein Reh oder einen Hirsch schießen wollte, begegnete ihm eine Frau, die so schön war, dass er sich auf der Stelle in sie verliebte und beschloss, sie zu heiraten.

Prinzessin May Margret gefiel es gar nicht, dass eine Fremde den Platz ihrer Mutter einnehmen sollte. Und da sie seit deren Tod dem gesamten Haushalt vorgestanden hatte, konnte sie sich nicht vorstellen, dass diese Aufgabe nun jemand anderem zufiel. Schließlich hatte es sie immer mit Stolz erfüllt, die Verantwortung dafür übernehmen zu dürfen. Sie beklagte sich nicht, aber oft stand sie an den Burgmauern, sah hinaus auf das Meer und wünschte, ihr Bruder käme endlich zurück. Seit dem Tod der Mutter waren die beiden stets füreinander da gewesen, doch nun hatte May Margret schon lange nichts mehr von Childe Wynde gehört.

Am Tag der Hochzeit des Königs zog May Margaret sämtliche Schlüssel von Bamborough Castle auf eine Schnur und warf sie über ihre linke Schulter. Das sollte Glück bringen – und galt natürlich eher ihrem Vater als dessen zweiter Gemahlin. Dann ging sie hinunter zum Torhaus, um der neuen Königin die Schlüssel zu überreichen.

Als sich der Brautzug näherte, standen sämtliche Herzöge und Grafen aus Northumberland Spalier. Es waren sogar welche aus Schottland unter den Gästen. Beim Anblick von May Margret ging ein Raunen durch die Menge, denn alle waren voll des Lobes über ihre anmutige Schönheit.

Mit einer Stimme, die so lieblich klang wie das Säuseln einer leichten Brise begrüßte sie das Brautpaar:

»Sei willkommen, mein Vater,
nimm Hallen und Türme wieder ein.

Seid willkommen, Stiefmutter,
fortan werden es auch die Euren sein.«

Dann führte sie den Brautzug in den Burghof, während unter
den Herzögen und Grafen anerkennende Bemerkungen ausgetauscht wurden:

»Schaut her, das Mädchen kann sich sehen lassen«,

sagte einer, woraufhin es von einem anderen zurückschallte:

»Fürwahr, da wird manche vor Neid erblassen!«

Als die neue Königin das hörte, stampfte sie vor lauter Wut mit
dem Fuß auf den Boden. Sie packte das Mädchen an den
Schultern, zerrte es herum, sodass alle es sehen konnten, und
rief erbost:

»Glaubt ihr etwa, ich höre euch nicht?
Bald hat es ein Ende mit ihrem hübschen Gesicht!
Ein hässlicher Wurm soll sie fortan sein,
sich winden zwischen Sand und Felsgestein.
Bis des Königs Sohn heimkehrt aus fernen Ländern,
soll sich an der Macht des Zaubers nichts ändern.«

May Margret lachte nur darüber. Aber sie konnte ja auch
nicht wissen, dass ihre Stiefmutter ungeachtet ihrer Schönheit eine Hexe war. Und May Margrets Lachen machte die
Stiefmutter umso wütender. Noch am selben Abend schlich
sie sich aus dem königlichen Schlafgemach und ging zu einer
einsamen Höhle. Dorthin zog sie sich immer zurück, wenn

sie ihre finstere Zauberkraft walten lassen wollte. Und von dort aus belegte sie Prinzessin May Margret mit einem dreifachen Bann:

>>Von nun an lebe als ein hässlicher Wurm!
Dessen Gestalt du wirst so lange wahren,
bis dein Bruder durch Wellen, Gischt und Sturm
kommt über die weite See gefahren.
Doch eines muss er wissen:
Den Bann zu brechen, kann ihm nur glücken,
wenn ihm einfällt, dich drei Mal zu küssen,
und zwar aus freien Stücken.<<

So kam es, dass sich May Margret als anmutige Prinzessin schlafen legte und als hässlicher Wurm wieder aufwachte. Groß war der Schrecken ihrer Aufwartefrauen, als sie der Prinzessin beim Ankleiden helfen wollten und sich anstelle des hübschen jungen Mädchens ein schuppiger Lindwurm aus den Laken schälte. Schreiend liefen sie davon, während sich der Lindwurm langsam kriechend dem Meer näherte. Dort wand er sich um die Felssäule Spindlestone Heugh und ließ sich die schuppige Haut von der Sonne wärmen.

Sieben Meilen nach Osten und Westen und sieben Meilen nach Norden und Süden verbreitete sich die Legende des Lindwurms von Bamborough Castle, der des Nachts seine Lagerstatt verließ und sich alles einverleibte, das ihm in die Quere kam.

Ein kundiger Hexenmeister riet den Leuten, die Milch von sieben weißen Kühen bis zum letzten Tropfen aufzufangen und jeden Morgen und jeden Abend den steinernen Trog am Fuße der Felssäule damit zu füllen, damit der Lindwurm sie trinken konnte. Das taten die Leute, und fortan blieben sie verschont.

Den Lindwurm wurden sie dennoch nicht los. Um die steinerne Säule geschlängelt lag er tagein, tagaus auf den Felsen und sah auf das weite Meer hinaus.

In alle vier Himmelsrichtungen wurde die Legende des Lindwurms von Bamborough Castle getragen, so weit, dass sie auch Childe Wynde erreichte, dem bereits zu Ohren gekommen war, dass man seine geliebte Schwester nicht auffinden konnte. So fürchtete er, der Lindwurm hatte sie geraubt. Mittlerweile ein gestandener Ritter, rief er sogleich seine Waffenbrüder zusammen.

»Wir müssen schleunigst nach Bamborough segeln«, verkündete er. »Bei Spindlestone Heugh werden wir an Land gehen und den Lindwurm bezwingen.«

Sogleich machten sie sich daran, ein Schiff aus Eschenholz zu bauen. Kiel, Mast und Ruder waren rasch fertiggestellt, bald darauf auch das ganze Schiff, sodass sie in See stechen konnten.

Doch dank ihrer Zauberkräfte blieb der bösen Königin nichts verborgen. Sie schickte ein paar Kobolde über das Meer, damit sie den Wind abflauen ließen. So hingen die Segel aus seidenem Tuch traurig an den Masten. Woraufhin Childe Wynde, der nicht gewillt war, sich aufhalten zu lassen, seine Mannen an die Ruder rief. Als die böse Königin eines Morgens vor dem Bergfried von Bamborough stand und ein stolzes Schiff in der Bucht erblickte, rief sie abermals ihre Helfershelfer, diesmal um einen Sturm heraufzubeschwören und das Schiff zu versenken. Doch sie kehrten unverrichteter Dinge zurück, denn wie man wissen muss, kann Hexenzauber Eschenholz nichts anhaben.

Da wusste sich die böse Königin keinen anderen Rat, als den Lindwurm selbst für ihre Zwecke einzuspannen.

»In die See mit dir, Lindwurm«, rief sie,
»und dann in aller Hast,
schwimm und dreh das Schiff vom Kiel auf den Mast!«

Dem Lindwurm blieb nichts anderes übrig, als zu gehorchen, und so trug sich der Legende nach Folgendes zu:

»Der Lindwurm, er rüttelte an den hölzernen Planken,
bis das Schiff drohte zu sinken,
die Ritter an Bord, sie gerieten ins Wanken,
nahe der Küste und nah dem Ertrinken.«

Dreimal drei Mal versuchte Childe Wynde vor Anker zu gehen, und dreimal drei Mal hielt der Lindwurm ihn fern. Dann befahl Childe Wynde seinen Männern, beizudrehen, sodass die böse Königin dachte, er wolle aufgeben. Doch davon war der Sohn des Königs weit entfernt. Er umschiffte lediglich eine Landzunge und ging in der nächsten Bucht vor Anker. Dort sprang er von Bord und watete durch das seichte Wasser bis an den Strand. Die Hand schon am Heft seines Schwerts, eilte er die Felsen hinauf, um es mit dem grässlichen Lindwurm aufzunehmen. Doch dann hörte er eine Stimme, die klang wie das Säuseln einer leichten Brise aus dem Westen:

»Weder Schwert noch Bogen brauchst du hier,
denn schein ich dir auch grässlich als schuppiges Tier,
musst eines du wissen:
Drei Mal sollst du mich küssen.«

Die säuselnde Stimme kam Childe Wynde vor wie die seiner geliebten Schwester. Mit erhobenem Schwert hielt er inne. Da sprach der Lindwurm abermals:

> »Weder Schwert noch Bogen brauchst du hier,
> vergessen musst du mich als schuppiges Tier.
> Als Schwester aber lasse ich dich wissen:
> Drei Mal sollst du mich küssen.«

Childe Wynde dachte daran, wie sehr er seine geliebte Schwester vermisste. Er legte die Arme um den Lindwurm und küsste ihn ein Mal. Dann küsste er das grässliche Tier ein zweites Mal. Und der Sand an seinen Füßen war noch nicht ganz trocken, da hatte er ihn schon ein drittes Mal geküsst.

Zischend und brüllend sank der Lindwurm in den Sand, und Childe Wynde hielt seine Schwester in den Armen.

In der kalten Seeluft zitterte sie vor Kälte. So hüllte er sie in seinen Umhang und trug sie nach Bamborough Castle. Als die böse Königin die Geschwister erspähte, wusste sie: Jetzt hatte ihre letzte Stunde geschlagen. Händeringend stand sie verlassen von Kobolden und Helfershelfern auf den steinernen Stufen des Bergfrieds.

Als Childe Wynde ihr von Angesicht zu Angesicht gegenüberstand, sprach er:

> »Sei verdammt, du böses Weib!
> Nun sollst du erfahren am eigenen Leib,
> was meine Schwester erlitt an Pein.
> Von Stund an wird es die deine sein.

Zur hässlichsten aller Kröten sollst du werden,
dich suhlen im Morast fauliger Erden.
Niemand wird kommen, dich je zu erlösen,
denn keiner vergibt den so maßlos Bösen.«

Noch während der Prinz es aussprach, schrumpelte und schrumpfte die Königin. Kaum waren seine Worte verhallt, sprang eine Kröte die Stufen des Bergfrieds hinunter und verschwand in einem Spalt zwischen den Felsen.

Bis zum heutigen Tag hockt vor dem mächtigen Bergfried von Bamborough Castle von Zeit zu Zeit eine Kröte. Das ist sie, die einst so böse Königin.

Die Geschwister aber waren endlich wieder vereint und bis ans Ende ihrer Tage stets füreinander da.

Titty Maus und Tatty Maus

Es waren einmal zwei Mäuse, die hießen Titty und Tatty und sie lebten zusammen in einem Haus.

Die Maus Titty wollte Vorräte sammeln, und die Maus Tatty wollte auch Vorräte sammeln.

Also fingen sie beide an zu sammeln.

Titty fand ein Getreidekorn, und Tatty fand auch ein Getreidekorn.

Also hatten sie jetzt beide ein Korn.

Titty wollte einen Brei daraus kochen, und Tatty wollte aus ihrem Korn auch einen Brei kochen.

Also waren beide damit beschäftigt, Brei zu kochen.

Tatty schüttete ihren Brei in einen Topf und stellte ihn auf den Herd, um ihn heiß werden zu lassen.

Doch als Titty ihren Brei auch in den Topf schütten wollte, fiel der Topf herunter und sie verbrühte sich so sehr an dem heißen Brei, dass sie auf der Stelle tot war. Da setzte sich Tatty auf einen dreibeinigen Hocker und weinte.

»Tatty, warum weinst du denn?«, fragte der Hocker.

»Titty ist tot«, antwortete Tatty. »Ich weine, weil ich traurig bin.«

»Dann hüpfe ich ein bisschen herum, um dich aufzuheitern«, sagte der Hocker und hüpfte herum.

Da fragte der Besen, der in der Ecke stand: »Hocker, warum hüpfst du denn hier herum?«

»Ach«, sagte der Hocker, »Titty ist tot, und Tatty weint, und um sie aufzuheitern, hüpfe ich ein bisschen herum.

»Dann fege ich ein bisschen«, sagte der Besen und fing an zu fegen.

Da fragte die Tür den Besen: »Besen, was fegst du denn hier?«

»Ach«, sagte der Besen, »Titty ist tot, und Tatty weint. Deshalb hüpft der Stuhl herum und ich fege.«

»Dann quietsche ich ein bisschen«, sagte die Tür und fing an zu quietschten.

Da fragte das Fenster die Tür: »Tür, warum quietschst du denn auf einmal so?«

»Ach«, sagte die Tür, »Titty ist tot, und Tatty weint. Deshalb hüpft der Hocker, fegt der Besen, und ich quietsche.«

»Dann knarre ich ein bisschen«, sagte das Fenster und fing an zu knarren.

Vor dem Haus stand ein alter Gaul, und als er das Fenster knarren hörte, fragte er: »Fenster, warum knarrst du denn so?«

»Ach«, sagte das Fenster, »Titty ist tot, und Tatty weint. Deshalb hüpft der Hocker, fegt der Besen, quietscht die Tür, und ich knarre eben.«

»Dann galoppiere ich mal ums Haus«, sagte der alte Gaul und galoppierte los.

Neben dem Haus stand ein schöner, großer Walnussbaum, und als er den Gaul vorbeigaloppieren sah, rief er: »Warum galoppierst du plötzlich hier herum, du alter Gaul?«

»Ach«, antwortete der alte Gaul, »Titty ist tot, und Tatty weint. Deshalb hüpft der Hocker, fegt der Besen, quietscht die Tür, knarrt das Fenster, und ich galoppiere ums Haus.«

»Dann werde ich meine Blätter schütteln«, sagte der Walnussbaum und schüttelte seine grünen Blätter.

Auf einem der Zweige des Walnussbaums saß ein kleiner Vogel, und als er merkte, dass die Blätter vom Baum fielen, obwohl sie noch grün waren, fragte er: »Walnussbaum, warum lässt du denn jetzt schon deine Blätter fallen?«

»Ach«, sagte der Walnussbaum, »Titty ist tot, und Tatty weint. Deshalb hüpft der Hocker, fegt der Besen, quietscht die Tür, knarrt das Fenster, galoppiert der Gaul ums Haus, und ich schüttele meine Blätter.«

»Dann werde ich mich jetzt in die Mauser begeben«, zwitscherte der kleine Vogel und warf sein buntes Gefieder ab.

Unter dem Zweig, auf dem der Vogel saß, ging ein kleines Mädchen vorbei, das ihren Geschwistern zum Abendbrot einen Krug Milch bringen sollte, und als es sah, dass das kleine Vögelchen seine Federn verlor, fragte es: »Vögelchen, was ist denn los mit dir? Du verlierst ja dein buntes Gefieder.«

»Ach«, sagte der Vogel, »Titty ist tot, und Tatty weint. Deshalb hüpft der Hocker, fegt der Besen, quietscht die Tür, knarrt das Fenster, galoppiert der Gaul ums Haus, schüttelt der Baum seine Blätter, und ich habe mich in die Mauser begeben.«

»Dann verschüttete ich jetzt einfach die Milch«, sagte das Mädchen und schüttete die Milch auf den Boden.

Nicht weit stand ein alter Mann auf einer Leiter und war dabei, einen Heuschober mit Stroh abzudecken. Als er sah, wie das kleine Mädchen den Krug Milch ausschüttete, rief er: »Was machst du denn da, Mädchen. Du hast ja die ganze Milch verschüttet. Jetzt müssen deine Geschwister ohne Abendbrot zu Bett gehen.«

»Ach«, sagte das Mädchen, »Titty ist tot, und Tatty weint. Deshalb hüpft der Hocker, fegt der Besen, quietscht die Tür, knarrt das Fenster, galoppiert der Gaul ums Haus, schüttelt der Baum seine Blätter, ist der Vogel in der Mauser, und ich habe die Milch ausgeschüttet.«

»Oh«, sagte der alte Mann, »da falle ich doch von der Leiter und breche mir den Hals.«

Dann fiel der alte Mann von der Leiter und brach sich den Hals. Und als er sich den Hals gebrochen hatte, stürzte der Wallnussbaum krachend zu Boden. Das erschreckte den alten Gaul ebenso wie das Haus. Das Haus fiel um und dabei fiel das Fenster heraus. Das Fenster zersplitterte auf der Tür, und die erschreckte sich so sehr, dass sie auch den Besen erschreckte. Der Besen stieß den Hocker um, und Tatty, die arme, kleine Maus, wurde unter den Trümmern begraben.

Jack und die Stangenbohnen

Vor langer, langer Zeit, als es noch viel auf der Welt zu entdecken gab und die Leute taten und ließen, was ihnen gefiel oder nicht, weil zudem manches auf der Welt auch noch gut war, lebte ein Junge namens Jack.

Sein Vater war bettlägerig, und um den Lebensunterhalt für die Familie zu bestreiten, war seine Mutter, die gute Seele, von morgens bis abends damit beschäftigt, die Milch und die Butter an den Mann zu bringen, die die prächtige Kuh Milky White Tag für Tag lieferte – im Sommer zumindest. Doch als der Winter vor der Tür stand, wurde das Gras rar auf dem kalten Boden und die jungen Samenkörner ruhten in der warmen Erde darunter. Jeden Morgen wurde Jack von seiner Mutter losgeschickt, um zwischen den Hecken und Sträuchern am Rand der Wiesen Kräuter zu sammeln, doch wenn er abends heimkehrte, war das Futtersäcklein so gut wie leer. Das lag jedoch nicht einzig und allein an der Kälte, sondern auch daran, dass Jack zumeist arglos durch die Weltgeschichte streifte und über alles staunte, was er zu sehen bekam. Da vergaß er so manches Mal, was seine Mutter ihm aufgetragen hatte.

So kam der Morgen, an dem Milky White keine Milch mehr gab – nicht einen einzigen Tropfen. Verzweifelt schlug Jacks Mutter die Hände vors Gesicht und weinte bitterliche Tränen in ihre Schürze.

»Was sollen wir denn nun machen?«, fragte sie schluchzend.

Jack, der seine Mutter über alles liebte, fühlte sich ein wenig mitschuldig. Er war schon fast erwachsen, doch bislang war er ihr keine große Hilfe gewesen. »Du brauchst nicht zu weinen«, sagte er. »Das wird schon werden. Denn nun werde ich mir eine Arbeit suchen.« Den guten Willen, sich die Finger wundzuarbeiten, hatte er sicherlich, aber seine Mutter schüttelte betrübt den Kopf.

»Das hast du doch schon ein paar Mal versucht, und es war nie von Dauer«, sagte sie. »Du bist ein guter Junge, Jack. Aber du bist auch ein Tagträumer. Nein, ungelegte Eier helfen uns nicht weiter. Wir müssen Milky White verkaufen und von dem Geld leben, das sie uns einbringt.«

Jacks Mutter war nämlich nicht nur eine arbeitsame, sondern auch eine kluge Frau.

»Das machen wir«, sagte Jack hoffnungsfroh. »Wir verkaufen Milky White, und dann sind wir steinreich. Ohne sie sind wir vielleicht sogar besser dran. Heute ist doch Markttag, da nehme ich sie gleich mit. Und dann sehen wir weiter.«

»Aber …«, wollte seine Mutter Einwände erheben.

»Kein aber! Ein Aber bringt uns nämlich keine Butter aufs Brot«, gab Jack lachend zurück. »Ich werde bestimmt einen guten Handel abschließen.«

Da Jacks Mutter Waschtag hatte und die Pflege seines kränkelnden Vaters sie an diesem Tag besonders in Anspruch nahm, ließ sie Jack gewähren.

»Aber die Kuh muss mindestens zehn Pfund einbringen«, rief sie ihm noch hinterher.

Zehn Pfund! Eigentlich hatte Jack eher an zwanzig gedacht. Zwanzig Goldmünzen sollten es schon sein.

Wenn er ein bisschen davon abzwackte, konnte er seiner Mutter sogar etwas Hübsches aus der Stadt mitbringen, dachte er bei sich. In dem Moment begegnete ihm ein kleiner, alter Mann und rief:»Guten Morgen, Jack.«

»Guten Morgen«, antwortete Jack mit einer höflichen Verbeugung. Er fragte sich, woher der alte Mann seinen Namen wusste. Aber junge Männer mit Namen Jack gab es so viele wie Brombeeren am Waldrand, also hatte der Alte vielleicht nur geraten.

»Wohin des Wegs?« fragte der seltsame alte Mann. Und Jack wunderte sich darüber, dass er das wissen wollte. Doch Jack wunderte sich über Vieles. Aber da er ein sonniges Gemüt hatte, antwortete er freundlich:

»Ich gehe zum Markt. Ich will Milky White verkaufen. Ich hoffe, ich kann einen guten Handel abschließen.«

»Das wirst du ganz bestimmt«, gab der Alte mit einem seltsamen Lächeln zurück. »Du siehst mir ganz nach einem klugen Burschen aus. Du weißt doch sicher auch, was man mit fünf Bohnen macht?«

»Zwei in jede Hand und eine in den Mund«, gab Jack zurück. Denn er war tatsächlich ein aufgeweckter junger Mann.

»Stimmt genau!« sagte der Alte mit seinem seltsamen Grinsen. Dann holte er fünf Bohnen aus der Jackentasche. »Die gebe ich dir im Tausch gegen Milky White.«

Jack war so verblüfft, dass ihm der Mund offen stand, als ob er darauf wartete, dass die Bohnen hineinflogen.

»Wie bitte?«, fragte er schließlich. »Fünf Bohnen für eine ausgewachsene Kuh. Fällt mir ja im Traum nicht ein.«

»Aber das sind doch keine gewöhnlichen Bohnen«, sagte der seltsame Alte mit seinem ebenso seltsamen Lächeln. »Wenn du sie heute Abend einpflanzt, wachsen sie bis morgen früh bis in den Himmel hinauf.«

Jetzt war Jack so verblüfft, dass er vollkommen vergaß, den Mund aufzusperren. Stattdessen riss er die Augen auf.

»Bis in den Himmel?«, fragte er. Über den Himmel hatte er sich nämlich schon häufiger Gedanken gemacht als über sonst etwas.

»*Bis in den Himmel hinauf*«, wiederholte der seltsame Alte und nickte bei jedem einzelnen Wort bekräftigend mit dem Kopf. »Das wäre ein sehr guter Handel, Jack. Und falls nicht, treffen wir uns morgen früh hier wieder, und dann gebe ich dir der Fairness halber Milky White zurück. Was hältst du davon?«

»Klingt nach einem redlichen Geschäft«, sagte Jack ohne weiter darüber nachzudenken. Und einen Moment später fand er sich allein auf der Straße wieder.

»Zwei in jede Hand und eine in den Mund«, wiederholte er seine eigenen Worte. »Das habe ich selbst gesagt, und so mache

ich es auch. Es wird schon seine Richtigkeit haben. Und wenn nicht, bekomme ich Milky White morgen früh zurück.«

Fröhlich vor sich hin pfeifend machte er sich auf den Heimweg und steckte sich eine der Bohnen in den Mund. Und während er darauf herumkaute, fragte er sich, wie der Himmel wohl aussehen mochte, wenn man ganz weit oben war.

»Wo hast du denn so lange gesteckt?«, empfing ihn seine Mutter, die schon in der Tür stand und nach ihm Ausschau hielt. »Es wird ja schon dunkel. Aber wie ich sehe, bist du Milky White losgeworden. Sag, wieviel hast du bekommen?«

»Das rätst du nie«, antwortete Jack.

»Sag bloß! Dem Allmächtigen sei Dank!« Erleichtert stieß die gute Frau einen Seufzer aus. »Ich habe mir den ganzen Tag lang Sorgen gemacht, dass du übers Ohr gehauen wirst. Also, wieviel ist es? Zehn Pfund? Fünfzehn? Oder etwa …, nein, zwanzig wären wohl doch zu viel des Guten.«

Voller Stolz streckte Jack beide Hände aus und zeigte seiner Mutter die Bohnen.

»Hier«, sagte er, »die habe ich für Milky White bekommen. Wenn das nicht ein guter Handel war!«

Nun stand seiner Mutter der Mund so weit offen wie Jack selbst zuvor.

»Was denn? Soll das heißen, du hast die Kuh gegen diese Bohnen eingetauscht?«

»Jawohl«, antwortete Jack, dem allmählich Zweifel kamen, ob der Handel wirklich so gut war, wie er gedacht hatte. »Es sind Zauberbohnen. Man pflanzt sie abends ein, und dann wachsen sie über Nacht bis in den Himm-, nein …, bitte schlag mich nicht so fest!«

Nachdem seine Mutter ihn mit allem bearbeitet hatte, was sie ihn die Finger bekommen konnte, schleuderte sie die vermaledeiten Bohnen aus dem Fenster und schickte Jack ohne Abendbrot ins Bett.

Wenn es das war, was die Zauberkraft der Bohnen bewirkte, dachte Jack, konnte er getrost darauf verzichten.

Doch dank seines von Natur aus sonnigen Gemüts machte er sich keine weiteren Gedanken darüber und schlief wie ein Murmeltier.

Mitten in der Nacht wachte er auf, und zunächst dachte er, es wäre der Mond, der durch sein kleines Fensterchen schien und den ganzen Raum in grünliches Licht tauchte. Doch dann sah er genauer hin und stellte fest: Da waren grüne Blätter, die wie ein Vorhang vor dem Fenster hingen. Im Nu war er aus dem Bett, und ohne sich etwas Anständiges anzuziehen, kletterte er an der höchsten Bohnenstange hinauf, die die Welt je gesehen hatte. Der alte Mann mit dem seltsamen Lächeln hatte ihn also doch nicht übers Ohr gehauen! Eine der Bohnen, die seine Mutter aus dem Fenster geworfen hatte, war offenbar auf fruchtbaren Boden gefallen und hatte Wurzeln geschlagen. Dann war sie über Nacht gewachsen und ragte hinauf bis …

Ja, bis wohin …?

Etwa bis zum Himmel? Das wollte sich Jack auf keinen Fall entgehen lassen. Und so kletterte und kletterte und kletterte er immer höher an der riesigen Stangenbohne hinauf. Das war auch gar nicht schwer, denn die Zweige, an denen die grünen Blätter wuchsen, waren so stark, dass er sie wie eine Leiter benutzen konnte. Jack geriet außer Atem, doch dann bekam er die sprichwörtlich zweite Luft. Und als er sich fragte, ob es auch eine dritte Luft gab, sah er vor sich eine strahlend helle Straße, so lang, dass man nicht sehen konnte, wohin sie führte.

Also beschloss er, die Straße entlang zu gehen. Und er ging und ging immer weiter und weiter, bis er zu einem riesigen, weißen Haus kam.

Auf der ebenso weißen Türschwelle stand eine riesige Frau mit einer schwarzen Schale Porridge in der Hand. Jack, hatte Hunger, weil er ohne Abendbrot zu Bett geschickt worden war, und so fragte er höflich:

»Guten Morgen, gute Frau. Könnte ich vielleicht etwas von Eurem Frühstück abbekommen?«

»Frühstück!«, schallte es von der riesigen Frau zurück, die, wie man wissen muss, die Frau eines Ogers war. »Das sollst du haben. Gleich kommt nämlich mein Mann zurück, und halbwüchsige junge Männer frühstückt der besonders gern, am liebsten geröstet, wenn ordentlich was an ihnen dran ist.«

Jack war alles andere als ein Feigling, und wenn er sich etwas in den Kopf gesetzt hatte, ließ er so schnell nicht locker. Also sagte er scherzhaft:

»Wenn ich etwas zum Frühstück bekäme, wäre noch mehr an mir dran!« Woraufhin die Frau des Ogers lachen musste und Jack in die Küche bat. Wie man wissen muss, war sie nicht halb so ungehobelt wie sie aussah. Doch kaum hatte Jack die riesige Schale Porridge verzehrt und die Milch getrunken, die die Frau des Ogers ihm hingestellt hatte, bebte plötzlich das ganze Haus. Das konnte nur der Oger selbst sein.

Wumm! Wumm!! Wumm!!!

»In den Ofen mit dir!«, rief die Oger-Frau und schloss gerade noch rechtzeitig hinter Jack die Ofenklappe, bevor der Oger in die Küche stapfte. Durch das kleine Loch für den Dampf, der aus dem Ofen kommt, wenn man etwas brät, konnte Jack ihn sehen.

Wahrhaftig, er war riesig. Und an seinem Gürtel hingen drei Schafe, die er nun auf den Küchentisch warf. »Hier Frau«, donnerte er, »die drei kleinen Häppchen kannst du mir zum Frühstück braten. Mehr habe ich heute leider noch nicht erwischt. So ein Pech!« Die Hand schon am Griff der Ofenklappe fügte er hinzu: »Den Herd hast du hoffentlich schon vorgeheizt!« Jack brach der Schweiß aus, während er sich fragte, was nun geschehen würde.

»Braten?«, echote die Frau des Ogers. »Also, ich weiß nicht recht. Drei so kleine Häppchen werden dabei doch viel zu trocken. Vielleicht sollte ich sie dir lieber kochen.«

Das tat sie dann auch. Doch plötzlich schnupperte der Oger in der Luft. »Hier riecht es nicht nach Hammel«, donnerte er und verzog das Gesicht. Kurz darauf hörte Jack den alten Oger-Reim:

»Holdrio, was riecht denn hier so gut,
ist es gar etwa Menschenblut?
Tot oder lebendig, das ist mir egal,
wenn zu Mehl ich die Knochen eines Menschen zermahl.«

»Das bildest du dir nur ein!«, sagte die Oger-Frau. »Wahrscheinlich sind es die Knochen des jungen Burschen, den du gestern zum Abendessen verspeist hast. Aus denen will ich dir gleich eine Suppe kochen. Jetzt setz dich hin, dein Frühstück ist fertig.«

Nachdem der Oger die drei Schafe verzehrt hatte, nahm er drei Säcke aus einer riesigen Eichentruhe und schüttete sie auf dem Tisch aus. Es fielen lauter Goldstücke heraus, die er zu zählen begann, während seine Frau die Reste des Frühstücks wegräumte. Doch allmählich sackte ihm der Kopf auf die Brust, und bald schnarchte er so laut, dass die Wände wackelten.

Jack kroch aus dem Ofen, schnappte sich einen der Säcke und rannte so schnell seine Beine ihn trugen auf der strahlend hellen Straße zurück zu der Bohnenstange. Doch der Sack Gold war so schwer, dass er damit nicht hinunterklettern konnte. Also warf er ihn voraus und kletterte hastig hinterher.

Unten angekommen, sammelte seine Mutter im Garten die Goldstücke auf. Denn, wie man sich denken kann, war der Sack Gold geplatzt.

»Allmächtiger!«, rief sie. »Wo bist du denn gewesen? Sieh nur, es hat Goldstücke geregnet.«

»Nein, hat es nicht«, sagte Jack. »Ich bin an der Bohnenstange hinaufge-«. Er drehte sich um, doch die Bohnenstange war weg. Da wusste er: Er hatte es eindeutig mit Zauberei zu tun.

Eine Zeitlang konnten Jack und seine Mutter ihren Lebensunterhalt mit den Goldstücken bestreiten und Jacks kränkelndem Vater gutes Essen ans Bett servieren. Doch es kam der Tag, an dem sich wieder Sorgenfalten auf der Stirn seiner Mutter zeigten und sie ihm nur noch ein einziges Goldstück mitgeben konnte. Damit solle er einen guten Handel abschließen, sagte sie, sonst müssten sie wohl oder übel verhungern. Denn es sei das letzte Goldstück, was noch übrig war.

Am Ende dieses Tages ging Jack freiwillig ohne Abendbrot zu Bett. Wenn er kein Geld auftreiben konnte, so sagte er sich, wollte er auch keins kosten. Sich vollzustopfen, ohne Sorge dafür zu tragen, woher man das Essen für den nächsten Tag nehmen sollte, wäre für ihn eine Schande gewesen.

Abermals schlief er wie ein Murmeltier, denn wie allgemein bekannt ist, schläft es sich umso besser mit weniger vollem

Bauch. Doch wie bereits zuvor wachte Jack mitten in der Nacht auf.

Und Simsalabim, da war er wieder. Der Vorhang aus grünen Blättern, der den Raum in grünliches Licht tauchte. Offenbar war in der Nacht eine weitere Bohne angegangen und hatte Wurzeln geschlagen. Wie ein geölter Blitz schoss Jack aus dem Bett.

Diesmal brauchte er nicht einmal halb so lange wie beim ersten Mal, um an der Bohnenstange hinaufzuklettern. Im Nu hatte er die strahlend helle Straße erreicht, und kurz darauf stand er vor dem riesigen, weißen Haus, auf dessen Schwelle wie gehabt die Frau des Ogers stand, mit ihrer schwarzen Porridge-Schüssel.

Diesmal sagte Jack sogleich tolldreist: »Guten Morgen, gute Frau. Habt Ihr etwas zum Frühstück für mich? Ich hatte nichts zum Abendessen und bin hungrig wie ein Wolf.«

»Sieh zu, dass du weiterkommst, du dreister Bengel!«, wies die Oger-Frau Jack zurecht. »Beim letzten Mal, als ich einem jungen Burschen etwas zum Frühstück gegeben habe, fehlte meinem Mann anschließend ein Sack Gold. Und es kommt mir so vor, als ob eben dieser junge Burschen gerade vor mir steht?«

»Vielleicht, vielleicht auch nicht«, gab Jack lachend zurück. »Das kann ich erst sagen, wenn ich gefrühstückt habe. Sonst weiß ich es ja nicht.«

Daraufhin gab ihm die Frau des Ogers, die furchtbar neugierig war, die riesige Schüssel Porridge. Doch Jack hatte die Schüssel noch nicht einmal halb geleert, da hörte er, wie der Oger sich näherte:

Wumm! Wumm!! Wumm!!!

»Ab in den Ofen mit dir!«, rief die Oger-Frau. »Aber wenn er wieder weg ist, erzählst du mir, ob du nun derselbe Junge bist oder nicht.«

Wie Jack durch das Loch im Ofen sehen konnte, hingen am Gürtel des Ogers diesmal drei fette Kälber.

»Hatte heute etwas mehr Glück!«, donnerte der Oger so laut, dass es von den Wänden widerhallte. »Hier! Die drei Happen kannst du mir zum Frühstück braten! Ist der Herd schon heiß?«

Prüfend legte er seine Pranke auf die Ofenklappe, doch da rief seine Frau:

»Braten? Das würde doch Stunden dauern! Da koche ich sie dir lieber. Hab das Feuer schon geschürt.«

»Hmpf«, knurrte der Oger. Dann schnupperte er wieder, und Jack hörte den wohlbekannten Oger-Reim:

> »Holdrio, was riecht denn hier so gut,
> ist es gar etwa Menschenblut?
> Tot oder lebendig, das ist mir egal,
> wenn zu Mehl ich die Knochen eines Menschen zermahl.«

»Ach was!«, gab die Frau des Ogers zurück. »Das sind noch die Knochen des Burschen von letzter Woche. Die wollte ich in den Schweinetrog geben.«

»Hmpf!«, grunzte der Oger. Dann verschlang er die drei Kälber, und anschließend sagte er zu seiner Frau: »Bring mir meine Henne! Die, die goldene Eier legt. Mir ist nach Gold.«

Die Frau des Ogers holte ihm eine riesige schwarze Henne mit einem leuchtend roten Kamm. Sie stellte sie auf den Tisch, und dann räumte sie die Frühstücksreste ab.

»Leg!«, sagte der Oger zu der Henne, und das tat die Henne auch. Und was wohl? Natürlich! Ein schönes, glänzendes Ei aus purem Gold.

»Na, wer sagt es denn! Du bist ein echtes Goldstück, Henny-Penny«, dröhnte das Gelächter des Ogers durch das Haus. »Wenn ich dich nicht hätte! Da müsste ich am Ende ja noch betteln gehen.« Dann befahl er: »Leg noch eins!« Und das tat die Henne auch – ein weiteres schönes, glänzendes Ei aus purem Gold.

Jack traute seinen Augen kaum, und er überlegte, wie er an die Henne kommen konnte. Ganz gleich wie, die musste er haben. Als der Oger eingenickt war, schoss er wie der Blitz aus dem Ofen, schnappte sich die Henne und rannte um sein Leben. Doch er hatte die Rechnung ohne die Henne gemacht. Wie man wissen sollte, fangen Hennen nämlich an zu gackern, wenn man sie ihres Geleges beraubt. Und diese Henne gackerte so laut, dass selbst ein Oger davon wach wird.

»Wo ist meine Henne?«, donnerte er. Sogleich kam seine Frau angerannt und wie auf Kommando stürzten beide zur Tür. Doch Jack hatte seinen Vorsprung genutzt. Auf der langen, strahlend hellen Straße war er nur noch als ein kleiner Punkt in der Ferne zu sehen, der eine riesige, gackernde und flatternde schwarze Henne an den Füßen gepackt hielt und hinter sich her schleifte.

Wie er mit der Henne die Bohnenstange hinunterkam, konnte er sich später selbst nicht mehr erklären. Es war ein einziges Geflatter und Gegacker, bei dem die Federn flogen, bis er schließlich unten angekommen war. Dort erwartete ihn schon seine Mutter, die dachte, es hätte den Himmel in Fetzen gerissen.

»Leg«, sagte Jack, kaum dass er wieder festen Boden unter den Füßen hatte. Woraufhin die Henne aufhörte zu gackern und tat, was er verlangte. Sie legte ein dickes, glänzendes Ei aus purem Gold.

Die Henne war ein Glücksfall für Jack und seine Mutter. Von nun an hatten sie alles, was man für Gold bekommen konnte. Fehlte es ihnen an etwas, brauchten sie nur zu sagen »Leg!« Und schon legte die schwarze Henne goldene Eier.

Doch mit der Zeit begann Jack sich zu fragen, ob der Himmel nicht auch etwas zu bieten hatte, das man nicht kaufen konnte. So verzichtete er an einem lauen, mondhellen Sommerabend auf sein Abendbrot und stahl sich, bevor er schlafen ging, mit einer Gießkanne in den Garten. »Irgendwo müssen doch noch zwei Bohnen liegen«, sagte er sich, während er den Boden unter seinem Fenster wässerte. »Vielleicht war es zu trocken, und sie sind deshalb noch nicht aufgegangen.« Dann schlief er wie ein Murmeltier.

Und Simsalabim, als er aufwachte, war es wieder da – das grünliche Licht, das durch sein Fenster schien. Und blitzschnell war er auf den Beinen und kletterte die Bohnenstange hinauf.

Diesmal wollte er nicht nach einem Frühstück fragen, weil die Oger-Frau ihn mit Sicherheit wiedererkennen würde. Stattdessen versteckte er sich zwischen den Büschen neben dem riesigen, weißen Haus, bis er sie durch das Küchenfenster sah. Dann schlich er sich hinein und sprang in den riesigen, kupfernen Kessel, der über dem Feuer hing. Denn im Ofen würde sie sicher zuerst nachsehen.

Und dann hörte er ihn:

Wumm! Wumm!! Wumm!!!

Durch den Spalt zwischen Kessel und Deckel konnte er ihn dann auch sehen, den Oger, an dessen Gürtel nun drei ausge-

»Holdrio, was riecht denn hier so gut, ist es gar etwa Menschenblut?«

wachsene Ochsen hingen. Doch kaum hatte er das Haus betreten, donnerte er auch schon:

>Holdrio, was riecht denn hier so gut,
ist es gar etwa Menschenblut?
Tot oder lebendig, das ist mir egal,
wenn zu Mehl ich die Knochen eines Menschen zermahl.«

Wie man wissen muss, schließt ein Deckel natürlich nicht so fest wie eine Ofenklappe. Und Ogers haben Nasen wie Spürhunde.

>Stimmt«, pflichtete die Oger-Frau ihrem Mann dieses Mal bei. »Ich rieche es auch. Das muss der rotzfreche Bengel sein, der den Sack Gold und die Henne gestohlen hat. Er hat sich bestimmt im Ofen versteckt.«

Sie öffnete die Ofenklappe, aber nein, dort brutzelten nur ein paar Keulen vor sich hin. »Ach«, sagte die Oger-Frau lachend: »Nun wären wir fast beide darauf hereingefallen. Das ist doch nur der Bursche von gestern Abend, den ich dir gerade zum Frühstück brate. Also sei ein guter Oger und setz dich endlich hin!«

So sehr der Oger sich auch über den Frühstücksbraten freute, gab er sich mit der Erklärung seiner Frau längst nicht zufrieden. Immer wieder entfuhr ihm während des Essens ein »Holdrio«, und dann stand er auf und sah in den Küchenschränken nach. Damit jagte er Jack jedes Mal einen gehörigen Schrecken ein. Musste er doch befürchten, dass irgendwann auch der Kessel, in dem er saß, an der Reihe sein würde.

Doch der blieb verschont. Sobald der Oger mit dem Frühstück fertig war, rief er seiner Frau zu: »Hol mir meine Zauberharfe! Ich brauche ein wenig Unterhaltung.«

Die Oger-Frau brachte ihm eine kleine Harfe und stellte sie auf den Tisch. Dann lehnte sich der Oger bequem zurück und sagte:

»Sing!«

Und schon stimmte die Harfe ein Liedchen an. Worum es in dem Liedchen ging? Ganz einfach! Um alles Mögliche, das auf der Welt so geschieht. Die Harfe sang so lieblich, dass Jack darüber vollkommen vergaß, dass er eigentlich Angst haben sollte. Bald hatte auch der Oger vergessen, ständig »Holdrio« zu sagen, und war eingeschlafen, aber diesmal

ohne
zu
SCHNARCHEN.

Leise stahl sich Jack aus dem kupfernen Kessel und kroch auf Händen und Knien zum Tisch. Vorsichtig nahm er die Zauberharfe an sich, denn auch die wollte er unbedingt haben.

Doch kaum hatte er sie berührt, da rief sie laut: »Meister! Mein Meister!« Der Oger schreckte auf, und als er sah, wie Jack sich auf Zehenspitzen davonschleichen wollte, stürzte er hinter ihm her.

Meine Güte, war das eine Verfolgungsjagd! Jack war flinker, aber der Oger machte zwei Mal so große Schritte. Jack rannte, was das Zeug hielt, und er schlug Haken wie ein Hase, aber als er die Bohnenstange erreichte, war sein Verfolger nur noch zehn Meter hinter ihm. Doch jetzt war nicht der richtige Zeitpunkt, um sich über irgendetwas Gedanken zu machen. Jack schwang sich auf die Bohnenstange und kletterte hinunter, so

schnell er konnte, mit der Harfe, die nicht aufhören wollte zu rufen: »Meister! Mein Meister!« Als Jack ein Viertel des Abstiegs hinter sich gebracht hatte, gab es einen Ruck, so fürchterlich, dass man es sich kaum vorstellen mag, und beinahe wäre Jack von der Bohnenstange gefallen. Es war natürlich der Oger, der hinterherklettern wollte und die Stangenbohne, so riesig sie auch war, mit seinem Gewicht ins Schwanken brachte wie ein Bäumchen bei einem Orkan. Da wurde Jack klar: Es ging um Leben oder Tod. Er kletterte noch schneller und rief: »Mutter! Mutter! Hol eine Axt! Eine Axt! Mach schnell!«

Wie der glückliche Zufall es wollte, war seine Mutter gerade hinter dem Haus und hackte Holz. Als sie Jack schreien hörte, dachte sie, nun sei wirklich der Himmel eingestürzt, zumal Jack die Harfe auf den Boden warf, wo diese sogleich himmlische Töne von sich gab. Jack aber schnappte sich die Axt und versetzte der Bohnenstange, die sich mittlerweile bog wie Gerste bei sommerlichem Wind, einen kräftigen Hieb.

»Pass bloß auf!«, donnerte es von oben herunter. Und genau das tat Jack. Er verpasste der Bohnenstange einen so gezielten Hieb, dass sie umstürzte, samt dem Oger, der sich verbissen daran festklammerte. Wie zu erwarten brach sich der Oger dabei das Genick und war auf der Stelle tot.

So nahm für Jack und seine Mutter alles ein gutes Ende. Sie hatten Gold im Überfluss, und wenn Jacks Vater die Zeit allzu lang wurde, holte Jack die Harfe und sagte: »Sing!« Dann sang die Harfe von allem, was es unter dem Himmel damals zu besingen gab.

Und Jack? Der streifte nicht mehr gedankenverloren durch die Weltgeschichte, sondern machte sich nützlich, wo er nur konnte.

Die letzte Bohne liegt noch immer in der Erde, und wer weiß, ob sie jemals aufgehen wird.

Wenn ja, wird dann auch jemand an ihr hinaufklettern?

Und was wird denjenigen wohl dort oben erwarten?

Aber daran wollen wir lieber noch gar nicht denken.

Der Schwarze Stier von Norroway

Vor langer Zeit lebte in Norroway eine Lady, die drei Töchter hatte. Alle drei waren hübsch, und eines Abends unterhielten sie sich darüber, wen sie heiraten wollten.

Die älteste sagte: »Ich werde niemand Geringeren als einen Grafen heiraten.«

Die zweitälteste sagte: »Ein Lord sollte es schon sein.«

Die jüngste aber, die auch die hübscheste und unbekümmertste war, überlegte eine Weile und sagte mit einem Augenzwinkern: »Warum denn so hochmütig? Ich würde mich sogar mit dem Schwarzen Stier von Norroway zufrieden geben.«

Daraufhin verboten die beiden älteren Schwestern der jüngsten den Mund. Von einem solchen Ungeheuer solle man nicht so leichtfertig sprechen, hielten sie ihr vor. Denn es steht doch geschrieben:

Habt Acht, jetzt gilt es ihn auszumerzen
aus Norroway, den schwarzen, schwarzen Stier;
Sieht man ihn, erlöschen im Nu die Kerzen,
und kein Spielmann singt seine Lieder noch hier.

Zweifelsohne war der Schwarze Stier von Norroway ein gefürchtetes Ungetüm.

Doch die jüngste der drei Schwestern lachte nur darüber und bekräftigte drei Mal, dass sie ihn zum Mann nehmen würde.

Am nächsten Morgen fuhr eine Kutsche vor, die von sechs Pferden gezogen wurde. Darin saß ein Graf, der um die Hand der ältesten Schwester anhalten wollte. Die bekam er auch, und unter großem Jubel rollten Braut und Bräutigam in dem Sechsspänner davon.

Am übernächsten Tag fuhr eine Kutsche vor, die von vier Pferden gezogen wurde. Darin saß ein Lord, der um die Hand der zweitältesten Schwester anhalten wollte. Und nachdem er sie bekommen hatte, rollte das Brautpaar unter großem Jubel in dem Vierspänner davon.

Nun war nur noch die jüngste der drei Schwestern übrig. Und da sie auch die hübscheste und unbekümmertste war, hütete ihre Mutter sie wie ihren Augapfel. Man mag sich also das Entsetzen der Ärmsten vorstellen, als sie eines Morgens ein grässliches Gebrüll hörte und sah, dass ein wilder, schwarzer Stier vor der Tür stand.

Die Mutter schrie Zeter und Mordio, und die Tochter versteckte sich vor lauter Angst im Keller. Doch der Stier blieb vor dem Haus stehen, und so kam sie schließlich wieder herauf und sagte:

»Drei Mal habe ich bekräftigt, dass ich mich mit ihm zufrieden gebe. Nun muss ich mein Versprechen auch halten. Lebe wohl Mutter! Ich fürchte, du wirst mich nicht wiedersehen.«

Sie kletterte auf den Rücken des Stiers, und er setzte sich vorsichtig in Bewegung. Er mied holprige Wege und wählte nur ebene Strecken, sodass das Mädchen allmählich seine Angst verlor. Als es Hunger bekam und vor Erschöpfung kaum noch gerade sitzen konnte, sagte der Stier mit sanfter Stimme, die ganz und gar nicht klang wie ein Brüllen:

»Iss aus meinem linken Ohr,
und trink aus dem rechten.
Und lässt du etwas übrig, dann halte es vor
und stärk dich in künftigen Tagen und Nächten.«

Das Mädchen tat wie ihm geheißen. Und siehe da, das linke
Ohr des Stiers war voller Köstlichkeiten und das rechte voll er-
frischender Tränke. Und es war so viel davon da, dass es für die
nächsten Tage und Nächte reichte.

So trug der Stier das Mädchen weiter und weiter, durch
dunkle Wälder und ödes Land. Nicht ein einziges Mal blieb er
stehen, um sich selbst zu stärken. Das Mädchen aber aß aus seinem linken Ohr und trank aus dem rechten. Was es übrig behielt, legte es beiseite. Und wenn es müde war, schlief es sanft
auf dem warmen, breiten Rücken des Stiers.

Eines Abends kamen sie zu einem prächtigen Schloss, auf
dem sich eine Gesellschaft von Edelleuten versammelt hatte.
Der seltsame Anblick des Stiers mit dem jungen Mädchen auf
dem Rücken versetzte sie zunächst in Erstaunen. Doch dann
luden sie das Mädchen ein, mit ihnen zu essen. Den Stier
brachten sie auf eine Weide zu dem übrigen Vieh.

Am nächsten Morgen stand der Stier schon bereit, um das
Mädchen wieder auf seinen Rücken zu nehmen. Das Mädchen selbst wäre gern noch länger bei der munteren Gesellschaft geblieben, doch es hielt sich an sein Versprechen und
setzte sich wieder auf seinen Rücken. Dann zogen sie weiter
und weiter und weiter über verschlungene Pfade und hohe
Berge. Wie zuvor mied der Stier holprige Wege, und in den
tiefen Wäldern schob er das Dickicht beiseite, während das
Mädchen aus seinem linken Ohr aß und aus dem rechten
trank.

Irgendwann kamen sie zu einem Herrenhaus, wo Herzöge und Herzoginnen und Grafen und Gräfinnen es sich gutgehen ließen. Auch sie staunten zunächst über den Stier mit dem Mädchen auf dem Rücken, und auch sie baten das Mädchen zum Essen. Der schwarze Stier sollte die Nacht auf einer Wiese verbringen, doch das Mädchen wollte sich dafür erkenntlich zeigen, dass er so gut auf es Acht gegeben hatte. Also bat es darum, ihn in den Stall zu bringen und ihm reichlich Futter zu geben.

So geschah es, und am nächsten Morgen wartete er gestärkt vor der Tür des Herrenhauses. Abermals wäre das Mädchen gern noch geblieben, doch es kletterte freudig wieder auf seinen Rücken. Dann zogen sie weiter und weiter und weiter durch dorniges Dickicht und über steile Felsen. Mit seinen Hufen trat der schwarze Stier die dornigen Zweige nieder, und abermals mied er holprige Wege, während das Mädchen aus seinem linken Ohr aß und aus dem rechten trank. Weder Hunger noch Durst brauchte es zu leiden. Der Stier jedoch blieb nicht ein einziges Mal stehen, um sich zu stärken. So kam es, dass er schließlich müde wurde. Außerdem hinkte er mit einem Bein. Als die Sonne unterging, kamen sie zu einem prächtigen Palast, wo Prinzen und Prinzessinnen sich die Zeit beim Ballspielen auf dem grünen Rasen vertrieben. Auch sie staunten über den Stier mit dem Mädchen auf dem Rücken. Dann luden sie das Mädchen ein, sich zu ihnen zu gesellen, und trugen einem der Stallknechte auf, den Stier auf eine Wiese zu bringen.

So viel hatte der Stier nun schon für das Mädchen getan, dass es sagte: »Nein, tut das nicht! Er soll bei mir bleiben!« In dem Moment sah es auch, warum er hinkte: Er hatte sich eine lange Dorne in einen seiner Füße getreten. Das Mädchen kauerte sich neben ihn und zog sie heraus.

Und auf einmal stand dort anstelle eines wilden, schwarzen Stiers ein bildschöner Prinz. Sogleich fiel er auf die Knie und dankte seiner Erlöserin, weil sie den schrecklichen Bann gebrochen hatte.

Er war von einer boshaften Frau, die ihn hatte heiraten wollen, verhext worden, erklärte er. Und nur ein junges Mädchen, das ebenso schön war wie er, konnte ihn erlösen, indem es ihm aus freien Stücken etwas Gutes tat.

»Aber«, fügte der Prinz hinzu, »noch ist der Zauber nicht ganz vorbei. Du hast mich nur für die Nächte von dem Bann befreit. Für die Tage muss er noch gebrochen werden.«

So musste der Prinz am nächsten Morgen wieder die Gestalt des schwarzen Stiers annehmen. Das junge Mädchen setzte sich wieder auf seinen Rücken, und sie zogen weiter und weiter und weiter, bis der Stier am Rand einer tiefen, finsteren Schlucht stehen blieb. Er ließ das Mädchen von seinem Rücken steigen und sagte, es solle sich auf einen der großen Felsblöcke setzen.

»Du musst hierbleiben«, erklärte er. »Denn ich werde nun in die Schlucht hinuntergehen, um die böse Macht zu besiegen, die mich bei Tag in ihrem Bann gefangen hält. Währenddessen rührst du dich nicht vom Fleck. Weder Hände noch Füße darfst du bewegen, sonst werde ich dich nicht wiederfinden. Wenn sich alles um dich herum blau färbt, weißt du, ich habe das Böse bezwungen. Färbt sich alles rot, bin ich ihm unterlegen.«

Nach diesen Worten machte er sich mit ohrenbetäubendem Gebrüll auf den Weg, um sich der Macht des Bösen zu stellen.

Das Mädchen blieb auf dem Felsblock sitzen und bewegte sich nicht, weder Hand noch Fuß, nicht einmal den Blick. So saß es da und wartete und wartete und wartete, bis sich irgendwann alles blau färbte. Vor lauter Freude, dass der geliebte Prinz das Böse bezwungen hatte, vergaß das Mädchen, still zu sitzen, und schlug die Beine übereinander.

Dann saß es abermals reglos da und wartete und wartete und wartete. Bis zur Erschöpfung wartete es, und die ganze Zeit hielt es Ausschau nach dem Prinzen. Aber wie er befürchtet hatte, kehrte er nicht zurück.

Irgendwann stand das Mädchen auf, obwohl es nicht wusste, wohin es gehen sollte. Doch es war entschlossen, den geliebten Prinzen wiederzufinden, und wenn es die ganze Welt absuchen musste. Nach überall und nirgends lief es weiter und weiter und weiter, bis es eines Tages in einem dunklen Wald vor einer kleinen Hütte stand. Dort wohnte eine uralte Frau, die ihm eine warme Mahlzeit und Schutz vor der Nacht gewährte. Mit Gottes Segen ließ die Alte das Mädchen weiterziehen, aber sie gab ihm noch etwas mit. Es waren drei Nüsse: eine Walnuss, eine Filbertnuss und eine Haselnuss. Dazu sprach sie die folgenden Worte:

>Ist dein Herz so schwer, dass es dir fast bricht,
wenn du Trost suchst, aber findest ihn nicht,
brich auf die Schale einer dieser Nüsse,
auf dass dir eine gute Macht zu helfen wisse.«

Mit gestärktem Mut ging das Mädchen weiter, bis ihm ein gläserner Berg den Weg versperrte. Jeder Versuch, ihn zu überwinden, scheiterte, denn das Glas war spiegelglatt.

Schluchzend versuchte das Mädchen, den gläsernen Berg von der Seite aus zu erklimmen, doch auch dort fanden seine Füße keinen Halt. Dabei entdeckte es jedoch in der Nähe eine Schmiede. Als es dort ankam, versprach der Schmied, er werde ihm ein Paar eiserne Schuhe fertigen, womit es den gläsernen Berg erklimmen könne. Dafür müsse es ihm aber erst sieben Jahre und sieben Tage lang den Haushalt führen. So schuftete das Mädchen im Haus des Schmieds. Sieben lange Jahre und sieben kurze Tage musste es Garn spinnen, den Boden fegen und Wäsche waschen. Der Schmied hielt Wort und gab ihm ein Paar eiserne Schuhe. Und damit konnte es den gläsernen Berg erklimmen, um die Suche nach dem Prinzen fortzusetzen.

Allzu weit war das Mädchen noch nicht gelaufen, da ritten ein paar Edelleute vorbei, die über die großen Taten des jungen Herzogs von Norroway sprachen. Wenig später begegnete das Mädchen einer Gesellschaft von Leuten, die schmucke Dinge herbeitrugen. Die seien für die Hochzeit des jungen Herzogs bestimmt, erzählten sie. Schließlich kam das Mädchen zu einem Schloss. Dort eilen Köche und Bäcker umher und wussten vor lauter Arbeit gar nicht, was sie zuerst tun sollten.

Plötzlich ertönten Jagdhörner, und man hörte die Jäger rufen: »Platz da! Platz für den Herzog von Norroway und seine Braut!«

Dann ritt der Herzog selbst vorbei. Und es war niemand anders als der Prinz, den das Mädchen schon halb erlöst hatte. Doch an seiner Seite ritt die boshafte Frau, die ihn verhext hatte. Und sie war entschlossen, ihn noch an diesem Tag zu heiraten.

Da wurde dem Mädchen das Herz so schwer, dass es zu brechen drohte. Also war die Zeit gekommen, eine der Nüsse aufzubrechen. Das Mädchen wählte die Walnuss, denn sie war am größten. Doch aus der Schale fiel keine Nuss heraus, sondern eine wunderliche, winzige Frau, die in Windeseile Wolle kämmte.

Als die boshafte Braut des Prinzen die wunderliche kleine Frau sah, fragte sie das Mädchen, was es dafür verlange.

»Wenn du deine Hochzeit mit dem Herzog um einen Tag verschiebst und mich heute Nacht in seinem Schlafgemach Wache halten lässt, dann gebe ich sie dir«, antwortete das Mädchen.

Aber wie alle boshaften Frauen, die darüber hinaus auch noch hexen können, hatte auch diese sogleich etwas Niederträchtiges im Sinn. Sie willigte ein, doch um sicherzustellen, dass der Herzog sich ihrem Einfluss nicht entziehen konnte, gab sie ihm ein Gebräu, das ihn in einen tiefen Schlaf versetzte.

Dann ließ sie das Mädchen mit dem Herzog allein. Und er schlief tief und fest, obwohl das Mädchen die ganze Nacht lang dasselbe Klagelied sang:

»Überall sucht' ich dich,
tat alles nur für dich,
hier endlich fand ich dich,
Herzog von Norroway,
wann endlich hörst du mich?«

Als der Morgen graute, musste das Mädchen das Schlafgemach verlassen, ohne sich bemerkbar gemacht zu haben.

Abermals wurde dem Mädchen das Herz so schwer, dass es brechen wollte. Und so brach es die Filbertnuss auf, denn sie war die zweitgrößte. Auch diesmal fiel aus der Schale keine Nuss, sondern die wunderlichste, winzigste Frau, die man sich denken kann. Und sie konnte so schnell spinnen wie keine andere. Als die boshafte Braut das wunderliche kleine Wesen sah, war sie bereit, ihre Hochzeit einen weiteren Tag zu verschieben, um es zu bekommen. Und wieder verbrachte das Mädchen die Nacht im Schlafgemach des Herzogs und sang dasselbe Klagelied wie zuvor:

»Überall sucht' ich dich,
tat alles nur für dich,
hier endlich fand ich dich,
Herzog von Norroway,
wann endlich hörst du mich?«

Doch die boshafte Braut hatte dem Herzog auch an diesem Abend den Schlaftrunk verabreicht, und er schlief so tief und fest, dass das Mädchen ihn ein weiteres Mal ungehört verließ.

Da wollte das Herz des Mädchens abermals brechen, und es brach die Haselnuss auf, denn sie war die einzige, die es noch hatte. Aus der Schale fiel die allerwunderlichste, allerwinzigste Frau, die man sich nur vorstellen kann.

Und auch die wollte die boshafte Braut für sich, sodass sie bereit war, ihre Hochzeit ein drittes Mal um einen Tag zu verschieben.

An diesem Morgen bekam der Herzog jedoch mit, wie seine Knappen von einem seltsamen Klagegesang sprachen, den sie in der Nacht zuvor gehört haben wollten. Daraufhin fragte er seinen treuen Kammerdiener: »Was hat es mit dem Gesang auf sich, von dem die Knappen sprechen?«

Der Kammerdiener, der die boshafte Braut ohnehin nicht mochte, antwortete:

»Wenn Eure Lordschaft heute Nacht auf den Schlaftrunk verzichten möchten, könnt Ihr Euch selbst anhören, was mich zwei Nächte lang den Schlaf gekostet hat.«

Darüber wunderte sich der Herzog sehr. Und als seine boshafte Braut ihm das abendliche Gebräu reichte, tat er nur so, als würde er davon trinken, und sagte, es sei ihm nicht süß genug. Während sie Honig holte, um den Trank zu süßen, schüttete der Herzog ihn weg. Dann machte er das boshafte Weibsstück glauben, er hätte es sich doch anders überlegt und den Trank ungesüßt heruntergestürzt.

Als es abends dunkel wurde, stahl sich das Mädchen schweren Herzens in des Herzogs Schlafgemach, dachte es doch, es wäre das letzte Mal, dass es ihn sah. Doch diesmal war der Herzog hellwach. Und als sich das Mädchen an sein Bett setzte und das Klagelied anstimmte:

»Überall sucht' ich dich,«

da wusste er sofort, wessen Stimme er hörte.

Er schloss das Mädchen in seine Arme und erzählte, wie er wieder unter den Einfluss der boshaften Braut geraten war und alles andere vergessen hatte. Nun aber, da er sich erinnerte, war der Bann für alle Zeiten gebrochen.

Und da für seine Hochzeit schon alles vorbereitet war, heiratete er das Mädchen noch am selben Tag. Sobald die boshafte Braut merkte, dass sie keine Macht mehr über den Herzog hatte, machte sie sich schleunigst davon und ward im ganzen Land nie wieder gesehen.

Das Mädchen im Katzenfell

Es war einmal ein Mann von Stand, der besaß viele große Ländereien und prächtige Häuser. Und er wünschte sich sehnlichst einen Sohn, der all das einmal erben sollte. Doch seine Frau gebar ihm eine Tochter. Obwohl das Baby so munter war, wie man es sich nur vorstellen kann, bedeutete es ihm nichts, und er sagte zu seiner Frau:

»Sorg dafür, dass ich dieses Kind niemals zu Gesicht bekomme!«

Das Kind wuchs zu einem hübschen jungen Mädchen heran, und ungeachtet dessen, dass sein Vater es bis zu seinem fünfzehnten Lebensjahr niemals gesehen hatte, fand er, es sei an der Zeit, es zu verheiraten.

»Soll sie doch den Ersten nehmen, der sie haben will«, sagte der Vater gleichgültig. Und als das die Runde machte, wer war wohl der erste, der das junge Mädchen zur Frau nehmen wollte? Richtig! Ein widerwärtiger, hässlicher alter Mann. Die Tochter wusste nicht mehr aus noch ein. Deshalb ging sie zur Hühnerfrau und fragte sie um Rat. Den bekam sie auch. »Sag, du nimmst ihn nur, wenn du ein Kleid aus silbernen Fäden bekommst«, lautete er. Daraufhin bekam die Tochter ein Kleid aus Silberfäden und hätte den hässlichen Alten nun eigentlich heiraten müssen, aber das wollte sie natürlich nicht. Deshalb fragte sie die Hühnerfrau abermals um Rat. »Sag, du nimmst ihn nur, wenn du ein Kleid aus Blattgold bekommst«, riet sie ihr. Daraufhin bekam die Tochter ein blattgoldenes Kleid, aber auch damit war ihr nicht geholfen. Sie ging ein drittes Mal zu der Hühnerfrau, und die riet ihr:»Sag, du nimmst ihn nur, wenn du ein Kleid aus den Federn sämtlicher Vögel bekommst, die in der Luft herumfliegen.« Also wurde ein Mann mit einer riesigen Menge an Erbsen losgeschickt, der sämtlichen Vögeln, die durch die Lüfte flogen, zurief:»Jeder von euch nimmt sich eine Erbse und gibt mir dafür eine Feder.« Daraufhin zupfte sich jeder Vogel im Tausch gegen eine Erbse eine Feder aus. Aus all den Federn wurde ein Kleid genäht und das bekam das junge Mädchen. Doch es wollte den widerlichen, hässlichen alten Mann nicht heiraten. Also ging es wieder zu der Hühnerfrau und bat ein weiteres Mal um Rat.»Dann müssen sie dir wohl ein Kleid aus Katzenfell nähen«, sagte sie. Da bekam das Mädchen ein Kleid aus Katzenfell. Das zog es an, schnürte die anderen drei Kleider zu einem Bündel und machte sich des Abends auf und davon.

Stunde um Stunde um Stunde irrte es durch den Wald, bis es schließlich von Weitem ein prächtiges Schloss sah. Es versteckte das Kleiderbündel hinter einem Wasserfall, machte sich auf den Weg zu dem Schloss und fragte dort nach Arbeit. Die Schlossherrin musterte das Mädchen von oben bis unten, und dann sagte sie:»Tut mir leid, aber etwas Besseres als eine Stelle als Küchenmädchen habe ich nicht für dich.« So arbeitete das Mädchen in der Küche bei einer herzlosen Köchin, die ihm das Leben zur Hölle machte. Und wegen ihres Kleids wurde sie von allen nur Katzenfell genannt.

Kurz nachdem das Mädchen die Stelle als Küchenhilfe angetreten hatte, kehrte der Sohn der Schlossherrin von einer Reise zurück. Aus diesem Anlass sollte ein festlicher Ball veranstaltet werden, und die Dienstboten sprachen kaum noch von etwas anderem.»Ach, Köchin«, sagte Katzenfell, »ich wäre so gern dabei!«

Stunde um Stunde um Stunde irrte es durch den Wald.

DAS MÄDCHEN IM KATZENFELL

»Für wen hältst du dich, du liederliches, kleines Ding!«, ereiferte sich die Köchin. »Du zwischen den feinen Edelleuten?
Da gehörst du nicht hin!« Dann schüttete sie dem Mädchen eine Schüssel Wasser ins Gesicht. Das Mädchen jedoch schüttelte
sich nur wie eine echte Katze und verlor kein Wort.

Als der Abend des festlichen Balls gekommen war, schlich
Katzenfell sich in den Wald. Sie badete in einem See unter dem
kristallklaren Wasserfall, zog das silberne Kleid an und eilte zum
Schloss zurück. Als sie den Ballsaal betrat, waren alle überwältigt von ihrer Anmut und Schönheit, und der junge Lord verlor
vom ersten Augenblick an sein Herz an sie. Er forderte sie zum
ersten Tanz auf, und dann tanzte er mit ihr bis spät in die
Nacht.

Als es Zeit wurde, sich zu verabschieden, sagte er: »Verratet
mir doch, woher Ihr kommt, anmutige Schönheit?«

Da machte Katzenfell einen höflichen Knicks und antwortete:

»Wollt ihr wissen, wo ich zu Hause bin, Mylord,
    beim Zeichen der Schüssel Wasser, da ist mein Hort.«

Dann verließ sie hastig das Schloss, schlüpfte wieder in ihr Katzenfell und schlich sich unbemerkt von der Köchin in die Küche zurück.

Gleich am nächsten Tag suchte der junge Lord nach dem
Zeichen einer Wasserschüssel, aber das fand er nicht. Also ging
er zu seiner Mutter und erklärte, er wolle keine andere als das
Mädchen in dem silbernen Kleid heiraten, und er werde nicht
ruhen, bis er sie gefunden habe. Daraufhin veranstaltete die
Schlossherrin einen weiteren Ball, in der Hoffnung, das Mädchen werde abermals erscheinen.

Und wieder sagte Katzenfell zu der Köchin: »Ach, ich wäre so gern dabei!« Woraufhin sich die Köchin aufs Neue ereiferte und dieselbe Antwort gab wie zuvor: »Für wen hältst du dich, du liederliches, kleines Ding! Du zwischen den feinen Edelleuten? Da gehörst du nicht hin!« Dann nahm sie einen Holzlöffel und schlug das Mädchen damit so fest auf den Rücken, dass der Holzlöffel zerbrach. Katzenfell jedoch schüttelte sich nur wie eine echte Katze und verlor kein Wort. Am Abend des Balls schlich sie sich wieder in den Wald, badete in dem See unter dem Wasserfall und zog diesmal das goldene Kleid an. Dann eilte sie wieder zum Schloss zurück.

Als sie den Ballsaal betrat, richteten sich aller Augen auf sie, und der junge Lord erkannte sie sofort als die anmutige Schönheit, die gesagt hatte, sie sei beim Zeichen einer Schüssel Wasser zu Hause. Abermals forderte er sie zum ersten Tanz auf und tanzte mit ihr bis spät in die Nacht. Als der letzte Tanz des Abends vorüber war, fragte er sie, woher sie kam. Und wieder gab Katzenfell zur Antwort:

»Wollt ihr wissen, wo ich zu Hause bin, Mylord,
　beim Zeichen des zerbrochenen Holzlöffels,
　　da ist mein Hort.«

Wieder verabschiedete sie sich mit einem höflichen Knicks, verließ hastig das Schloss, schlüpfte in ihr Katzenfell und schlich sich unbemerkt in die Küche zurück.

Als der Prinz am nächsten Tag nach dem Zeichen eines zerbrochenen Holzlöffels suchte und auch das nicht finden konnte, sprach er abermals bei seiner Mutter vor, damit sie einen weiteren Ball veranstaltete, auf dem er das Mädchen wiederzusehen hoffte.

Ein weiteres Mal sagte Katzenfell zu der Köchin: »Ach, wie gern ich doch dabei wäre!«, was die Köchin mit ihrer immer gleichlautenden Antwort quittierte: »Für wen hältst du dich, du liederliches, kleines Ding! Du zwischen den feinen Edelleuten? Da gehörst du nicht hin!« Dann schlug sie ihr mit einer Schöpfkelle auf den Kopf. Und wie die beiden Male zuvor schüttelte sich Katzenfell nur wie eine echte Katze und verlor kein Wort. Am Abend des Balls schlich sie sich ein drittes Mal in den Wald und badete in dem See unter dem Wasserfall. Dann zog sie das Federkleid an und eilte zum Schloss zurück.

Alle staunten über ihre anmutige Schönheit und ihr einzigartiges gefiedertes Kleid, als sie den Ballsaal betrat. Und abermals erkannte der junge Lord in ihr die junge Frau, nach der er sich so sehr gesehnt hatte. Auch an diesem Abend tanzte er mit keiner anderen, sondern nur mit ihr, bis spät in die Nacht. Als der Ball sich dem Ende neigte, fragte er sie zum dritten Mal, woher sie kam. Und ihre Antwort lautete:

»Wollt ihr wissen, wo ich zu Hause bin, Mylord,
beim Zeichen der Schöpfkelle, da ist mein Hort.«

Wie zuvor verabschiedete sie sich mit einem höflichen Knicks, verließ hastig das Schloss und eilte in den Wald. Dieses Mal aber folgte ihr der junge Lord und sah, wie sie das Federkleid abstreifte und in das Katzenfell schlüpfte. Da wusste er, woher das Mädchen kam. War sie doch die Küchenhilfe in seinem eigenen Schloss.

Am Tag darauf sprach der junge Lord wieder bei seiner Mutter vor, um ihr zu sagen, dass er Katzenfell, das Küchenmädchen, heiraten wollte.

»Niemals!«, gab die Schlossherrin zurück. »Nur über meine Leiche.«

Da verfiel der junge Lord in eine so tiefe Schwermut, dass er nicht mehr aus seinem Bett aufstehen konnte. Es wurde ein Doktor gerufen und der tat alles, um ihn wieder auf die Beine zu bringen, aber der junge Lord ließ sich keine Medizin verabreichen, solange es nicht Katzenfell war, die sie ihm gab. Schließlich sprach der Doktor ein ernstes Wort mit der Schlossherrin. Er sagte ihr, wenn sie ihren Sohn das Mädchen nicht heiraten lasse, werde er sterben. So gewährte die Schlossherrin ihrem Sohn seinen Wunsch, und dann ließ sie Katzenfell zu sich rufen. Katzenfell zog das goldene Kleid an, bevor sie zu der Schlossherrin ging. Und als diese sie sah, war sie froh, dass ihr Sohn eine so schöne Frau heiraten würde.

Bald darauf wurde die Hochzeit gefeiert, und nach einiger Zeit bekam das junge Paar einen Sohn, der zu einem munteren kleinen Jungen heranwuchs. Eines Tages, als er etwa vier Jahre alt war, stand vor dem Tor des Schlosses eine Bettlerin, die auch ein kleines Kind hatte. Lady Katzenfell gab dem kleinen Lord ein paar Goldmünzen und sagte ihm, die seien für die Bettlerin. Der kleine Lord gab die Münzen dem Kind, woraufhin es sich bei dem kleinen Lord bedankte und ihm einen Kuss gab.

Die Köchin, die noch da war, weil Katzenfell sie nicht hatte wegschicken wollen, hatte es gesehen und herzlos wie immer, sagte sie: »Da sieht man es, die Gören von Bettlern halten zusammen.«

Das schmerzte Katzenfell so sehr, dass sie zu ihrem Mann ging und ihm die ganze Geschichte erzählte: von ihrem Vater, der sie nicht hatte haben wollen. Und als sie ihn bat herauszufinden, was aus ihren Eltern geworden war, ließ er seine große Kutsche vorfahren. Gemeinsam machten sie sich auf den Weg durch den Wald zu Katzenfells Elternhaus. Als sie an einem Gasthof vorbeikamen, wartete Katzenfell dort, während der junge Lord zu ihrem Vater fuhr, um ihn nach seiner Tochter zu fragen.

Katzenfells Eltern hatten keine weiteren Kinder bekommen, und da die Mutter gestorben war, hatte der Vater nun niemanden mehr. Einsam und verlassen saß er da und hob vor lauter Trübsal nicht einmal den Kopf, als einer seiner Diener den jungen Lord zu ihm führte. Der junge Lord zog sich einen Stuhl heran und setzte sich neben den alten Mann. »Sagt mir, Sir, hattet Ihr nicht einst eine Tochter, von der ihr nichts wissen wolltet und die Ihr niemals zu Gesicht bekamt?«

Da liefen dem alten Mann die Tränen über die Wangen. »So ist es«, antwortete er. »Versündigt habe ich mich an ihr. Alles, was ich besitze, würde ich geben, um sie in meinem Leben ein einziges Mal zu sehen.«

Daraufhin erzählte der junge Lord ihm die Geschichte des Mädchens Katzenfell und nahm ihn mit, zu dem Gasthof, in dem Katzenfell wartete, und dann auf sein Schloss, wo sie glücklich und zufrieden zusammenlebten.

Die drei kleinen Schweinchen

Es war einmal eine Sau, die war schon ziemlich alt und hatte drei kleine Ferkel. Aber als die Ferkel größer wurden, konnte sie sie nicht mehr ernähren, und deshalb sagte sie ihnen, sie sollten lieber in die Welt hinausziehen und dort ihr Glück suchen.

Das älteste Schweinchen ging zuerst, und als es so allein die Straße entlangtrottete, kam ihm ein Mann mit einem Bündel Stroh entgegen. Das Schweinchen fragte höflich:

»Würden Sie mir das Bündel Stroh geben, damit ich mir ein Haus daraus bauen kann, Sir?«

Der Mann, erfreut über die guten Manieren des Schweinchens, gab ihm das Bündel, und sogleich machte sich das Schweinchen an die Arbeit und baute sich aus dem Stroh ein schönes Haus.

Doch gerade als es fertig war, kam ein Wolf vorbei. Er sah sich das Haus an, und dann *stieg ihm der Geruch nach dem Schweinchen in die Nase.*

Er klopfte an die Tür und rief:

»*Mach auf, kleines Schweinchen, lass mich herein!*«

Aber das Schweinchen spähte durch das Schlüsselloch, und als es die großen Pfoten sah, antwortete es:

»*Nein, nein nein! Ich lass dich nicht herein!*«

Da bleckte der Wolf die Zähne und sagte:

»*Dann huste ich und puste ich, bis dein Häuschen zusammenbricht.*«

Der Wolf hustete und pustete, so lange, bis das Haus in sich zusammenfiel. Dann fraß er das Schweinchen und ging weiter seiner Wege.

Als sich das zweitälteste Schweinchen auf den Weg machte, begegnete es auch einem Mann, und der trug ein Bündel Reisig. Ebenso höflich wie das erste Schweinchen fragte es:

»Würden Sie mir das Bündel Reisig geben, damit ich mir ein Haus daraus bauen kann, Sir?«

Beeindruckt von den guten Manieren des Schweinchens gab der Mann ihm das Reisigbündel, und das zweite Schweinchen machte sich ebenfalls sofort ans Werk und baute sich daraus ein schönes Haus.

Kaum war es fertig, kam der Wolf vorbei. Er blieb stehen, um sich das Häuschen anzusehen, und dann *stieg ihm der Geruch nach dem Schweinchen in die Nase.*

Er klopfte an die Tür und rief:

»*Mach auf, kleines Schweinchen, lass mich herein!*«

Doch das Schweinchen spähte durch das Schlüsselloch, und als es die großen Ohren sah, antwortete es:

»*Nein, nein, nein! Ich lasse dich nicht herein!*«

Da bleckte der Wolf wieder die Zähne und sagte:

»Dann huste ich und puste ich, bis dein Häuschen zusammenbricht.«

Und der Wolf hustete und pustete, so lange, bis das Haus in sich zusammenfiel. Dann fraß er auch das zweite Schweinchen und ging weiter seiner Wege.

Als das dritte Schweinchen sich auf den Weg machte, begegnete es ebenfalls einem Mann, und der transportierte eine Ladung Ziegelsteine. Höflich fragte es:

»Würden Sie mir die Ziegelsteine geben, damit ich mir ein Haus daraus bauen kann, Sir?«

Äußerst angetan von den guten Manieren des Schweinchens gab ihm der Mann die Ziegelsteine, und auch das dritte Schweinchen machte sich sofort ans Werk und baute sich daraus ein schönes Haus.

Kaum war es fertig, kam wieder der Wolf vorbei.

Und wieder blieb er stehen, und wieder *stieg ihm der Geruch nach dem Schweinchen in die Nase.*

Er klopfte an die Tür und rief:

»Mach auf, kleines Schweinchen, lass mich herein!«

Aber auch das dritte Schweinchen spähte durch das Schlüsselloch, und als es die großen Augen sah, rief es zurück:

»Nein, nein, nein! Ich lasse dich nicht herein!«

Da bleckte der Wolf ein weiteres Mal die Zähne und sagte: »*Dann huste ich und puste ich, bis dein Häuschen zusammenbricht.*«

Der Wolf hustete und pustete. Er hustete und pustete noch einmal. Und dann hustete und hustete und pustete und pustete er, bis … Nein, dieses Mal fiel das Haus nicht in sich zusammen.

Also hustete und pustete der Wolf, bis er vollkommen aus der Puste war und gar nicht mehr husten und pusten konnte. Er musste sich wohl etwas Besseres einfallen lassen.

»Hör mal, kleines Schweinchen«, sagte er nach einer Weile, »ich kenne da so ein Feld, wo es massenhaft Steckrüben gibt.«

»Na so was!«, sagte das kleine Schweinchen. »Und wo soll das sein?«

»Ich zeige es dir«, sagte der Wolf. »Aber dafür musst du morgen früh um sechs Uhr fertig sein. Ich hole dich ab, und dann gehen wir zusammen zu dem Feld und futtern Bauer Smith die Rüben weg.«

Doch so einfach konnte man das kleine Schweinchen nicht hereinlegen. Es stand nämlich schon um fünf Uhr auf, ging allein zu dem Steckrübenfeld, sammelte alle Rüben ein, und als der Wolf um sechs Uhr vor der Tür stand, hatte es sie längst zum Frühstück gegessen.

»Hallo, kleines Schweinchen«, rief der Wolf. »Bist du soweit?«

»Ob ich soweit bin?«, gab das kleine Schweinchen zurück. »Du bist doch derjenige, der verschlafen hat. Ich bin schon längst wieder zurück und habe eine große Portion Steckrüben gefrühstückt.«

Der Wolf hätte platzen können vor Wut, aber da er das kleine Schweinchen unbedingt fressen wollte, ließ er sich nichts anmerken.

»Das ist aber schön«, sagte er. »Und ich weiß noch etwas viel Besseres.«

»Tatsächlich?«, fragte das kleine Schweinchen. »Und was soll das sein?«

»Unten in Merry Gardens steht ein Apfelbaum, daran hängen viele süße, saftige Äpfel. Aber dafür musst du um fünf Uhr fertig sein. Dann hole ich dich ab und wir pflücken die Äpfel.«

»Das ist aber nett von dir!«, sagte das kleine Schweinchen. »Dann werde ich zusehen, dass ich um Punkt fünf Uhr fertig bin.«

Am nächsten Morgen stand das kleine Schweinchen noch eher auf, und um kurz vor vier Uhr pflückte es schon die Äpfel vom Baum. Doch auch der Wolf war nicht so dumm, wie man meinen könnte. Und er hatte nicht vor, sich noch einmal austricksen zu lassen. Er stand um vier Uhr auf, und kaum hatte das kleine Schweinchen einen Korb voller Äpfel gepflückt, sah es von Weitem, wie er ankam und sich schon die Lefzen leckte.

»Na«, sagte der Wolf, »schon da? Der frühe Vogel fängt den Wurm, oder? Und, sind die Äpfel gut?«

»Hervorragend«, antwortete das kleine Schweinchen. »Ich werfe dir mal einen runter. Dann kannst du ihn probieren.«

Das Schweinchen warf den Apfel so weit, dass der Wolf hinterherlaufen musste. In der Zeit sprang es mit seinem Korb von dem Apfelbaum und rannte nach Hause.

Einmal mehr hätte der Wolf platzen können vor Wut. Aber am nächsten Tag stand er wieder bei dem Schweinchen vor der Tür und sagte mit honigsüßer Stimme:

»Hallo, kleines Schweinchen, ich würde dir gern eine Freude machen. Weil du so schlau bist, weißt du. Was hältst du davon, wenn wir heute Nachmittag auf den Jahrmarkt gehen. Ich lade dich ein.«

»Das ist aber nett von dir«, antwortete das kleine Schweinchen. »Wann sollen wir uns denn treffen?«

»Um Punkt drei«, sagte der Wolf. »Also sieh zu, dass du dann da bist.«

»Das werde ich, wahrscheinlich bin ich schon früher da«, sagte das kleine Schweinchen und lachte in sich hinein. Und natürlich war es schon früher da, denn es ging noch am selben Morgen zum Jahrmarkt. Es fuhr Karussell und hatte richtig Spaß. Dann kaufte es sich ein Butterfass und machte sich noch vor drei Uhr auf den Weg nach Hause. Doch als es einen Hügel hinaufging und oben angekommen war, da sah es ihn schon, den Wolf, völlig außer Atem und rot vor Wut.

Weit und breit gab es nichts, wo sich das Schweinchen hätte verstecken können. Also kroch es in das Butterfass und legte den Deckel darauf. Doch das Fass kippte um und rollte den Hügel hinunter.

Polterdipolter, Polterdipolter, Polterdipolter!

Das kleine Schweinchen fing an zu quieken, und als der Wolf das hörte und

Polterdipolter, Polterdipolter, Polterdipolter

das Butterfass den Hügel auf sich zurumpeln sah, bekam er solche Angst, dass er den Schwanz einzog und weglief. Doch nach wie vor war er wild entschlossen, dass Schweinchen zu fressen. Also stand er am nächsten Tag wieder bei dem kleinen Schweinchen vor der Tür und sagte, es tue ihm leid, dass er die Verabredung auf dem Jahrmarkt nicht eingehalten habe. Aber da sei etwas Schreckliches auf ihn zugerollt und habe auch noch furchtbaren Lärm gemacht.

»Ach, du lieber Himmel!«, sagte das Schweinchen. »Das war wahrscheinlich ich. Als ich dich kommen sah, habe ich mich in dem Butterfass versteckt, und das ist dann den Hügel runtergerollt. Tut mir leid, dass ich dich erschreckt habe!«

Das war zu viel für den Wolf. Er tobte vor Wut und schrie, er würde jetzt durch den Schornstein reinkommen und das kleine Schweinchen endlich fressen. Aber dazu musste er erstmal auf das Dach klettern. In der Zeit machte das Schweinchen ein Feuer im Kamin und setzte einen großen Topf Wasser darüber auf. Als der Wolf durch den Schornstein kam, nahm es den Deckel ab, und *Plumps* landete der Wolf in dem kochenden Wasser.

Das kleine Schweinchen legte den Deckel wieder auf den Topf, ließ den Wolf schön gar werden, und dann war *er* derjenige, der gefressen wurde.

Nichts und wieder nichts

Es waren einmal ein König und eine Königin, die waren eigentlich nicht viel anders als alle anderen Könige und Königinnen, die es schon gegeben hatte. Aber sie hatten keine Kinder, und deshalb waren sie sehr unglücklich. Eines Tages musste der König sich aufmachen in ein fernes Land und dort ein paar Schlachten schlagen. Und kurz nachdem er aufgebrochen war, schenkte ihm die Königin einen Sohn. Wie man sich vorstellen kann, war sie natürlich überglücklich und dachte, wie glücklich der König erst sein würde, wenn er zurückkehrte und seinen sehnlichsten Wunsch erfüllt sah. Auch alle anderen am Königshof freuten sich und wollten mit einem großen Fest die Taufe des kleinen Jungen feiern. Die Königin aber sagte: »Nein, noch nicht! Das Kind soll erst dann einen Namen bekommen, wenn sein Vater wieder zurück ist und einen Namen ausgesucht hat. Solange sein Vater noch nichts von ihm weiß, nenne ich es »Nichts und wieder nichts«.

Doch der König blieb viel länger weg als gedacht, und unterdessen wuchs Prinz Nichts und wieder nichts zu einem prächtigen, kleinen Jungen heran.

Als sich der König samt Gefolge endlich auf den Weg zurück in sein Königreich machen konnte, kam er an einen breiten Fluss, der so viel Wasser führte, das er schon fast über die Ufer trat. Aber das war nicht das Schlimmste, denn überall zwischen den Stromschnellen lauerten Nixen und Wassergeister, die nur darauf warteten, die Männer in die Tiefe zu ziehen.

So konnten der König und seine Leute den Fluss nicht überqueren. Doch auf einmal kam ein Riese, der mit einem einzigen großen Schritt von einem Ufer ans andere trat. »Wenn ihr wollt, trage ich euch rüber«, bot er an.« Der Riese lächelte und machte einen freundlichen Eindruck. Aber der König wusste, dass mit Riesen nicht zu spaßen ist und man lieber von Anfang an die Bedingungen klären sollte. Also fragte er ohne Umschweife: »Wie hoch ist der Preis, den du dafür verlangst?«

»Der Preis?«, schallte es von dem Riesen zurück. Und dann nannte er ihn: »Nichts und wieder nichts. Dann bin ich Euch gern zu Diensten.«

Beschämt von so viel vermeintlicher Großzügigkeit, sagte der König: »Abgemacht. Dann nehme ich dein Angebot dankend an und gebe dir dafür nichts und wieder nichts.«

Der Riese trug den König und sein Gefolge sicher über den Fluss, und sogleich eilte der König zu seinem Schloss. Er war überglücklich, seine geliebte Frau wiederzusehen. Und man kann sich vorstellen, wie glücklich er erst war, als sie ihm seinen prächtigen, kleinen Sohn präsentierte.

»Wie heißt du denn, kleiner Mann?«, fragte der König und nahm ihn auf den Arm.

»Nichts und wieder nichts«, antwortete sein Sohn. »So werde ich genannt, bis mein Vater mir einen richtigen Namen gibt.«

Da erschrak der König so sehr, dass ihm der Junge beinahe vom Arm fiel. »Was habe ich getan!«, rief er. Der Riese, der uns über den Fluss getragen hat, damit wir uns vor den Nixen und Wassergeistern in Sicherheit bringen konnten, verlange dafür nichts und wieder nichts. Und diesen Preis habe ich ihm gewährt.«

Die Königin fing bitterlich an zu weinen. Aber sie war nicht dumm, und so ließ sie sich etwas einfallen, um ihren Sohn behalten zu können. Dann sagte sie zu ihrem Mann:

»Wenn der Riese kommt und seinen Preis verlangt, geben wir ihm einfach den jüngsten Sohn der Hühnerfrau mit. Die hat so viele Kinder, da kommt es auf eins mehr oder weniger nicht an. Wir können ihr eine Goldmünze dafür geben. Und dem Riesen wird es gar nicht auffallen.«

Als am nächsten Morgen der Riese erschien, um Nichts und wieder nichts mitzunehmen, zogen sie dem kleinen Sohn der Hühnerfrau die Kleidung des Prinzen an und weinten und lamentierten fürchterlich. Zufrieden nahm der Riese den Jungen auf seine Schultern und machte sich auf den Weg. Doch nach einer Weile wollte er sich ein wenig ausruhen. Er ließ den Jungen herunter, setzte sich am Wegrand auf einen großen Stein und nickte ein. Als er wieder wach wurde, sah er sich suchend um und rief:

»Hopp, hopp, auf meine Schultern, Kleiner!
Was tut um diese Zeit denn Eurer einer?«

Da antwortete der Sohn der Hühnerfrau:

»Um die Zeit geht meine Mutter die Eier suchen,
und dann backt sie der Königin daraus einen Kuchen.«

Da wusste der Riese, er war hereingelegt worden. Er stieß den Jungen zu Boden, und der fiel mit dem Kopf auf einen Stein und war tot.

Voller Zorn lief der Riese zum Palast des Königs zurück und forderte: »Gebt mir Nichts und wieder nichts!«

Da zogen der König und die Königin dem Sohn des Gärtners die Kleidung des Prinzen an. Dann weinten und lamentierten sie wieder fürchterlich, bis der Riese zufrieden war, den Jungen auf die Schultern nahm und wieder ging. Doch es geschah das Gleiche wie beim ersten Mal. Der Riese wurde müde, und um sich auszuruhen, setzte er sich auf den großen Stein am Wegrand. Er nickte ein, und als er wieder wach wurde, sagte er:

»Hopp, hopp, auf meine Schultern, Kleiner!
Was tut um diese Zeit denn Eurer einer?«

Und der Sohn des Gärtners antwortete:

»Um die Zeit erntet mein Vater das Gemüse ganz frisch,
und zum Abendessen bekommt es die Königin
auf den Tisch.«

Da merkte der Riese, dass er ein zweites Mal betrogen worden war. Er wurde so wütend, dass er auch diesen Jungen zu Boden warf, und auch der war tot. Dann lief der Riese wieder zum Palast des Königs zurück und forderte:
»Gebt mir, was Ihr mir versprochen habt! Kriege ich nicht Nichts und wieder nichts, werdet ihr noch sehen, was Ihr davon habt!«
Da mussten der König und die König einsehen, dass ihnen nichts anderes übrig blieb, als dem Riesen ihren geliebten Prinzen zu geben. Und dieses Mal war ihr Weinen und Lamentieren echt, als der Riese ihn auf seine Schultern nahm und ging. Nachdem der Riese auf dem großen Stein am Wegrand Rast gemacht hatte, sagte er wieder:

»Hopp, hopp, auf meine Schultern, Kleiner!
Was tut um diese Zeit denn Eurer einer?«

Da antwortete der Prinz:

»Um diese Zeit läutet mein Vater drei Mal,
und man bringt uns das Essen in den Speisesaal.«

Da rieb sich der Riese lachend die Hände und sagte: »Jetzt habe
ich also den Richtigen.« Dann brachte er Nichts und wieder
nichts in seine Behausung unter den Stromschnellen. In Wirklichkeit war der Riese nämlich ein Zauberer, der jede Gestalt annehmen konnte, die er wollte. Den Prinzen hatte er unbedingt
mitnehmen wollen, damit seine kleine Tochter jemanden zum
Spielen hatte, nachdem sie erst vor kurzem ihre Mutter verloren
hatte. So wuchsen Nichts und wieder nichts und die Tochter des
Zauberers zusammen auf. Von Jahr zu Jahr waren sie sich mehr
zugetan und wollten schließlich sogar heiraten.

Der Zauberer ahnte jedoch nicht, dass seine Tochter einen
ganz normalen Prinzen heiraten wollte, wie er zig Mal einen
vertilgt hatte. Eigentlich überlegte er schon, wie er Nichts und
wieder nichts unauffällig loswerden konnte. Also sagte er eines
Tages: »Ich habe etwas für dich zu tun, Nichts und wieder
nichts. Es gibt da einen Stall, der ist sieben Meilen lang und
sieben Meilen breit, und er ist seit sieben Jahren nicht mehr
ausgemistet worden. Bis morgen Abend musst du das erledigt
haben, sonst verspeise ich dich zum Essen.«

Bei Tagesanbruch machte sich Nichts und wieder nichts an
die Arbeit. Aber er konnte den Mist noch so schnell fortschau-
feln und -kehren, immer wieder fiel er dorthin zurück, wo er
gelegen hatte. Als es Zeit zum Frühstücken wurde, war Nichts

und wieder nichts schweißgebadet, aber kein bisschen weitergekommen. Und als die Tochter des Zauberers ihm sein Frühstück brachte, war er so erschöpft und verzweifelt, dass er kaum noch ein Wort herausbrachte.

»Keine Sorge, das bekommen wir schon hin«, sagte sie. Dann schnippte sie mit den Fingern und rief:

> »Ihr Vöglein in der Luft und ihr Tierchen auf Erden,
> um meines Liebsten willen, lasst den Stall
> sauber werden.«

Und siehe da, es dauerte kaum eine Minute, da strömten die Tiere aus den Wäldern und Feldern herbei und der Himmel verdunkelte sich, weil so viele Vögel angeflattert kamen, dass man kaum noch einen Fetzen Blau sehen konnte. Zusammen kehrten sie den Mist weg, und noch bevor es Abend wurde, war der Stall blitzeblank.

Als der Zauberer das sah, wurde er rot vor Zorn. Er konnte sich denken, dass seine Tochter ihre Zauberkraft eingesetzt hatte und nicht ganz unbeteiligt an diesem Wunder war. Also sagte er zu Nichts und wieder nichts: »Schämen soll sie sich, deine Handlangerin! Aber morgen werde ich es dir nicht so einfach machen. Siehst du den See da unten? Der ist sieben Meilen lang, sieben Meilen breit und sieben Meilen tief. Bevor es dunkel wird, hast du ihn trockengelegt! Sonst verspeise ich dich zum Abendessen.«

Am nächsten Morgen stand Nichts und wieder nichts abermals vor Sonnenaufgang auf. Doch obwohl er ohne Unterlass das Wasser aus dem See schöpfte, floss es immer wieder zurück. Als es Zeit zum Frühstücken wurde, war er vollkommen verschwitzt, der Erfüllung seiner Aufgabe aber keinen Schritt näher gekommen.

Als die Tochter des Zauberers ihm das Frühstück brachte, sagt sie lachend: »Kein Problem. Das bekomme ich schon hin.« Dann klatschte sie in die Hände und rief:

»Herbei mit euch, ihr Fischlein aus Flüssen und Meeren,
um meines Liebsten willen, helft uns, diesen See
zu leeren.«

Und siehe da, schon tummelten sich im Wasser alle möglichen Fische. Und sie hörten erst auf zu trinken, als kein einziger Tropfen Wasser mehr übrig war.

Als der Zauberer das sah, wurde er grün vor Zorn. Und er wusste sofort, wem dieses erneute Wunder zu verdanken war. Also sagte er: »Vor Scham im Boden versinken soll sie, deine Handlangerin! Aber auf Dauer wird dir all das nichts nutzen. Ich habe nämlich eine noch schwierigere Aufgabe für dich. Siehst du den Baum da hinten? Er ist sieben Meter hoch, und sein Stamm hat nicht einen einzigen Ast. Aber oben in der Baumkrone ist ein Vogelnest, und darin liegen sieben Eier. Die sammelst du ein, und wenn auch nur ein einziges zerbricht, verspeise ich dich zum Abendessen.«

Das ließ selbst die Tochter des Zauberers ratlos zurück. Denn ihr fiel nichts ein, mit dem sie Nichts und wieder nichts hätte helfen können, die Eier einzusammeln ohne eins zu zerbrechen. Betrübt setzte sie sich neben ihn unter den Baum und grübelte und grübelte und grübelte. Dann schließlich hatte sie eine Idee. Sie klatschte in die Hände und rief:

»Finger, ich will, dass ihr mir von den Händen fallt,
um meines Liebsten willen, gebt ihm Halt!«

Einer nach dem anderen fielen ihr sogleich die Finger ab und bohrten sich wie die Sprossen einer Leiter in den Stamm des Baums. Aber sie reichten nicht bis zur Krone hinauf. Da klatschte die Tochter des Zauberers ein weiteres Mal in die Hände. Und dann rief sie:

»Zehen, ich will, dass ihr mir von den Füßen fallt,
    um meines Liebsten willen, gebt ihm Halt!«

Da fielen ihr einer nach dem anderen auch die Zehen ab. Und schon die Zehen eines Fußes waren genug, um die Leiter bis zur Baumkrone fortzusetzen. Nichts und wieder nichts kletterte hinauf zu dem Vogelnest, sammelte die sieben Eier ein und kletterte wieder herunter. Voller Freude, weil er auch diese Aufgabe erfüllt hatte, drehte er sich um zu der Tochter des Zauberers, um ihr freudiges Lächeln zu sehen. Dabei fiel ihm eins der Eier aus der Hand und:

Platsch!

»Beeil dich!«, rief die Tochter des Zauberers, die, wie man wohl längst bemerkt hat, immer ihre sieben Sinne beisammen hatte. »Jetzt bleibt uns nichts anderes mehr übrig, als zu fliehen. Aber ich brauche mein Zauberfläschchen, sonst kann ich dir nicht helfen. Es steht in meinem Zimmer, und die Tür ist verschlossen. Greif in meine Jackentasche und nimm dir den Schlüssel. Selbst kann ich es nicht, denn ich habe ja keine Finger. Schließ die Tür auf, nimm das Fläschchen und dann folge mir. Du wirst mich schnell einholen, denn an einem meiner Füße fehlen mir ja die Zehen.

Nichts und wieder nichts tat wie ihm geheißen und holte die Tochter des Zauberers schnell wieder ein. Aber da sie nur langsam vorwärtskamen, war ihnen der Zauberer bald wieder auf den Fersen. Um größere Schritte machen zu können, hatte er wieder die Gestalt des Riesen angenommen und kam näher und näher, bis er nur noch eine Armeslänge entfernt war. Da rief seine Tochter Nichts und wieder nichts zu: »Zieh mir das Kämmchen aus dem Haar und lass es auf den Boden fallen. Selbst kann ich es nicht, denn ich habe ja keine Finger.« Abermals tat Nichts und wieder nichts wie ihm geheißen, und augenblicklich wurden die Zinken des Kämmchens zu stacheligen Dornen, die so schnell aus dem Boden sprießten, dass der Zauberer im Nu in einer Dornenhecke steckte. Man mag sich wohl vorstellen, wie zornig er war – und wie zerkratzt –, bis er es schaffte, sich aus dem dornigen Dickicht zu befreien. So hatten seine Tochter und Nichts und wieder nichts Zeit gewonnen. Aber da der Tochter des Zauberers an einem Fuß die Zehen fehlten, konnte sie nicht schnell laufen. So holte der Zauberer in Gestalt des Riesen die beiden wieder ein und streckte schon die Arme aus, um Nichts und wieder nichts zu packen. Da rief seine Tochter Nichts und wieder nichts zu: »Nimm den Dolch, der sich unter meinem Schleier verbirgt, und lass ihn auf den Boden fallen. Selbst kann ich es nicht, denn ich habe ja keine Finger.«

Ein weiteres Mal tat Nichts und wieder nichts wie ihm geheißen, und augenblicklich wuchsen aus dem Boden Tausende und Abertausende scharfer Klingen. Man mag sich vorstellen, was für einen Tanz der Zauberer aufführte, als er um die kreuz und quer wachsenden Klingen herumzulaufen versuchte – und wie er vor Schmerz aufheulte, als er doch auf die eine oder andere trat. Wie auf rohen Eiern bewegte er sich vorwärts, und so waren seine Tochter und Nichts und wieder nichts bald außer Sichtweite.

Doch wie man bereits weiß, konnte die Tochter des Zauberers, mit einem Fuß ohne Zehen nicht schnell laufen. Und so holte ihr Vater in Gestalt des Riesen die beiden ein weiteres Mal ein. Seine Tochter tat, was sie konnte, doch das war nicht viel und bei weitem nicht genug. Denn schon streckte der Riese abermals die Arme nach Nichts und wieder nichts aus. Da rief die Tochter des Zauberers atemlos:

»Es hilft alles nichts! Jetzt bleibt uns nur noch das Zauberfläschchen. Lass etwas von der Flüssigkeit, die es enthält, auf den Boden tropfen.«

Einmal mehr tat Nichts und wieder nichts wie ihm geheißen. Doch in seiner Hast verschüttete er fast den gesamten Inhalt der kleinen Flasche. Woraufhin sich eine riesige Woge aufbaute und drohte, Nichts und wieder nichts mit sich zu reißen. Sicherlich wäre er fortgespült worden, hätte sich der Schleier, unter dem der Dolch gesteckt hatte, nicht um ihn gewickelt und sich verfangen. Doch die Woge wurde höher und höher. Schon reichte sie dem Riesen bis zum Bauch. Sie wurde noch höher und reichte ihm bald bis zu den Schultern. Sie stieg immer weiter, bis sie den Kopf des Riesen umspülte und er sich inmitten kleiner Fische, Krebse, Meeresschnecken und anderen seltsamen Getiers wiederfand.

Damit war es um den Zauberer in Gestalt des Riesen geschehen. Doch seine hart gebeutelte Tochter konnte sich vor lauter Erschöpfung kaum noch auf den Beinen halten. Als sie an einen Teich gelangten, der von Bäumen umsäumt war, deutete sie in die Ferne und sagte zu Nichts und wieder nichts:

»Siehst du die Lichter dort? Lauf hin und frag, ob uns jemand Unterkunft für die Nacht gewährt. Ich klettere auf einen der Bäume und warte auf dich. Da bin ich in Sicherheit und kann mich ausruhen, bis du kommst, um mich zu holen.«

Wie der Zufall es wollte, waren die Lichter in der Ferne die des Königsschlosses. Aber Nichts und wieder nichts konnte ja nicht ahnen, dass dort seine Eltern lebten. So bat er, als er an dem Häuschen der Hühnerfrau vorbeikam, zunächst dort um eine Unterkunft.

»Wer bist du denn?«, wollte die misstrauische Hühnerfrau wissen.

»Nichts und wieder nichts«, antwortete der junge Prinz.

Da sah die Hühnerfrau, die noch immer um ihren verlorenen Sohn trauerte, eine willkommene Gelegenheit, Rache zu nehmen.

»Für Gäste ist mein Häuschen zu klein«, antwortete sie. »Aber frische Milch kann ich dir geben. So erschöpft, wie du aussiehst, solltest du dich ein wenig stärken. Dann kannst du zum Schloss gehen und dort nach einer Unterkunft fragen.«

Sie gab ihm eine Tasse Milch, doch sie hatte ein paar Hexenkräuter beigemischt, die ihn, sobald er seine Eltern sah, in einen tiefen Schlaf versetzten, aus dem niemand ihn erwecken konnte. So war sichergestellt, dass er seine Eltern niemals erkennen würde.

Der König und die Königin dachten oft wehmütig an ihren verlorenen Sohn. Deshalb nahmen sie junge Wanderer, die etwa im gleichen Alter waren, stets freundlich auf, wenn sie an das Tor klopften und um Unterkunft baten. Doch im selben Moment, als Nichts und wieder nichts seine Eltern erblickte, sank er auch schon schlafend zu Boden. Und niemand konnte ihn wecken. Seine Eltern hatte er nicht erkannt, ebenso wenig wie sie ihn.

Doch da aus Prinz Nichts und wieder nichts ein sehr ansehnlicher junger Mann geworden war, bedauerten der König und die Königin den vermeintlich Unbekannten umso mehr und taten alles, um ihn aufzuwecken. Aber es gab niemanden, dem das gelang. Da sagte der König: »Ein junges Mädchen, das sieht, wie schön er ist, wird sich vielleicht noch mehr Mühe geben und hat möglicherweise mehr Glück. Wir sollten eine Verlautbarung erlassen und im Königreich verbreiten: Diejenige, der es gelingt, ihn zu wecken, soll ihn heiraten und eine hübsche Mitgift bekommen, ganz gleich, wer sie ist.«

Also wurde eine solche Verlautbarung bekannt gemacht, und aus allen Teilen des Königreichs strömten junge Damen herbei. Aber keiner gelang es, Nichts und wieder nichts aufzuwecken.

Auch der Gärtner, dessen Sohn einst dem Riesen zum Opfer gefallen war, hatte eine Tochter – und die war hässlich wie die Nacht. Deshalb dachte sie, es sei ohnehin nutzlos, ihr Glück zu versuchen, und ging weiter ihrem Vater bei der Gartenarbeit zur Hand. Mit einer Gießkanne lief sie zu dem nahegelegenen Teich, wo sich die Tochter des Zauberers noch immer auf dem Baum versteckt hielt. Als sich die Tochter des Gärtners über das Wasser beugte, um die Kanne zu füllen, spiegelte sich auf dessen Oberfläche das Gesicht der Tochter des Zauberers, woraufhin die Gärtnerstochter es für ihr eigenes hielt.

»Ach«, rief sie, »so hässlich bin ich ja gar nicht! Eigentlich sogar viel zu schön, um Wasser zu schleppen.«

Sofort warf sie die Gießkanne beiseite und machte sich schnurstracks auf den Weg zum Schloss, in der Hoffnung, den ansehnlichen Fremdling aus seinem Schlaf zu erwecken und die ebenso ansehnliche Mitgift einzustreichen. Aber wie nicht anders zu erwarten, gelang es ihr nicht. Ungeachtet dessen verliebte sie sich Hals über Kopf in ihn. Und da sie wusste, dass sich die Hühnerfrau auf Hexerei verstand, lief sie eilends zu ihrem Haus und bot ihr all ihr Erspartes für einen Zauberspruch, mit dem sie den Schlafenden aufwecken konnte.

Die Hühnerfrau hörte sich das Anliegen der Gärtnerstochter an und fand, es sei eine besonders süße Rache, den schönen Sohn des Königspaars mit der hässlichen Tochter des Gärtners vermählt zu sehen. So gab sie ihr im Tausch gegen ihre Ersparnisse eine Zauberformel, mit der sie den Prinzen wecken und wieder einschlafen lassen konnte, wann immer sie wollte.

Damit machte sich die Gärtnerstochter auf den Weg zum Schloss zurück, und kaum hatte sie Nichts und wieder nichts den Zauberspruch vorgesungen, wurde er wach.

»Ich werde dich heiraten, Bezwinger meines Herzens«, frohlockte die Tochter des Gärtners bereits, woraufhin Nichts und wieder nichts zur Antwort gab, da ziehe er es doch vor, weiterzuschlafen. Unter den gegebenen Umständen hielt auch die Gärtnerstochter das für sinnvoller und erfüllte ihm seinen Wunsch sogleich. Erst kurz vor der Hochzeit, wenn sie ein feines Kleid tragen würde, wollte sie ihn wieder wecken.

Unterdessen war dem Gärtner nichts anderes übrig geblieben als selbst zum Teich zu gehen, um Wasser zu schöpfen, da seine Tochter ihre Arbeit niedergelegt hatte. Also hatte er die Gießkanne aufgehoben und sich über den Teich gebeugt, um sie mit Wasser zu füllen. Da sah auch er das Gesicht, das sich auf der Oberfläche spiegelte. Doch im Gegensatz zu seiner Tochter hielt er es nicht für sein eigenes. Wie auch? Schließlich trug er einen Bart.

Er drehte sich um und entdeckte sofort das Mädchen auf dem Baum.

Obwohl er einen Sohn verloren hatte, war der Gärtner ein gutherziger Mann geblieben. Und so nahm er die Tochter des Zauberers, die halb verhungert war und krank vor Sorge um Nichts und wieder nichts, mit und gab ihr etwas zu Essen. Dann erzählte er ihr, seine Tochter werde noch am *selben Tag* einen schönen, jungen Mann heiraten, den niemand kannte und der auf dem Schloss im Tiefschlaf lag. Überdies werde sie vom Königspaar eine ansehnliche Mitgift erhalten, im Gedenken an den Prinzen Nichts und wieder nichts, der als kleiner Junge von einem Riesen verschleppt worden war.

Da wusste die Tochter des Zauberers, Nichts und wieder nichts war etwas geschehen. So schnell sie konnte, eilte sie zum Schloss und fand ihn dort schlafend in einem Sessel.

Doch ihn zu wecken, schaffte sie nicht, denn wie man wissen muss, war ihre Zauberkraft an die Flüssigkeit gebunden, die das kleine Fläschchen enthielt. Das Fläschchen aber hatte Nichts und wieder nichts, und die Flüssigkeit hatte er fast vollständig vergossen.

Weinend legte sie ihre fingerlosen Hände auf seine und sang:

»Meiner Liebe willen half ich dir, den Stall zu kehren,
den Baum zu erklimmen und den See zu leeren,
Willst du deiner Liebe willen mich denn
gar nicht hören?«

Doch Nichts und wieder nichts schlief und rührte sich nicht.

All das hatte ein altgedienter Kammerherr mitbekommen. Und als er das Mädchen so bitterlich weinen sah, tat es ihm leid. So riet er: »Die Gärtnerstochter, die den jungen Mann heiraten soll, kommt gleich zurück, um ihn vor der Hochzeit aus dem Schlaf zu holen. Versteck dich, Mädchen, und merk dir ihren Zauberspruch.«

Die Tochter des Zauberers suchte sich ein Versteck, und nach einiger Zeit kam die Tochter des Gärtners in einem feinen Hochzeitskleid herein und sang ihren Zauberspruch. Den wartete die Tochter des Zauberers gar nicht erst ab. Sobald

Nichts und wieder nichts die Augen aufschlug, eilte sie zu ihm und legte ihre fingerlosen Hände in seine.

Da kehrte seine Erinnerung zurück: an das Schloss, an seinen Vater und seine Mutter, an die Tochter des Zauberers und an alles, was sie für ihn getan hatte.

Er zog das Zauberfläschchen hervor und sagte: »Ein paar Tropfen, um deine Finger zurückzubringen, sind sicher noch drin.« Und das waren sie. Genau vierzehn an der Zahl. Zehn für die Finger, und noch vier für die Zehen. Einer zu wenig, um auch den kleinsten Zeh zurückzuholen. Doch das tat der Wiedersehensfreude keinen Abbruch. Prinz Nichts und wieder nichts heiratete die Tochter des Zauberers, und ungeachtet des fehlenden Zehs an einem ihrer Füße lebten sie glücklich und zufrieden. Die Hühnerfrau kam als Hexe auf den Scheiterhaufen. Und die Gärtnerstochter bekam ihre Ersparnisse zurück. Glücklich wurde sie aber trotzdem nicht, denn an einem hässlichen Spiegelbild lässt sich nun einmal nichts ändern.

Mr und Mrs Vinegar

Mr und Mrs Vinegar waren ein ehrenwertes Ehepaar. Sie wohnten in einem Einmachglas, und so klein ihre Behausung auch war, hatten sie es doch behaglich. Aber so hell wie es dort war, schien jedes Staubkorn auf den Möbelstücken groß wie ein Maulwurfshügel. Und immer wenn Mr Vinegar draußen im Gemüsegarten mit einer Cocktailgabel die Beete harkte, putzte Mrs Vinegar, die eine tüchtige, ordnungsliebende Hausfrau war, das gläserne Domizil. Dann fegte und wischte und schrubbte sie alles, was staubig war, und schrubbte und wischte und fegte ein weiteres Mal, bis alles wieder in frischem Glanz erstrahlte. Eines Tages aber, als sie wegen eines Spinnwebens aus der Fassung geriet und schwungvoll mit dem Besen hantierte, machte es laut Peng!, weil sie mit dem Besenstiel gegen die gläserne Wand gestoßen war. Woraufhin das Einmachglas klirrend und splitternd zerbrach.

Vorsichtig stieg sie über Glassplitter und Scherben und eilte hinaus in den Garten.

»Vinegar, ach sieh dir an, was ich angerichtet habe!«, rief sie. »Nun sind wir ruiniert! Um das Gemüse brauchst du dich jetzt auch nicht mehr zu kümmern. Was nutzt es noch, wenn man es nicht einlegen kann. Ich habe gerade unser Einmachglas zerbrochen.« Dann fing sie bitterlich an zu weinen.

Mr Vinegar jedoch, der, wenngleich ein kleiner Mann, ein großer Gemütsmensch war, konnte so schnell nichts erschüttern. »Ach, Liebling«, sagte er, »Haushaltsunfälle passieren nun einmal. Es sind gerade ein paar hübsche Einmachgläser auf dem Markt zu haben. Wir bräuchten nur das nötige Geld, um uns eins zu kaufen. Nutzen wir doch die Gelegenheit und ziehen hinaus in die große, weite Welt. Wer weiß, vielleicht winkt uns irgendwo das Glück.«

»Aber was wird dann aus unseren Möbeln?«, fragte seine schluchzende Frau.

»Keine Sorge, Liebste«, gab der unerschütterliche Mr Vinegar zurück. »Ich nehme die Haustür einfach mit und passe auf, dass niemand sie aufmacht.«

Mrs Vinegar konnte nicht recht nachvollziehen, was das bewirken sollte, aber da sie eine gute Ehefrau war, fragte sie nicht weiter nach. So machten sich die beiden auf in die große, weite Welt – Mr Vinegar mit der Tür auf dem Rücken wie eine Schnecke mit ihrem Häuschen.

Den ganzen Tag lang wanderten sie von einem Ort zum nächsten – und machten nicht einen einzigen roten Heller. Gegen Abend gerieten sie in einen großen, dunklen Wald. Und Mrs Vinegar weinte abermals bitterlich. Denn so tatkräftig und tüchtig sie im Haushalt auch war, hatte sie doch Angst vor wilden Tieren und wagte nicht zu schlafen, obwohl ihr fast die Augen zufielen. Doch Mr Vinegar hatte sogleich eine Lösung parat.

»Keine Angst, Liebes«, munterte er die schluchzende Mrs Vinegar auf. »Ich klettere einfach auf einen Baum und befestige die Tür an einer Astgabel. Dann hast du es so sicher und bequem wie in deinem eigenen Bett.«

Gesagt, getan, und bald darauf schlief Mrs Vinegar tief und fest. Doch jedes Mal, wenn sie sich von einer Seite auf die andere drehte, drohte auch die Tür in diese Richtung zu kippen.

So setzte sich Mr Vinegar, der sich das eine Weile angesehen hatte, auf die andere Hälfte, um die Balance zu halten und über den Schlaf seiner Frau zu wachen.

Mitten in der Nacht, als auch ihn der Schlaf zu übermannen drohte, kam eine Räuberbande und traf sich – wie konnte es auch anders sein? – im Schutz der Dunkelheit unter eben diesem Baum, um die Beute zu teilen. Schlagartig war Mr Vinegar wieder hellwach – und zitterte wie Espenlaub, als er hörte, mit welch schrecklichen Taten, die Räuber ihre Beute gemacht hatten.

»Warum rüttelst du mich denn?«, fragte die schlaftrunkene Mrs Vinegar. »Wenn du so weiter machst, falle ich noch aus dem Bett.«

»Ich rüttele dich doch gar nicht, meine Liebe«, sagte Mr Vinegar im Flüsterton mit bebender Stimme. »Das ist nur der Wind, der durch die Bäume rauscht.«

Doch so unerschütterlich Mr Vinegar stets war, der Allermutigste war er nicht. Zitternd und bebend hockte er da und sah zu, wie die Räuber Goldmünzen zählten und unter sich aufteilten. Und als sie sämtliche Münzen gezählt und verteilt hatten, zitterte und bebte er immer noch – so sehr, dass die Tür ins Schwanken geriet und den Räubern krachend auf die Köpfe fiel – samt Mrs Vinegar, die immer noch schlief.

Die Räuber dachten, es sei eine Strafe von ganz oben, die da über sie gekommen war. Sie ließen die Beute Beute sein und rannten davon, so schnell ihre Beine sie trugen. Einzig Mr Vinegar, der sich vor dem Sturz hatte retten können, indem er sich auf einen der anderen Äste schwang, hockte noch immer hoch oben auf dem Baum. Und viel zu verängstigt, um die Lage unten in Augenschein zu nehmen, blieb er dort vorerst auch.

Mr und Mrs Vinegars Heim.

Als Mrs Vinegar früh morgens aufwachte, rieb sie sich gähnend die Augen und fragte: »Wo bin ich denn überhaupt?«

»Auf dem Boden, mein Liebling«, erklärte Mr Vinegar, der sich nun auch selbst hinunter wagte.

Mit vereinten Kräften schoben sie die Tür beiseite. Und was fanden sie darunter?

Einen der Räuber – platt wie ein Pfannkuchen, von vierzig Goldmünzen umrahmt.

Was für eine Überraschung! Mr und Mrs Vinegar führten einen Freudentanz auf.

»Ich weiß auch schon, was wir damit machen werden«, sagte Mrs Vinegar, nachdem sie die Münzen aufgesammelt hatten. »Du gehst in die nächste Stadt, die einen Marktplatz hat, und kaufst uns eine Kuh. Geld regiert die Welt, das ist ja allgemein bekannt. Aber man muss auch zusehen, dass man es zusammenhält. Eine Kuh läuft uns nicht davon und verbraucht sich nicht. Sie gibt uns regelmäßig Milch und Butter, die wir verkaufen können. So haben wir bis ans Ende unserer Tage ausgesorgt.«

»Wie gut, dass ich so einen klugen Kopf an meiner Seite habe!«, gab Mr Vinegar bewundernd zurück und machte sich sogleich auf den Weg.

»Aber sieh zu, dass du etwas bekommst für dein Geld!«, rief Mrs Vinegar ihm noch hinterher.

»Aber immer«, rief Mr Vinegar zurück. »Das sieht man doch an dir. Eine Klügere hätte ich doch gar nicht kriegen können. Eine Reichere auch nicht, seit du mir von dem Baum gefallen bist. Wenn ich nicht der glücklichste Mann auf der Welt bin, wer dann?«

Lachend griff er in die Jackentasche und ließ die vierzig Goldmünzen klimpern. Dann machte er sich auf die Suche nach der nächstgelegenen Stadt.

Das erste, was Mr Vinegar auf dem Markplatz sah, war eine alte rotbraune Kuh.

»Heute ist mein Glückstag«, dachte er sich. »Die nehme ich. Mehr braucht man nicht.« Er ging zu dem Besitzer der Kuh, ließ die Goldmünzen klimpern und fragte:

»Wieviel verlangt Ihr für die Kuh?«

Der Besitzer der Kuh, dem klar war, dass er nicht den Schlausten vor sich hatte, antwortete: »Was Ihr in der Tasche habt.«

»Abgemacht!«, sagte Mr Vinegar, gab ihm die vierzig Goldmünzen, und obwohl die Kuh sich gehörig sträubte, zerrte er sie voller Stolz über den Markplatz hinter sich her.

Während er sich mit der Kuh abmühte, sah er einen Mann, der auf einem Dudelsack spielte. Eine Schar tanzender Kinder lief hinter ihm her, und jedes Mal, wenn er seine Mütze herumgehen ließ, landete darin ein Münzenregen.

»Ahaa«, dachte sich Mr Vinegar. »Das scheint mir doch viel bequemer, um etwas zu verdienen, als dieses störrische Vieh hinter sich herzuzerren! Und dann auch noch füttern, melken und buttern. So ein Dudelsack wäre das Richtige für mich. Mehr braucht man nicht.«

Er ging zu dem Dudelsackspieler und fragte:

»Wieviel verlangt Ihr für den Dudelsack?«

»Tja«, sagte der Dudelsackspieler, dem klar war, dass er nicht den Schlausten vor sich hatte. »Ein so wertvolles Instrument findet man nicht alle Tage, und ich mache ein Vermögen damit. Die rotbraune Kuh, die Ihr da bei euch habt, müsste ich mindestens dafür nehmen.«

»Abgemacht«, sagte Mr Vinegar, ohne zu zögern, damit der Dudelsackspieler es sich nicht noch anders überlegte.

Der jedoch ging mit der Kuh davon, während Mr Vinegar versuchte, den Dudelsack zu spielen. Leider Gottes klappte das nicht recht. Denn obwohl er so fest hineinblies, dass das Instrument beinahe platzte, war ihm zunächst kein Ton abzuringen. Als es schließlich doch noch gelang, quietschte der Dudelsack so entsetzlich schief, dass die Kinder verängstigt davonliefen und alle anderen auf dem Marktplatz sich die Ohren zuhielten. Mr Vinegar jedoch versuchte es weiter und gab sich redliche Mühe, ein Lied zu spielen. Ein Vermögen erntete er damit nicht, nur Buh-Rufe und empörten Protest. Als ihm dann auch noch vor Kälte fast die Finger abfroren, wurden die Geräusche, die er produzierte, nur noch schlimmer.

Da sah er einen Mann, der warme Handschuhe trug, und sagte sich: »Auf einem solchen Instrument lässt sich unmöglich mit kalten Händen spielen. Ein Paar warme Handschuhe wären genau das Richtige für mich.«

Er ging zu dem Mann und sagte: »Wie ich sehe, tragt Ihr ein Paar schöne Handschuhe, Sir.« Darauf antwortete der Mann: »Allerdings, Sir, an einem kalten Novembertag wie diesem wärmen sie vorzüglich.«

Das bestärkte Mr Vinegar in der Entscheidung, die er ohnehin schon getroffen hatte, und er fragte den Mann, was er für die Handschuhe verlange. Dem wiederum war klar, dass er nicht den Schlausten vor sich hatte, und so gab er zur Antwort: »Eure Hände sind schon halb erfroren, Sir. Also will ich mal nicht so sein und würde mich mit dem Dudelsack zufriedengeben.«

»Abgemacht«, sagte Mr Vinegar erfreut, und der Tausch war besiegelt.

Zufrieden machte sich Mr Vinegar mit den Handschuhen, die ihm nicht nur die Hände, sondern auch das Herz wärmten, auf den Weg zurück zu seiner Frau und dachte sich: »Wenn es einen glücklichen Mann auf dieser Welt gibt, dann bin das ich.«

Doch nach geraumer Zeit wurden ihm die Beine schwer, sodass er sich nur noch hinkend vorwärtsbewegte. Da kam ihm ein Mann mit einem Spazierstock entgegen.

»Was gäbe ich darum, wenn ich einen solchen Spazierstock hätte«, dachte sich Mr Vinegar und fragte sich: »Was nutzen warme Hände, wenn die Füße schmerzen? Dann fragte er den Spaziergänger: »Was verlangt Ihr für den Stock?« Und da dem Mann klar war, dass er nicht den Schlausten vor sich hatte, antwortete er:

»Eigentlich hatte ich nicht vor, mich von dem Stock zu trennen. Aber wenn er Euch so gut gefällt, mein Freund, tue ich Euch den Gefallen, wenn Ihr mir dafür Eure Handschuhe gebt.«

»Abgemacht, das ist sehr nett von Euch«, sagte Mr Vinegar und tauschte hocherfreut die Handschuhe gegen den Stock.

Während er, nun mit Stock, weiter ging, flatterte eine Elster aus den Bäumen am Waldrand und setzte sich auf einen Zweig. Als er an ihr vorbeikam, brach sie in keckerndes Gelächter aus. »Worüber lachst du denn so?«, fragte Mr Vinegar.

»Über wen wohl? Natürlich über Euch«, keckerte die Elster und flog ein Stück des Weges mit. »Über *Euch*, Mr Vinegar, weil Ihr nicht der Schlauste seid. Ein Trottel erster Güteklasse, das seid Ihr, mein Herr! Ihr habt für eine Kuh vierzig Goldmünzen bezahlt, dabei war sie keine zehn davon wert. Dann habt Ihr sie gegen einen Dudelsack eingetauscht, obwohl Ihr gar nicht wisst, wie man darauf spielt. Den habt Ihr für ein Paar Handschuhe abgegeben, und die dann für einen einfachen Stock. Die Elster brach abermals in keckerndes Gelächter aus. Aus vierzig Goldmünzen habt Ihr nicht mehr gemacht, als euch einen lächerlichen Stock anzuschaffen, den Ihr Euch von jedem Baum hättet abrechen können. Was seid Ihr nur für ein Einfaltspinsel!«

Und dies ist die Geschichte von Mr und Mrs Vinegar.

Keckernd flog die Elster von Ast zu Ast und lachte Mr Vinegar weiter aus, bis er schließlich genug davon hatte und voller Zorn den Stock nach ihr warf. Der aber blieb in einem Baum hängen, und so kehrte Mr Vinegar mit leeren Händen zu seiner Frau zurück.

Da war er dann froh, dass er ihr den Stock nicht mitgebracht hatte. Trafen ihn ihre Fäuste doch schon hart genug.

Als Mrs Vinegar sich wieder abgeregt hatte, sagte Mr Vinegar in seiner unerschütterlichen Art: »Du solltest nicht so streng mit mir sein, Liebes? Du warst es doch, die unser Einmachglas zerbrach. Und jetzt hättest du mir auch noch beinahe alle Knochen gebrochen. Lass uns ein neues Kapitel aufschlagen und nochmal ganz von vorn anfangen. Ich arbeite als Gärtner und du als Haushälterin, bis wir genug für ein neues Einmachglas gespart haben. Es gibt jederzeit genug davon auf dem Markt.«

Vermutlich taten Mr und Mrs Vinegar das dann auch, denn weiter geht die Geschichte nicht.

Die wahre Geschichte des Sir Thomas Thumb

Am Hof des legendären König Artus, der wie man weiß, zu einer Zeit regierte, als es noch tapfere Ritter und holde Edelfräulein gab, war ein Mann besonders hoch angesehen. Das war Merlin, der Zauberer. Einen wie ihn hatte es nie zuvor gegeben, und auch niemals wieder danach. Wie kein anderer verstand er sich auf Zauberei und Magie, und dabei hatte er stets Gutes im Sinn.

Einmal reiste er verkleidet als Bettler durchs Land und machte Rast bei einem Landmann und seiner Frau. Die beiden hießen ihn freundlich willkommen und stellten ihm eine große Holzschüssel mit Milch und ein Holzbrett mit kräftigem, dunklem Brot auf den Tisch. Das kleine Cottage, in dem sie wohnten, war ebenso sauber und ordentlich wie die beiden selbst. Doch Merlin bemerkte, dass es etwas gab, das ihnen Sorge zu bereiten schien. Als er fragte, was es sei, erzählten sie ihm, sie wünschten sich sehnlichst ein Kind.

»Hätte ich doch einen Sohn!«, sagte die Frau seufzend. »Und wenn er nur so groß wäre wie der Daumen meines lieben Mannes, wir hätten ihn trotzdem von Herzen gern!«

Ein Junge, nicht größer als der Daumen eines Mannes? Dem konnte Merlin etwas abgewinnen, und die Freude wollte er dem guten Paar gern machen. Er versprach, einen solchen Sohn sollten sie bald bekommen. Nachdem er sich gestärkt hatte, machte er sich sogleich auf den Weg zur Feenkönigin. Wie man weiß, sind Feen selbst winzig klein, und Merlin hoffte, die Königin könne ihm dabei helfen, sein Versprechen zu halten. Ein drolliger, kleiner Junge, der nicht größer war als der Daumen seines Vaters, dem konnte auch die Feenkönigin etwas abgewinnen. Und so sorgte sie dafür, dass Merlin sein Versprechen hielt.

Der Landmann und seine Frau waren überglücklich, als sie das kleinste Baby bekamen, das die Welt je gesehen hatte. Und sie freuten sich wie die Schneekönige, als die Feenkönigin, die natürlich neugierig auf den kleinen Jungen war, höchstpersönlich durchs Fenster geflogen kam, um dem winzigen Jungen passende Kleidung zu bringen.

Ein Mützchen geformt aus einem Eichenblättchen,
aus Distelwolle gewebt das kleine Jäckchen,
ein Leibchen aus Spinnfäden, fein gewebt
     vom Kragen bis zum Saum,
ein Höschen aus weichem Gänsefederflaum,
rot, wie ein frischer Apfel die gestrickten Söckchen,
dafür gab seine Mutter eins ihrer Löckchen,
die Schühchen gefertigt aus Mäuseleder,
gefüttert mit deren Fell, weich wie eine Feder.

So gekleidet, war der winzige Junge das drolligste kleine Kerlchen, das die Welt je gesehen hatte. Die Feenkönigin herzte und küsste ihn, und da er nicht mehr als einen Daumen maß, gab sie ihm den Namen Thomas Thumb.

Als er älter wurde – wohlgemerkt: größer wurde er nicht –, saß ihm schon bald der Schalk im Nacken. Er trieb so viele Possen, dass er oftmals in Schwierigkeiten geriet. Einmal wollte seine Mutter einen Rührkuchen backen, und Tom, der sich ansehen wollte, wie so etwas ging, kletterte auf den Rand der Teigschüssel. Doch seine Mutter war so sehr damit beschäftigt, den Teig zu rühren, dass sie ihn nicht bemerkte. Ehe er sich's versah, verloren seine Füßchen den Halt und er fiel in die Schüssel. Bis zu den Ohren steckte er in dem Teig, doch seine Mutter rührte weiter, bis der Teig so leicht und luftig war, wie sie ihn haben wollte. Dann füllte sie ihn in eine Form und stellte sie auf den Ofen.

Tom hatte so viel Teig in den Mund bekommen, dass er keinen Ton von sich geben konnte. Da merkte er auch schon, wie es wärmer wurde. Er versuchte, sich freizustrampeln, bis der Teig Blasen schlug. Und als seine Mutter das sah, nahm sie ihn vom Ofen und stellte ihn vor die Tür, weil sie dachte, er sei verhext.

Kurz darauf kam ein armer Kesselflicker vorbei, und als er die Kuchenform sah, nahm er sie mit. Mittlerweile hatte Tom den Teig im Mund ausgespuckte, sodass er schreien konnte. Da bekam der Kesselflicker noch mehr Angst als Toms Mutter. Er warf die Schüssel in den Straßengraben und rannte, so schnell er konnte. Glücklicherweise war die Kuchenform dabei zerbrochen, sodass Tom herauskriechen konnte. Von Kopf bis Fuß in halb gebackenem Kuchenteig kehrte er zu seiner Mutter zurück, die ihn erstmal in einer Teetasse mit warmem Wasser badete und dann zu Bett brachte.

Ein anderes Mal wollte Toms Mutter die Kuh auf der Weide melken und um ein Auge auf ihn zu haben, nahm sie ihn mit. Es war ein windiger Tag, und damit Tom nicht weggeweht wurde, riss sie sich ein Haar aus und band ihn an einer Distelblüte fest. Doch wie alle Kühe es zu tun pflegen, wenn sie gemolken werden, sah auch diese sich nach etwas Abwechslung um. Als sie Tom mit dem Eichenblatt-Mützchen auf der Blüte entdeckte, hielt sie die Distel für eine essbare Pflanze, schlang ihre lange Zunge darum, und …

Und schon fand sich Tom zwischen den Zähnen der Kuh wieder. So laut er konnte, rief er:

»Mutter! Hilf mir! So hilf mir doch, Mutter!«

»Herrgott im Himmel! Wo ist das Kind denn nun schon wieder?«, murmelte die Mutter. »Tom, sag mir doch, wo bist du denn!«

»Hier«, rief Tom, »im Maul der Kuh!«

Aber seine Mutter hörte ihn nicht und fing bitterlich an zu weinen, weil sie ihn nicht finden konnte. Als Tom das hörte, rief er noch lauter. Da riss die Kuh vor lauter Schreck das Maul so weit auf, dass Tom heraushüpfen konnte. Gottlob landete er in der Schürze seine Mutter, sonst hätte er sich womöglich noch etwas gebrochen.

Es war nicht so, dass Tom derartige Abenteuer mit Absicht heraufbeschwor. Er konnte ja nichts dafür, dass er so klein war. Aber einmal brachte er sich doch selbst in Gefahr, und hier kommt die Geschichte, wie das geschah: Tom sammelte genauso gern Kirschkerne wie die großen Jungen, um sie nebeneinander zu legen und einen Reim aufzusagen. Und wenn er selbst keine mehr hatte, schlüpfte er unbemerkt in die Beutel der anderen und nahm sich welche.

Eines Tages aber sah einer der Jungen, wie Tom sich mit einer Handvoll Kirschkerne aus seinem Beutel schleichen wollte. Da schnürte er den Beutel einfach wieder zu.

»Ha!«, rief er triumphierend. »Ihr wolltet Euch wohl an meinen Kirschkernen bedienen, Mr Thomas Thumb. Nur zu! Jetzt habt Ihr mehr, als Euch lieb ist!« Dann schüttelte er den Beutel kräftig durch, sodass Tom anschließend übersät war mit blauen Flecken. Bevor er endlich herausgelassen wurde, musste er schwören, nie wieder Kirschkerne zu stehlen.

So vergingen die Jahre, und aus Tom wurde ein junger Mann – der nicht größer war als der Daumen seines Vaters. Der wiederum fand, Tom könne sich ruhig ein wenig nützlich machen. Aus einem Gerstenhalm machte er ihm eine Geißel, mit deren Hilfe er das Vieh nach Hause treiben sollte. Doch als Tom eine Ackerfurche überwinden wollte, deren Ränder für ihn so hoch waren wie ein steiler Berg, rutschte er ab. Ehe er sich aufrappeln konnte, kam ein Rabe angeflogen und hielt ihn für einen Frosch. Der Rabe pickte ihn auf und wollte ihn verschlingen. Doch der kleine Bissen schmeckte ihm nicht so recht, deshalb ließ er ihn über den Zinnen einer mächtigen Burg wieder fallen. Die Burg stand am Meer und gehörte einem übellaunigen Riesen namens Grumbo, der gerade auf dem Bergfried frische Luft schnappen wollte. Als Tom ihm auf den kahlen Schädel fiel, schnappte er ihn sich mit einer seiner riesigen Pranken, im Glauben, es wäre eine Fliege. Doch dann merkte er, es roch nach Menschenfleisch. Und so schluckte er das kleine Kerlchen, als wäre es eine Pille.

Das sollte er jedoch schon bald bereuen. Denn wie einst im Maul der Kuh, wehrte sich Tom nach Leibeskräften. Er trat und schlug so lange um sich, bis der Riese es nicht mehr aushielt und ihn in hohem Bogen wieder ausspie – über die Zinnen des Turms hinunter in die See.

Dort wäre Tom sicherlich ertrunken, hätte ihn nicht ein großer Fisch für eine Krabbe gehalten und ihn sich einverleibt.

Glücklicherweise holten ein paar Fischer in der Nähe gerade ihre Netze ein. Und sie machten einen guten Fang. Denn in einem der Netze zappelte der Fisch, der Tom verschlungen hatte. Da es sich um ein wahres Prachtexemplar handelte, brachte man ihn in die königliche Küche. Als er dort ausgenommen werden sollte, staunten der Koch und seine Küchenjungen nicht schlecht, denn so munter, als wäre gar nichts geschehen, sprang Tom aus dem Bauch des Fisches. Ein so drolliges, kleines Kerlchen hatten sie noch nie gesehen. Und als Tom sogleich seine Späße mit ihnen trieb und Possen riss, amüsierte man sich in der Küche wahrhaft königlich. Bald wurde Tom zum Liebling des gesamten Königshofs von Camelot. Und wenn der König durch das Land ritt, saß Tom in dessen Wams und ritt mit – jederzeit bereit, den König und die Ritter der Tafelrunde zu erheitern.

Nach einer Weile jedoch bekam Tom Heimweh, denn er vermisste seine Eltern. Da gab ihm der König die Erlaubnis, nach Hause zu reisen, und Geld, so viel er tragen konnte, gab er ihm auch noch mit. Tom nahm sich ein Drei-Penny-Stück und, um es besser transportieren zu können, steckte er es in eine Börse aus einer Seifenblase. Die hievte er sich auf den Rücken und schleppte sie den Weg von einer halben Meile bis zum elterlichen Cottage.

Zwei Tage und zwei Nächte brauchte er für die Strecke, und als er mit der schweren Last auf dem Rücken zu Hause ankam, war er sichtlich erschöpft. Sogleich brachte seine Mutter ihn in einer Walnussschale zu Bett, stellte sie vor das wärmende Feuer und gab ihm zur Stärkung eine ganze Haselnuss. Die bekam Tom aber leider gar nicht gut, und obwohl er schnell wieder auf die Beine kam, war er von der beschwerlichen Reise noch ausgezehrt und abgemagert. Um ihm den Rückweg leichter zu machen, band seine Mutter ihn an eine Pusteblume, und als der Wind aus einer günstigen Richtung blies, trug er ihn fort. Als Tom über den Burghof von Camelot wehte und landen wollte, kam der Koch, von Haus aus ein verdrießlicher Geselle, mit einer Schüssel heißer Weizensuppe aus der Küche, um sie dem König zum Abendessen zu bringen. Da Tom aber noch ungeübt war im Fliegen mit Pusteblumen, was konnte da anderes passieren, als eine Bruchlandung, die in der Suppenschüssel endete. So war die halbe Suppe verschüttet, und die andere Hälfte spritzte dem Koch ins Gesicht, der sich gehörig daran verbrühte.

Der Koch geriet vor Ärger außer sich. Ohne Suppe lief er zu König Artus und erzählte ihm, Tom habe wieder einen seiner Scherze mit ihm getrieben und absichtlich die ganze Suppe verschüttet.

Weizensuppe war des Königs Lieblingsspeise, sodass auch er äußerst ungehalten wurde und befahl, Tom wegen Hochverrats in den Kerker zu bringen. Der bestand aus einer Mausefalle, in der Tom tagelang hockte, malträtiert von einer Katze, die ihn als Vertreter einer neuen Mäusegattung betrachtete und sich die Zeit vertrieb, indem sie durch die Gitterstäbe nach ihm schlug. Aber eine Woche später, als König Artus sich mit dem Verlust der Weizensuppe abgefunden hatte, ließ er Gnade walten und Tom aus dem Kerker holen. Fortan führte Tom am Königshof ein angenehmes Leben und war glücklich und zufrieden. Wenngleich winzig klein, erwies er sich in mancherlei Hinsicht als klug und geschickt, und abgesehen davon war er stets zu Späßen aufgelegt. Bald war er so hoch angesehen, dass der König ihn zum Ritter schlug und ihm den Titel Sir Thomas Thumb verlieh. Seine Kleidung war inzwischen natürlich ein wenig abgetragen. Man denke nur an den Kuchenteig und die verschüttete Suppe, von Kuhmäulern, Fisch- und Riesenmägen ganz zu schweigen. So ließ König Artus etwas Neues für ihn fertigen, das eines Ritters würdig war. Dazu gab er ihm eine Maus mit grauem Fell, auf der er reiten konnte.

Tom als stolzen Ritter in edler Montur auf seinem Mäuseross vorbeireiten zu sehen, muss ein spaßiger Anblick gewesen sein.

Aus den Flügeln von Schmetterlingen war sein Gewand,
die Stiefel aus Hühnerleder sehr elegant,
sein Umhang aus einem Feenflügel, den man fand,
gefertigt von einem Schneider mit meisterlicher Hand,
der am Hofe des Königs in Diensten stand.
Als Schwert eine Nadel an einem seidenen Band,
war Sir Thomas gekleidet wie ein Mann von Stand
und ritt auf einer Maus, die zu einem Ross ernannt.

Um bei der Wahrheit zu bleiben, mussten der König und die anderen Ritter herzlich über den drolligen Anblick lachen, den Tom auf seinem stolzen Ross ihnen immer wieder bot.

Eines Tages, als der König und seine Ritter an einem Bauernhof vorbeiritten, stürzte sich eine lauernde Katze auf Tom und sein Mäuseross. Dann kletterte sie mit Mann und Maus auf einen Baum. Furchtlos zog Tom sein Nadelschwert und lieferte sich mit der Angreiferin einen erbitterten Kampf, bis sie ihre Beute fallenließ. Glücklicherweise zog einer der anderen Ritter seine Kappe und fing Sir Thomas darin auf, sonst hätte er sich bei dem Sturz wohl den Hals gebrochen. Dennoch war der Kampf nicht ohne Spuren geblieben, und die königlichen Leibärzte mussten um Toms Leben fürchten. Doch Toms Schutzbefohlene, die Feenkönigin eilte in einem Zweispänner herbei, der von fliegenden Mäusen gezogen wurde. Sie brachte Tom zurück ins Feenland, wo alle ebenso klein waren wie er, damit er sich erholen konnte. Aber im Feenland vergeht die Zeit sehr schnell, und als Tom wieder an den Königshof zurückkehrte, musste er feststellen, dass fast all seine Freunde gestorben waren, ebenso wie seine Eltern. Anstelle von König Artus regierte nun König Thunstone das Land. Und so wunderte man sich über den winzig kleinen Ritter. Als man ihm eine Audienz bei dem gewährte, fragte dieser:

»Wer seid Ihr, kleiner Mann? Und von woher seid Ihr gekommen?«

Woraufhin Tom eine Verbeugung machte und zur Antwort gab:

»Mein Name ist hier wohlbekannt,
und ich komme aus dem Feenland.
Als Artus noch der König war,
gehörte ich zu seiner Schar.
Recht hoch stand ich in seiner Gunst,
zum Ritter schlug er mich ob meiner Kunst.
Am Königshof, da spielte mein Leben,
Sir Thomas Thumb, Euch stets ergeben.«

Die launige Rede gefiel dem neuen König so gut, dass er sogleich einen winzigen goldenen Stuhl in Auftrag gab, auf dem Tom an, oder eher auf der Tafel neben ihm sitzen konnte. Auch einen kleinen, goldenen Palast ließ er ihm bauen – kaum einen Spann hoch und mit Toren, die kaum einen Zoll breit waren – damit er es behaglich hatte.

König Thunstones Frau, die Königin, jedoch war eine eifersüchtige Frau, und es gefiel ihr gar nicht, dass jemand, der so winzig war, in so hohem Ansehen stand. So erzählte sie dem König Lügengeschichten und behauptete, Sir Thomas Thumb sei grob und unverschämt zu ihr gewesen.

Daraufhin ließ der König Tom zu sich rufen. Doch wer gewarnt ist, ist auch gewappnet. Seine bittere Erfahrung hatte Tom gelehrt, was es bedeuten konnte, am Königshof in Ungnade zu fallen. Also versteckte er sich in einem leeren Schneckenhaus und blieb dort, bis er fast verhungert war. Als ein großer Schmetterling sich neben dem Schneckenhaus auf einer Löwenzahnblüte niederließ, klettert Tom an deren Stängel hinauf und schaffte es, auf den Rücken des bunten Falters zu klettern. Kaum hatte er es sich dort bequem gemacht, flog der Schmetterling weiter von Baum zu Baum und von einer Blüte zur nächsten.

Das bemerkte der königliche Gärtner, und sogleich lief er dem Falter hinterher. Schließlich wollte der ganze Hofstaat den Schmetterling fangen, am Ende sogar der König selbst und die Königin, die vor Freude an der fröhlichen Jagd ihre Eifersucht vergessen hatte. Alle rannten sie von hier nach dort und versuchten vergeblich das muntere kleine Paar zu erwischen, bis sie sich vor Lachen kaum noch halten konnten und Tom vom Fliegen und Flattern so schwindelig wurde, dass er in eine Gießkanne fiel und beinahe darin ertrank.

Da waren sich alle einig, dass der König Gnade walten lassen sollte. Schließlich hatte das kleine Kerlchen ihnen so viel

Freude bereitet, und abgesehen davon war an den Anschuldigen nichts Wahres.

So wurde Sir Thomas Thumb abermals zum kleinsten, aber angesehensten Mann am Königshof. Doch um seinen guten Ruf zu genießen, lebte er nicht mehr lange genug. Denn eines Tages wurde er von einer Spinne angegriffen, und obwohl er sich tapfer gegen sie schlug, war ihr Gift zu viel für ihn. Plötzlich fiel er auf der Stelle tot um, und die Spinne trank sein Blut bis auf den letzten Tropfen.

So endete das Leben von Sir Thomas Thumb. Der König und seine Ritter waren untröstlich über den Verlust des winzigen Günstlings und betrauerten ihn aufrichtig. Auf seinem Grab wurde eine weiße Marmortafel errichtet und die folgende Inschrift eingemeißelt:

Hier ruht Sir Thomas, des Königs Ritter,
dessen Verlust uns traf so furchtbar bitter,
als eine Spinne ihm den Garaus machte,
nachdem er sein Leben an Artus' Hof verbrachte,
wo er so manches Turnier bestritt,
zur Jagd auf einem stolzen Mäuseross ritt.
Zu Lebzeiten brachte er den Hof zum Lachen,
in Trauer müssen wir nun an seinem Grabe wachen.
Mit Tränen in den Augen senkt das Haupt,
zu schade, der Tod hat uns Tom Thumb geraubt.

Henny-Penny

Henny-Penny, die Henne, pickte Körner im Heuschober auf, da fiel ihr – plop – vom Heuboden ein Korn auf den Kopf. »Du meine Güte!«, rief Henny-Penny. »Mir ist ein Stück vom Himmel auf den Kopf gefallen. Gleich wird der ganze Himmel einstürzen. Das sollte der König unbedingt wissen.«

Henny-Penny machte sich sofort auf den Weg, und sie lief und lief und lief, bis sie Cocky-Locky, dem Hahn begegnete. »Wo willst du denn hin, Henny-Penny?«, fragte Cocky-Locky. »Ich will zum König und ihm erzählen, dass der Himmel gleich einstürzt«, antwortete Henny-Penny. »Kann ich mitkommen?«, fragte Cocky-Locky. »Aber klar«, antwortete Henny-Penny. Also gingen Henny-Penny und Cocky-Locky zusammen weiter.

Sie liefen und liefen und liefen, und dann begegneten sie der Ente Ducky-Daddles. »Wo wollt ihr denn hin, Henny-Penny und Cocky-Locky?«, fragte Ducky-Daddles. »Ach, wir wollen zum König und ihm erzählen, dass der Himmel gleich einstürzt«, antworteten Henny-Penny und Cocky-Locky. »Kann ich mitkommen?«, fragte Ducky-Daddles. »Aber klar«, sagten Henny-Penny und Cocky-Locky. Also gingen Henny-Penny, Cocky-Locky und Ducky-Daddles zusammen weiter.

Sie liefen und liefen und liefen, da trafen sie die Gans Goosey-Poosey. »Wo wollt ihr denn hin, Henny-Penny, Cocky-Locky und Ducky-Daddles?«, fragte Goosey-Poosey. »Oh, wir wollen zum König und ihm erzählen, dass der Himmel gleich einstürzt«, antworteten Henny-Penny, Cocky-Locky und Ducky-

Daddles. »Kann ich mitkommen?«, fragte Goosey-Poosey. »Aber klar«, sagten Henny-Penny, Cocky-Locky und Ducky-Daddles. Also gingen Henny-Penny, Cocky-Locky, Ducky-Daddles und Goosey-Poosey zusammen weiter.

Sie liefen und liefen und liefen, da kam ihnen Turkey-Lurkey, der Truthahn, entgegen. »Wo wollt ihr denn hin, Henny-Penny, Cocky-Locky, Ducky-Daddles und Goosey-Poosey?«, fragte Turkey-Lurkey. »Wir wollen zum König und ihm erzählen, dass der Himmel gleich einstürzt«, antworteten Henny-Penny, Cocky-Locky, Ducky-Daddles und Goosey-Poosey. »Kann ich mitkommen?«, fragte Turkey-Lurkey. »Aber klar«, sagten Henny-Penny, Cocky-Locky, Ducky-Daddles und Goosey-Poosey. Also liefen Henny-Penny, Cocky-Locky, Ducky-Daddles, Goosey-Poosey und Turkey-Lurkey zusammen weiter.

Sie liefen und liefen und liefen, bis Foxy-Woxy, der Fuchs, des Weges kam und Henny-Penny, Cocky-Locky, Ducky-Daddles, Goosey-Poosey und Turkey-Lurkey fragte: »Wo wollt ihr denn hin, Henny-Penny, Cocky-Locky, Ducky-Daddles, Goosey-Poosey und Turkey-Lurkey?« Und Henny-Penny, Cocky-Locky, Ducky-Daddles, Goosey-Poosey und Turkey-Lurkey antworteten: »Wir wollen zum König und ihm erzählen, dass der Himmel gleich einstürzt.« Da sagte Foxy-Woxy: »Dann seid ihr hier falsch, Henny-Penny, Cocky-Locky, Ducky-Daddles, Goosey-Poosey und Turkey-Lurkey. Hier entlang geht es doch gar nicht zum König. Aber ich weiß den Weg. Soll ich ihn euch zeigen?« Da sagten Henny-Penny, Cocky-Locky, Ducky-Daddles, Goosey-Poosey und Turkey-Lurkey: »Aber klar, Foxy-Woxy.« So gingen Henny-Penny, Cocky-Locky, Ducky-Daddles, Goosey-Poosey, Turkey-Lurkey und Foxy-Woxy zusammen weiter. Und sie liefen und liefen und liefen,

bis sie vor einem tiefen, dunklen Loch standen. Das war der
Eingang zum Fuchsbau von Foxy-Woxy. Doch Foxy-Woxy
sagte zu Henny-Penny, Cocky-Locky, Ducky-Daddles, Goosey-
Poosey und Turkey-Lurkey: »Das ist eine Abkürzung zum Palast
des Königs. Ich gehe vor, und ihr, Henny-Penny,
Cocky-Locky, Ducky-Daddles, Goosey-Poosey
und Turkey-Lurkey, geht einfach hinter mir her.
Dann seid ihr schneller da.« Und Henny-Penny,
Cocky-Locky, Ducky-Daddles, Goosey-
Poosey und Turkey-Lurkey sagten:
»Aber klar, so machen wir es.«

Foxy-Woxy ging voraus, dann drehte er sich um und wartete auf Henny-Penny, Cocky-Locky, Ducky-Daddles, Goosey-
Poosey und Turkey-Lurkey. Als erster kam Turkey-Lurkey. Aber
er kam nicht weit, denn …

»Happs!«

Foxy-Woxy biss ihm den Kopf ab und warf ihn sich über die
linke Schulter. Dann kam Goosey-Poosey, und …

»Happs!«

Ab war ihr Kopf und sie landete neben Turkey-Lurkey. Als
nächste watschelte Ducky-Daddles hinterher, aber …

»Happs!«

Schon hatte Foxy-Woxy ihr den Kopf abgebissen und sie landete neben Turkey-Lurkey und Goosey-Poosey. Cocky-Locky
war der nächste, der den Fuchsbau betrat, und es machte:

»Happs!«

Aber ob er will oder nicht, ein Hahn kräht nun einmal,
wenn man ihm an die Gurgel will. Und Cocky-Locky blieb
gerade noch Zeit für ein »Kickeri-«, bevor Foxy-Woxy ihm

den Kopf abbiss, ihn über die Schulter warf und er neben Turkey-Lurkey, Goosey-Poosey und Ducky-Daddles landete.

Als Henny-Penny, die den dunklen Fuchsbau gerade erst betreten hatte, das hörte, sagte sie sich:

»Du lieber Himmel! Ist denn schon früher Morgen? Da wird es aber Zeit, dass ich ein Ei lege.«

Auf der Stelle drehte sie sich um und rannte zurück zu ihrem Hühnerstall. So sollte der König nie erfahren, dass der Himmel gleich einstürzen würde.

Die drei Köpfe an der Quelle

Vor langer Zeit wurde Colchester von einem König regiert, der beherzt, stark und darüber hinaus auch noch klug war. Kurzum, er war weithin bekannt und gleichermaßen beliebt.

Doch in der Blütezeit seiner Regentschaft starb seine geliebte Frau, die Königin, und ließ ihn mit einer Tochter zurück, die noch nicht ganz erwachsen war. Auch die junge Prinzessin war im ganzen Königreich bekannt – für ihre Schönheit, Anmut und Güte. Aber manchmal nimmt das Leben einen seltsamen Verlauf, und so kam der König auf den Gedanken, eine Frau zu heiraten, von der er gehört hatte, sie sei sehr reich. Abgesehen davon aber war sie alt und hässlich, hatte eine Hakennase und war immer schlecht gelaunt. Und damit nicht genug. Obendrein war sie mit einer Tochter gestraft, die auch nicht schöner war als sie selbst. Keiner konnte sich erklären, warum er das tat, doch einige Wochen nach dem Tod seiner geliebten Königin, holte der König seine unausstehliche Braut an den Königshof und heiratete sie mit großem Pomp. Und das erste, was die neue Königin tat, war, den König gegen seine schöne, anmutige und gutherzige Tochter aufzuhetzen, auf die sie und ihre eigene Tochter selbstverständlich eifersüchtig waren.

Als der jungen Prinzessin auffiel, dass ihr Vater plötzlich etwas gegen sie zu haben schien, konnte sie das Lebens am Königshof kaum noch ertragen und wartete auf eine Gelegenheit, all dem zu entfliehen. Eines Tages sah sie, dass der König allein im Garten war, und da fiel sie vor ihm auf die Knie und bat ihn, sie in die Welt hinausziehen zu lassen, damit sie dort ihr Glück suchen konnte. Der König war einverstanden und sagte seiner neuen Frau, sie solle seine Tochter mit allem ausstatten, was sie für die Reise brauchte. Aber so neidisch, wie die neue Königin war, gab sie ihr nichts weiter als einen Beutel mit trockenem Brot, hartem Käse und einer Flasche Dünnbier mit.

Für eine Königstochter war das ein geradezu armseliger Proviant. Aber sie beklagte sich nicht, denn schließlich hat man als Prinzessin ja auch seinen Stolz. Sie bedankte sich höflich und begab sich auf die Reise durch Wiesen und Wälder, an Flüssen und Seen entlang, über Berge und durch Täler.

Irgendwann kam sie an eine Höhle, vor deren Eingang ein uralter Greis mit einem weißen Bart auf einem Felsblock saß.

»Guten Morgen, schönes Kind«, sagte er. »Wohin willst du denn so eilig?«

»Ich bin ausgezogen, um mein Glück zu finden«, antwortete die Königstochter.

»Und was bringst du da in deinem Beutel mit, mein Kind?«, fragte der Greis.

»Brot, Käse und ein wenig dünnes Bier«, antwortete die Königstochter. »Möchtet Ihr etwas davon haben?«

»Aber gern«, sagte der Greis. Die Königstocher holte ihren spärlichen Proviant hervor, und der Greis aß und trank fast alles auf. Aber auch darüber beklagte sie sich nicht, sondern sagte ihm, er möge so viel essen und trinken, wie er wolle.

Das tat der Greis, und als er sich gestärkt hatte, sagte er: »Du hast ein freundliches Wesen, schönes Kind. Ich danke dir für deine Großzügigkeit, und dafür werde ich dich belohnen. Du wirst an eine Dornenhecke kommen, und sie wird dir undurchdringlich erscheinen. Aber du brauchst sie nur drei Mal mit diesem Stab zu berühren und zu sagen: ›Lass mich durch, Hecke!‹ Und schon wird sie dir den Weg zu einer Quelle freigeben. An deren Rand setzt du dich, aber du darfst dich nicht wundern über das, was du dort siehst. Und um was auch immer man dich dort bittet, du musst es erfüllen.«

Nach diesen Worten gab der Greis ihr einen Stab in die Hand und zog sich in seine Höhle zurück. Die Königstochter ging weiter ihres Wegs, und nach einer Weile kam sie an eine hohe Dornenhecke. Sie berührte sie drei Mal mit dem Stab und sagte: »Lass mich durch, Hecke!« Die Hecke öffnete sich, und dahinter war eine Quelle, an deren Rand sich die Königstochter setzte. Da tauchte ein goldener Kopf aus dem Wasser auf und sprach:

»Wasch mich, kämm mich und bette mich
    auf weiche Blüten.
Will den Wanderern nachschauen und sie
    ein Stück des Wegs behüten.«

»Das mache ich gern«, sagte die Königstochter und zog einen silbernen Kamm hervor, den sie stets bei sich trug. Vorsichtig nahm sie den Kopf aus dem Wasser, legte ihn auf ihren Schoß und kämmte ihm mit dem silbernen Kamm das goldene Haar. Dann legte sie den Kopf auf das weiche Blütenkissen aus Schlüsselblumen, die um die Quelle herum wuchsen.

Kaum hatte sie das getan, tauchte ein weiterer goldener Kopf aus der Quelle auf und sprach:

> »Wasch mich, kämm mich und bette mich
>   auf weiche Blüten.
> Will den Wanderern nachschauen und sie
>   ein Stück des Wegs behüten.«

»Das mache ich gern«, sagte die Königstochter abermals, und nachdem sie auch ihm das goldene Haar gekämmt hatte, legte sie ihn neben den ersten Kopf auf das Blütenkissen. Da tauchte ein dritter goldener Kopf aus dem Quellwasser auf und sprach:

> »Wasch mich, kämm mich und bette mich
>   auf weiche Blüten.
> Will den Wanderern nachschauen und sie
>   ein Stück des Wegs behüten.«

»Von Herzen gern«, sagte die Königstochter. Nachdem sie auch dem dritten Kopf mit ihrem silbernen Kamm das goldene Haar gekämmt hatte, legte sie ihn zu den anderen beiden auf das Blütenkissen. Dann setzte sie sich an den Rand der Quelle, um sich auszuruhen, und betrachtete die drei Köpfe, die nebeneinander auf den Schlüsselblumen lagen. Sie holte die Reste ihres Proviants hervor, aß und trank, was noch davon übrig war, und klagte nicht darüber, dass sie kaum satt davon wurde.

Plötzlich begann der erste Kopf zu sprechen: »Brüder, wie wollen wir die junge Dame für ihre Freundlichkeit belohnen? Was mich betrifft, werde ich ihr noch mehr Schönheit

Sie bedankten sich recht herzlich bei der Königstochter, die ihre Reise fortsetzte.

mitgeben, damit sie jeden in ihren Bann zieht, der ihr begegnet.«

»Ich werde ihre Stimme so lieblich klingen lassen wie den Gesang einer Nachtigall«, sprach der zweite.

»Und ich, ich werde ihr so viel Glück schenken, dass sie einen mächtigen König heiraten wird.«

»Ich danke euch von ganzem Herzen«, sagte die Königstochter. »Soll ich euch in eure Quelle zurückbringen, bevor ich mich wieder auf den Weg mache? Ihr seid doch aus Gold. Nicht dass die Wanderer euch stehlen.«

Das war den drei goldenen Köpfen sehr recht, und sie bedankten sich herzlich dafür, dass die Königstochter daran gedacht hatte. Vorsichtig brachte sie die Köpfe zurück in die Quelle und verabschiedete sich von ihnen.

Sie war noch gar nicht weit gegangen, da kam sie in einen Wald, wo der König des Königreichs, in dem sie sich nun befand, mit seinen Edelleuten auf die Jagd gegangen war. Um die Jagdgesellschaft vorbeireiten zu lassen, blieb sie am Wegrand stehen. Und als der König sie sah, zügelte er sogleich sein Pferd.

»Wer bist du, schönes Kind?«, fragte er. »Und was führt dich so allein in diesen Wald?«

»Ich bin die Tochter des Königs von Colchester, und ich bin ausgezogen, um mein Glück zu finden«, antwortete sie mit einer Stimme so lieblich wie die einer Nachtigall.

Vollkommen in ihren Bann gezogen, sprang der König vom Pferd. Ohne die Königstochter konnte er nicht mehr leben, das wusste er sofort. Er fiel vor ihr auf die Knie und bat sie um ihre Hand.

Und das tat er so überzeugend, dass sie einwilligte, seine Frau zu werden. Ritterlich hob er sie auf sein Pferd, saß vor ihr im Sattel auf und befehligte sein Gefolge zurück zu seinem Schloss, wo wenig später die glanzvolle Hochzeit gefeiert wurde. Bald darauf fuhr das frisch vermählte Paar in einer prächtigen Kutsche nach Colchester, um dem Vater der Braut einen Besuch abzustatten. Wie man sich vorstellen kann, war die Freude groß, die schöne, gütige und allseits beliebte Königstochter nach nicht allzu langer Zeit schon wiederzusehen, und das in einer goldenen Kutsche als Frau des mächtigsten Königs weit und breit. Glocken läuteten, Fahnen wehten und Trommelwirbel ertönten, während alle ihr zujubelten – alle, bis auf die hässliche Königin und ihre ebenso hässliche Tochter, die natürlich fast platzten vor Missgunst und Neid. Hatte die verhasste Königstochter ihnen doch den Rang abgelaufen, und das hieß, beim höfischen Zeremoniell mussten sie ein paar Schritte hinter ihr gehen.

Als der Besuch vorüber war und das junge Paar in sein eigenes Königreich zurückkehrte, um dort auf ewig glücklich zu sein, sagte die hässliche Tochter zu ihrer hässlichen Mutter, der stets schlecht gelaunten Königin:

»Was die kann, das kann ich doch wohl schon lange. Ich will auch in die Welt hinausziehen und mein Glück finden.«

Ihre Mutter war einverstanden. Sie stattete sie mit Seidenkleidern und Pelzen aus und gab ihr Mandeln, Süßigkeiten und eine große Flasche süßen Málaga-Wein mit.

So königlich ausgestattet, machte sich die hässliche Tochter auf den Weg und traf ebenfalls auf den Greis mit dem weißen Bart, der auf seinem Felsblock vor der Höhle saß.

»Guten Morgen«, sagte er. »Wohin willst du denn so eilig?«

»Was geht dich das an, du alter Tattergreis?«, gab die hässliche Tochter der hässlichen Königin zurück.

»Und was bringst du da in deinem Beutel mit?«, fragte der Greis unbeeindruckt.

»Leckere Sachen, aber auch das geht dich ja wohl nichts an«, lautete die schnippische Antwort.

»Willst du einem alten Mann denn nichts abgeben?«, fragte der Greis.

»Das könnte dir so passen«, sagte sie mit höhnischem Lachen. »Und wenn doch, soll dir jeder Bissen und jeder Schluck im Halse stecken bleiben.«

»Dann soll dich fortan nur noch Pech begleiten«, sagte der Greis und zog sich in seine Höhle zurück.

Die hässliche Tochter der hässlichen Königin ging weiter, und es dauerte nicht lange, da stand sie vor der Dornenhecke. An einer Stelle glaubte sie, eine Lücke zu erkennen, doch als sie sich halb hindurchgezwängt hatte, schlossen sich die Dornen wieder, und so kam sie zerkratzt und zerstochen auf der anderen Seite an. Blutüberströmt ging sie zu der Quelle und wollte sich Gesicht und Hände waschen. Doch kaum hatte sie ihre Hände ein wenig nass gemacht, tauchte einer der goldenen Köpfe auf und sprach:

»Wasch mich, kämm mich und bette mich
auf weiche Blüten.
Will den Wanderern nachschauen und sie
ein Stück des Wegs behüten.«

»Was für ein Unsinn!«, gab die hässliche Tochter der hässlichen Königin zurück. »Wenn ich jemanden wasche, dann ja wohl mich. Und mit der Málaga-Weinflasche versetzte sie dem Kopf einen so festen Schlag, dass er unterging. Doch sogleich tauchte er wieder auf, und neben ihm noch ein weiterer Kopf, der sprach:

>»Wasch mich, kämm mich und bette mich
  auf weiche Blüten.
Will den Wanderern nachschauen und sie
  ein Stück des Wegs behüten.«

»Ganz bestimmt nicht«, gab die hässliche Tochter der hässlichen Königin spöttisch zurück. »Ich wasche mir jetzt die Hände und das Gesicht, und dann habe ich mir eine Stärkung verdient.« Sie schlug auch den zweiten goldenen Kopf mit der Flasche, woraufhin beide Köpfe untergingen.

Aber nach kurzer Zeit tauchten sie triefnass und tropfend wieder auf, diesmal zusammen mit dem dritten goldenen Kopf, der sprach:

> »Wasch mich, kämm mich und bette mich
> auf weiche Blüten.
> Will den Wanderern nachschauen und sie
> ein Stück des Wegs behüten.«

Mittlerweile hatte sich die hässliche Tochter der hässlichen Königin gewaschen und saß auf dem Blütenkissen aus Schlüsselblumen, wo sie den Málaga-Wein trank und sich mit Mandeln und Süßigkeiten vollstopfte.

»Wofür haltet ihr mich?«, gab sie mit vollem Mund zurück. »Ich bin doch nicht euer Dienstmädchen! Friseur bin ich auch nicht, also gibt es kein Waschen und Kämmen.«

Sie trank den letzten Schluck Málaga-Wein und warf die leere Flasche nach den drei Köpfen.

Aber diesmal gingen sie nicht unter. Sie sahen einander an und fragten: »Wie wollen wir der jungen Dame ihre Unverschämtheit vergelten?« Darauf sagte der erste:

»Ich werde ihrem ohnehin nicht gerade hübschen Gesicht noch ein paar hässliche Flecken hinzufügen.«

Der zweite sagte:

»Ich gebe ihr eine Stimme, die so heiser klingt wie die einer brüllenden Kuh. Und was den vollen Mund betrifft, mit dem sie die ganze Zeit spricht, den lasse ich ihr einfach.«

Da sagte der dritte:

»Und ich, ich sorge dafür, dass sie einen armen Flickschuster heiratet. Aber nur, wenn sie Glück hat.«

Dann tauchten die drei goldenen Köpfe freiwillig wieder unter und wurden nicht mehr gesehen. Die hässliche Tochter der hässlichen Königin ging weiter ihrer Wege, und sie erlebte ein wahres Drama, als sie die nächstgelegene Stadt erreichte. Kreischend vor Schreck liefen die Kinder vor ihr davon. Und als sie ihnen sagen wollte, sie sei die Stieftochter des Königs von Colchester, konnte man kein Wort verstehen, weil es klang wie eine Kuh, die zu viel Gras im Maul hatte und »Muh« zu sagen versuchte.

Zufällig zog gerade ein Flickschuster durch die Stadt, weil er kurz zuvor im nahegelegenen Wald einem mittellosen, alten Eremiten die Schuhe besohlt hatte. Da der Eremit kein Geld besaß, hatte er dem Schuster stattdessen eine wundersame Salbe gegen Hautflecken und eine Tinktur gegen Heiserkeit gegeben.

Als der Flickschuster sah, wie das hässliche junge Mädchen vergeblich versuchte, sich verständlich zu machen, gab er ihm ein paar Tropfen der Tinktur und konnte den nun klareren Worten entnehmen, dass es sich um die Stieftochter des Königs von Colchester handelte. Da zögerte er nicht lange und erbot sich, sie vollständig wieder herzustellen, wenn sie ihn zum Mann nehmen wollte.

»Alles, was Ihr wollt, werde ich tun«, schluchzte die unselige Stieftochter des Königs.

So heirateten die beiden, und auch sie machten sich auf den Weg nach Colchester, um dem Stiefvater der Braut einen Besuch abzustatten. Da läuteten weder die Glocken, noch wehten Fahnen, und es gab auch keinen Trommelwirbel. Anstatt dem Paar zuzujubeln, bogen sich die Leute vor Lachen, als sie die Stieftochter des Königs in Samt und Seide gekleidet mit dem Flickschuster in seiner Ledermontur sahen.

Die hässliche Königin verlor vor Wut den Verstand und hängte sich auf. Woraufhin der König, schließlich doch froh darüber, sie los zu sein, den Flickschuster mit hundert Goldmünzen abfand und sich ausbat, nie wieder behelligt zu werden.

Das versprach der Flickschuster gern, waren hundert Goldmünzen doch eine ansehnliche Summe. Er zog mit seiner hässlichen Frau in einen entlegenen Winkel des Königreichs, wo die beiden noch viele Jahre unglücklich verbrachten. Er flickte Schuhe, und sie musste das Garn dafür spinnen.

Mister Fox

Lady Mary war jung, und hübsch anzusehen war sie auch. Und so wunderte es niemanden, dass sie mehr Verehrer hatte, als sie an ihren zehn Fingern abzählen konnte.

Sie lebte mit ihren beiden Brüdern zusammen, und die waren natürlich stolz auf ihre hübsche Schwester. Aber sie waren ihr auch aufrichtig zugetan, und deshalb achteten sie umso mehr darauf, dass die Wahl bei der Entscheidung, wen sie heiraten wollte, auf den Richtigen fiel.

Da war zum Beispiel ein gewisser Mister Fox – ein ansehnlicher junger Gentleman, zudem auch noch reich. Und auch wenn keiner wusste, woher er eigentlich kam, mochten sie ihn alle gern, diesen galanten jungen Mann. Als er um Lady Marys Hand anhielt, willigte sie ein. Doch obwohl er oft von seinem prächtigen Wohnsitz sprach und erwähnte, wie hochherrschaftlich er ausgestattet war, hatte er Lady Mary noch nie dorthin eingeladen, ebenso wenig wie ihre Brüder.

Mit der Zeit kam Lady Mary das ziemlich seltsam vor, und da sie eine beherzte junge Lady war, beschloss sie, sich selbst einen Eindruck zu verschaffen.

Eines Tages, als Mister Fox mit ihren Brüdern bei einem Advokaten war, um die Papiere aufsetzen zu lassen, die die bevorstehende Hochzeit besiegeln sollten, fasste sich Lady Mary also ein Herz und schlich sich aus dem Haus – unbemerkt natürlich, da der gesamte Haushalt mit der Vorbereitung des Festessens beschäftigt war.

Nach langer Suche fand sie den Wohnsitz ihres Verlobten hinter einem dunklen Wald. Und tatsächlich, es war eine mächtige Burg, umgeben von hohen Mauern und tiefen Wassergräben. Es sah ein wenig düster dort aus, doch als Lady Mary vor dem hohen Torhaus stand, las sie die folgenden Worte, welche in den steinernen Torbogen gemeißelt waren:

Nur herein – trete ein.

Lady Mary raffte ihre Röcke und ihren Mut zusammen, und da die Tore offenstanden, trat sie ein und fand sich in einem großen Burghof wieder, der recht verlassen wirkte. An dessen Ende war eine Tür, und darüber stand in den Stein gemeißelt:

Nur herein, trete ein, aber wag dich nicht zu weit hinein.

Lady Mary trat ein und stand in einer riesigen, leeren Halle mit einer breiten Treppe, die hinaufführte zu einer Empore. Helles Sonnenlicht schien durch eine lange Reihe hoher Fenster, aus denen man auf einen prächtigen Garten blickte. Auf der dunkleren Seite der Empore befand sich eine schmale Tür, und darüber stand in den Stein gemeißelt:

Nur herein, trete ein, aber wag dich nicht zu weit hinein, sonst wird dir bald das Blut in den Adern gefroren sein.

Beherzt wie sie war, kehrte Lady Mary der sonnigen Fensterflucht den Rücken und öffnete die schmale Tür auf der dunklen Seite der Empore. Dahinter lag ein enger, finsterer Gang. Und an dessen Ende schimmerte ein wenig Licht. Darauf richtete Lady Mary ihren Blick und tastete sich an der Wand entlang, bis sie vor einer weiteren Tür stand. Die Tür hatte einen Riss und dadurch schimmerte das Licht. Und was sah Lady Mary, als sie durch den Riss in der Tür spähte?

Einen riesigen Saal, von unzähligen Kerzen erleuchtet. Und was hing dort überall an den Wänden und von den Decken? Die Skelette junger Mädchen in blutigen Hochzeitskleidern. Manche saßen sogar auf Stühlen.

So beherzt Lady Mary auch war, den furchtbaren Anblick konnte sie nicht ertragen. Sie drehte sich auf dem Absatz um und ergriff die Flucht – den engen, finsteren Gang entlang und durch die schmale Tür (die sie natürlich fest hinter sich schloss). Flink wie ein Hase rannte sie über die breite Empore, vorbei an der langen Fensterflucht. Und als sie kurz vor der breiten Treppe einen hastigen Blick durch die Fenster warf, wen sah sie da? Mister Fox, der gerade eine hübsche junge Lady über den Burghof schleifte. Lady Mary blieb nichts anderes übrig, als sich schleunigst ein Versteck zu suchen. Sie rannte die Treppe hinunter, und da sah sie ein riesiges Weinfass, das in einer Ecke stand. Gerade noch rechtzeitig hockte sie sich dahinter, denn schon öffnete sich die Tür und Mister Fox betrat die Halle. Er zerrte die junge Lady an den Haaren hinter sich her. Als er mit ihr die Treppe hinaufwollte und sie sich an das Geländer klammerte, stieß er die wildesten Flüche aus. Und als es ihm zu bunt wurde, zog er sein Schwert und trennte ihr die Hand mit einem kräftigen Hieb einfach ab. Das Sonnenlicht spiegelte sich in dem Diamanten, den die junge Lady an einem ihrer Finger getragen hatte, als die abgetrennte Hand durch die Wucht des Schwerthiebs in hohem Bogen durch die Halle flog. Überall hätte sie hinfallen können in dieser riesigen Halle, doch sie landete ausgerechnet hinter dem Weinfass und fiel Lady Mary buchstäblich in den Schoß.

Noch verängstigter hockte Lady Mary nun hinter dem Fass, musste sie doch fürchten, von Mister Fox entdeckt zu werden. Auf den Diamanten kam es ihm ja wohl gerade an. Doch Mister Fox sah sich nur für einen Moment suchend um und zerrte die junge Lady weiter hinter sich her. Aber sobald er sein grausames Handwerk verrichtet hatte, würde er sicherlich wiederkommen, um den Diamanten zu suchen.

Von Lady Mary wäre dann jedoch keine Spur mehr zu sehen. Denn als sie das Schleifen auf der Empore über sich hörte, kroch sie hinter dem Weinfass hervor, verstaute die Hand samt Diamantring unter ihrem Kleid und rannte um ihr Leben – durch die Tür, über der gemeißelt stand:

Nur herein, trete ein, aber wag dich nicht zu weit hinein;

und über den Burghof und durch die Tore, über denen in den Stein gemeißelt war:

Nur herein, trete ein.

Doch Lady Mary blieb nicht stehen, ehe sie sich wieder in ihren eigenen Gemächern befand – samt Diamant an der abgetrennten Hand.

Am nächsten Morgen, nachdem Mister Fox und Lady Marys Brüder die tags zuvor in Auftrag gegebenen Papiere bei dem Advokaten abgeholt hatten, war die ganze Nachbarschaft zu einem feierlichen Empfang geladen, um die Unterschriften des Brautpaars zu bezeugen. Und da saßen sie sich nun gegenüber: Lady Mary als festlich geschmückte Braut und Mister Fox, so galant, wie man ihn kannte.

»Ihr scheint mir ein wenig blass heute Morgen«, sagte Mister Fox.

Worauf Lady Mary antwortete:

»O ja, Sir! Ich hatte furchtbare Albträume, die mich um den Schlaf brachten.«

»Albträume haben oft eine gegenteilige Bedeutung«, sagte Mister Fox mit einem Lächeln. »Aber erzählt mir doch, was habt Ihr denn geträumt? So kann ich mich, ehe Ihr mir die wahren Freuden einer Ehe bereitet, an Eurer lieblichen Stimme erfreuen.«

»Ich träumte, ich hätte Euren herrschaftlichen Wohnsitz aufgesucht, der bald auch der meinige sein wird. Ich fand ihn hinter einem Wald, und er war umgeben von hohen Mauern und einem tiefen Wassergraben. Über dem Tor stand in den Stein gemeißelt:

Nur herein, trete ein.«

»Aber das kann nicht sein«, beeilte sich Mister Fox zu sagen. »Denn so ist es nie gewesen.«

»Ich ging über einen Burghof und durch eine Tür, über der in den Stein gemeißelt stand:

Nur herein, trete ein, aber wag dich nicht zu weit hinein«,

erzählte Lady Mary mit einem Lächeln weiter und fügte in eiskaltem Tonfall hinzu: »Aber das kann ja auch nicht sein, wenn es nie so gewesen ist.«

Mister Fox sagte nichts und erstarrte.

»Ich stand in einer riesigen Eingangshalle und ging eine breite Treppe hinauf«, fuhr Lady Mary lächelnd, aber unerbittlich fort. »Die Treppe führte zu einer Empore und dort war eine schmale Tür, über der in den Stein gemeißelt stand:

Nur herein, trete ein, aber wag dich nicht zu weit hinein,
sonst wird dir bald das Blut in den Adern gefroren sein.«

Mit eiskaltem Blick fügte sie hinzu: »Aber wenn es nie so gewesen ist, kann auch das ja nicht sein.«

Mister Fox sagte nichts und saß wie versteinert da.

»In meinem Traum öffnete ich die Tür und ging durch einen engen, finsteren Gang«, setzte Lady Mary ihre Erzählung fort – lächelnd, in eisigem Tonfall und mit unerbittlichem Blick. »Am Ende des Ganges war eine weitere Tür, und die hatte einen Riss. Ich spähte hinein und sah einen riesigen Saal, der von unzähligen Kerzen erleuchtet war. Überall hingen die Skelette toter junger Frauen in blutigen Hochzeitskleidern. Aber das kann ja nicht sein, da es nie so gewesen ist.«

Mittlerweile waren sämtliche Gäste verstummt und richteten ihre Blicke auf Mister Fox, der schweigend dasaß.

Doch Lady Mary ließ nicht nach.

»Ich träumte, ich lief über die Empore zurück und die Treppe hinunter. Dann fand ich gerade noch rechtzeitig ein Versteck, bevor Ihr, Mister Fox, die Eingangshalle betreten und eine junge Lady an den Haaren hinter Euch hergezerrt habt. Sie klammerte sich an das Geländer der Treppe, und der Diamant, den sie an einem ihrer Finger trug, glitzerte im Sonnenlicht, das durch die Fenster schien, als Ihr dem armen Mädchen mit Eurem Schwert die Hand abgeschlagen habt.«

Mit versteinerte Miene erhob sich Mister Fox und nur seine Augen bewegten sich, als er mit hektischem Blick nach einer Fluchtmöglichkeit suchte. Dabei zeigte er seine Eckzähne, als wäre er tatsächlich ein Fuchs – in die Enge getrieben von einer Hundemeute.

Leichenblass versuchte er ein Lächeln aufzusetzen und sagte mit brüchiger Stimme:

»Aber das kann nicht sein, denn so ist es nie gewesen. Und möge Gott verhüten, dass es jemals so ist.«

Da erhob sich auch Lady Mary und gab mit einem Lächeln und glasklarer Stimme zurück:

»Und so ist es doch, denn so ist es immer gewesen.
Seht, was ich in meinem Versteck auffing:
Die Hand mit dem diamantenen Ring.«

Sie zog die Hand der bedauernswerten jungen Lady unter ihrem Kleid hervor und zeigte mit dem Finger, an dem der Diamantring steckte, auf Mister Fox.

Da erhoben sich alle am Tisch. Sie stürzten sich auf Mister Fox und rissen ihn in Stücke wie eine Hundemeute einen Fuchs.

Und genau das hatte er weiß Gott auch verdient.

Dick Whittington und seine Katze

Vor über fünfhundert Jahren lebte ein Junge, der hieß Dick Whittington. Und so, wie ich sie euch nun erzähle, hat sich die Geschichte seines Lebens zugetragen. Sein Vater und seine Mutter waren gestorben, als er noch zu klein war, um zu arbeiten, und so war Dick Whittington wirklich arm dran. Er konnte froh sein, wenn ihm ab und zu jemand ein paar Kartoffelschalen gab. Mehr bekam er oft den ganzen Tag lang nicht zu essen, denn das Dorf, in dem er wohnte, war arm, und die Nachbarn hatten selbst nicht genug, um ihm etwas abzugeben.

Auf dem Land dachten die Leute damals, in London würden nur feine Ladies und Gentlemen wohnen, die so reich waren, dass sie jeden Tag durch die Straßen tanzten, von denen man meinte, sie wären mit Gold gepflastert. Wenn man sich solche Geschichten erzählte, saß Dick immer schweigend da und hörte aufmerksam zu, und so kam er auf die Idee, nach London zu gehen. Dort hätte er genug zu essen, dachte er sich, etwas Schönes zum Anziehen anstelle der Lumpen, die er trug, und ein leichteres Leben als bei den armen Leuten auf dem Land.

Als eines Tages eine große Kutsche in dem Dorf hielt, weil der Kutscher eine Rast einlegen wollte, sprach Dick ihn an und bat ihn, ihn mit nach London zu nehmen. Dem Kutscher tat der Junge in seiner zerrissenen Kleidung leid, und als Dick ihm erzählte, dass er keine Eltern mehr hatte und auch sonst niemanden, der sich um ihn kümmerte, nahm er ihn mit.

Wie weit es nach London war und wie viele Tage sie brauchten, bis sie dort ankamen, weiß ich nicht. Jedenfalls fand sich Dick irgendwann in der Stadt wieder, von der er so viel gehört hatte und die er sich in den glühendsten Farben ausmalte. Aber ach, wie enttäuscht er war, als er sie dann sah! Dieser Dreck! Die vielen Menschen! Und sie tanzten nicht fröhlich auf goldgepflasterten Straßen, wie er sie sich vorge-

stellt hatte. Den ganzen Tag lang lief er herum, bis er so erschöpft war, dass er nicht mehr konnte. Aber einen Ort, wo das Gold auf der Straße lag und man es nur aufzuheben brauchte, um sich die Taschen damit zu füllen, hatte er nicht gefunden.

Ziellos irrte Dick weiter umher, bis es dunkel wurde und er so müde war, dass er sich in eine Ecke setzte und einschlief. Am nächsten Morgen war er völlig durchgefroren und ausgehungert. Doch obwohl er alle, die ihm begegneten, nach etwas zu Essen fragte, bekam er nicht mehr als zwei halbe Pennys zusammen, damit er sich ein Stück Brot kaufen konnte. Zwei oder drei Tage verbrachte er so in der großen Stadt, und bald war er kurz davor zu verhungern. Dann fand er Arbeit bei der Heuernte, und damit konnte er sich für kurze Zeit über Wasser halten.

Doch als die Heuernte vorüber war, stand er wieder ohne Arbeit da und wusste nicht mehr aus noch ein. Eines Tages war er vom vielen Herumlaufen so erschöpft, dass er sich auf die Schwelle eines Hauses legte, das einem reichen Kaufmann namens Fitzwarren gehörte. Aber es dauerte nicht lange, da entdeckte ihn die Köchin, eine unfreundliche, gehässige Person. »Faulpelz!«, rief sie und drohte Dick, wenn er nicht auf der Stelle verschwände, würde sie eine Schüssel mit kochend heißem, schmutzigem Spülwasser holen und über ihm ausleeren. Doch genau in dem Moment kam Mr Fitzwarren zum Essen nach Hause. Warum er sich denn dort hingelegt habe, fragte er Dick und fügte hinzu: »Du bist doch alt genug, um dir eine Arbeit zu suchen, mein Junge. Aber mir scheint, du gehörst eher zu der fauleren Sorte.«

»Keineswegs, Sir«, antwortete Dick. »Faul bin ich ganz bestimmt nicht.« Er erzählte Mr Fitzwarren, dass er keine Arbeit fand und seit drei Tagen nichts mehr gegessen hatte. Als er aufstehen wollte, war er so schwach auf den Beinen, dass er sich wieder hinlegen musste. Da wies der Kaufmann, der ein großes Herz hatte, seine Bediensteten an, Dick ins Haus zu bringen und ihm eine anständige Mahlzeit zu servieren. Und er bot ihm an, er solle dort bleiben, um der Köchin zur Hand zu gehen.

Eigentlich hätte sich Dick glücklich schätzen können, weil er bei einer netten Familie untergekommen war – wäre nicht die gehässige Köchin gewesen, die alles tat, um ihm das Leben zur Hölle zu machen. Nichts konnte er ihr recht machen, und von morgens bis abends tadelte sie ihn. »Trödel nicht herum« oder »Geht das denn nicht schneller«, schrie sie ihn an. Oftmals schlug sie ihn auch mit dem Besenstiel oder der Suppenkelle oder mit etwas anderem, das gerade in Reichweite war.

Als Mr Fitzwarrens Tochter Alice zu Ohren kam, wie sehr Dick unter der Köchin zu leiden hatte, sagte sie ihr, wenn sie ihn weiter so schlecht behandle, würde sie sich am nächsten Tag selbst vor der Tür wiederfinden. Denn die Fitzwarrens hatten Dick längst ins Herz geschlossen.

Daraufhin behandelte die Köchin Dick nicht mehr ganz so schlecht. Aber es gab noch etwas anderes, das ihm zu schaffen machte. Er schlief in einer Dachkammer, und zwischen den Holzbalken liefen so viele Ratten und Mäuse herum, dass er nachts kaum ein Auge zumachte. Eines Tages, als er einem Gentlemen die Schuhe geputzt und sich einen Penny damit verdient hatte, begegnete er einem Mädchen, das eine Katze auf dem Arm trug. Dick fragte, ob er die Katze kaufen könne. Das Mädchen war einverstanden, fügte aber hinzu, die Katze sei ein so guter Mäusefänger, dass es ihm schwerfalle, sie ab-

*Oftmals schlug sie ihn auch mit dem Besenstiel oder der Suppenkelle
oder mit etwas anderem, das gerade in Reichweite war.*

zugeben. Dann ist sie die Richtige, dachte sich Dick. Er nahm sie mit in seine Dachkammer und fütterte sie jeden Tag mit den Essensresten, die er eigens dafür aufbewahrte. Und schon bald brauchte er sich über Mäuse und Ratten keinerlei Gedanken mehr zu machen. Denn darum kümmerte sich nun Mrs Miezekatze, und so konnte er des Nachts endlich schlafen.

Kurz darauf hatte Mr Fitzwarren eine Schiffsladung zu versenden. Und da er es sich zur Gewohnheit gemacht hatte, seinen Bediensteten die Gelegenheit zu geben, ebenfalls Handel zu treiben und möglicherweise ein Vermögen zu machen wie einst er selbst, rief er sie auch diesmal in seinem Kontor zusammen und fragte, wer etwas zu verschicken habe.

Alle waren bereit, einen Einsatz zu wagen – bis auf Dick, denn er besaß weder Waren, noch Geld. Deshalb blieb er der Zusammenkunft fern. Aber Miss Alice, die sich denken konnte, was der Grund dafür war, bestellte ihn dennoch ein und sagte: »Ich werde von meinem eigenen Geld etwas für ihn auslegen.« Woraufhin ihr Vater entgegnete, dass das nicht möglich sei, weil jeder etwas einsetzen müsse, das ihm selbst gehörte.

»Aber außer einer Katze besitze ich nichts«, erwiderte Dick. »Und ich habe sie doch noch gar nicht lange. Außerdem hat sie nur einen Penny gekostet.«

»Dann nehmen wir eben die Katze mit. Also geh und hol sie, mein Junge«, sagte Mr Fitzwarren.

Dick holte die Katze aus der Dachkammer und brachte sie dem Kapitän des Schiffes – mit Tränen in den Augen. »Jetzt werde ich wieder jede Nacht von Ratten und Mäusen wachgehalten«, sagte er. Alle lachten über einen derart außergewöhnlichen Wareneinsatz. Doch Miss Alice tat es leid, dass Dick sich von seiner Katze hatte trennen müssen, und so gab sie ihm ein wenig Geld, um sich eine neue zu kaufen.

Das wiederum ärgerte die gehässige Köchin, der es ohnehin nicht passte, dass Miss Alice ein Herz für den Jungen hatte. Sie behandelte ihn noch schlechter als zuvor und stichelte, man könne eine Katze doch nicht wie eine Ware verschiffen. »Du glaubst doch nicht etwa, die bringt dir etwas ein!«, sagte sie in ihrer gehässigen Art und fügte sogleich hinzu: »Aber vielleicht reicht es ja für einen Stock und ein paar Hiebe.«

Irgendwann hielt Dick es nicht mehr aus und dachte, dass es wohl das Beste sei, fortzugehen. Er schnürte ein Bündel mit seinen Habseligkeiten – viele waren es ja nicht – und

ganz früh morgens am Allerheiligentag, dem ersten November, machte er sich auf den Weg. Als er bis Holloway gelaufen war, setzte er sich auf einen Stein – den man bis zum heutigen Tag »Whittington's Stone« nennt – und fragte sich, in welche Richtung er gehen sollte.

Während er darüber nachdachte, begannen die Glocken der Kirche von Cheapside zu läuten. Und für Dick klang ihr Geläut wie Gesang:

»Dreh dich um, Dick Whittington, und mach kehrt,
Dereinst wirst du als Stadtoberhaupt Londons verehrt.«

»Als Stadtoberhaupt von London!«, rief Dick. »So gut wie alles würde ich ertragen, um Stadtoberhaupt von London zu werden, wenn ich erwachsen bin. Dann könnte ich in einer Kutsche durch die Straßen fahren, und aus den Sticheleien der gehässigen, alten Köchin würde ich mir nichts mehr machen.« Er überlegte eine Weile, und dann sagte er sich: »Da kann ich auch sofort wieder zurückgehen.«

Also machte Dick kehrt. Und er schaffte es gerade noch, sich in die Küche zu schleichen, bevor die Köchin die Treppe herunterkam.

Nun aber will ich euch erzählen, wie es unterdessen mit Mrs Miezekatze weiterging.

Das Schiff mit dem schönen Namen *Einhorn*, auf dem sie sich befand, war lange unterwegs. Und natürlich wimmelte es an Bord vor Ratten. Da konnte sich Mrs Miezekatze gleich nützlich machen. Als die *Einhorn* im Land der Berber vor Anker ging, kamen die Leute scharenweise zum Hafen gelaufen – hatten sie doch noch nie ein so großes Schiff gesehen. Erwartungsvoll betrachteten sie die Waren, die das Schiff geladen hatte, und so gab der Kapitän ihnen ein paar Muster mit, um sie dem König zu zeigen. Darüber war der König so erfreut, dass er den Kapitän in seinen Palast einlud und ihm die Ehre erwies, mit ihm zu speisen. Doch kaum hatten sie sich zum Essen auf die edlen Teppiche gesetzt, wie es dortzulande Sitte war, wurden sie überrannt von Mäusen und Ratten, die sich über Teller und Schalen hermachten. Der Kapitän konnte es kaum glauben und fragte, ob man das nicht für höchst unerfreulich halte.

»O ja, allerdings«, antwortete der König. »Ich würde die Hälfte meines Vermögens geben, um dem ein Ende zu bereiten. Nicht nur, dass sie einem die Freude am Essen verderben, nachts, wenn man im Bett liegt, greifen sie einen auch noch an. Deshalb müssen wir immer eine Wache postieren.«

Das wiederum hörte der Kapitän gern – kam ihm doch sogleich Dick Whittingtons Katze in den Sinn. Er habe da einen ganz besonderen Gast an Bord, sagte er. Und der könne sicherlich Abhilfe schaffen. Als der König das hörte, war er Feuer und Flamme.

»Schickt ihn mir so schnell wie möglich, Euren besonderen Gast!«, sagte er. »Diese Mäuse und Ratten sind zu einer Plage geworden. Wenn Euer Gast sein Handwerk tatsächlich so gut versteht, wie Ihr sagt, lasse ich Ihn mit Gold und Juwelen aufwiegen.«

Der Kapitän, der wusste, wie ein solcher Handel vonstattenging, wollte Dicks Katze nicht unter Wert abgeben. Also erklärte er Seiner Majestät, eigentlich sei sein Gast an Bord unabkömmlich. Sollten sich die Ratten dort wieder vermehren, könnten sie seine gesamte Handelsware zerstören. Aber da er Seiner Majestät einen Gefallen tun wolle, werde er seinem Wunsch entsprechen.«

Als Mrs Miezekatze die Mäuse und Ratten sah, brauchte ihr niemand zu erklären, was sie zu tun hatte.

»Macht so schnell Ihr könnt!«, meldete sich nun auch die Königin zu Wort. »Ich bin schon ganz gespannt auf ein so nützliches Wesen.«

Während der nächste Gang des Essens serviert wurde, machte sich der Kapitän auf den Weg zu seinem Schiff. Dort angekommen, klemmte er sich Mrs Miezekatze unter den Arm und ging mit ihr zum Palast des Königs zurück. Als Mrs Miezekatze die Mäuse und Ratten sah, brauchte ihr niemand zu erklären, was sie zu tun hatte. Sogleich sprang sie dem Kapitän vom Arm, und kurz darauf lagen fast alle Ratten und Mäuse tot zu ihren Füßen. Die wenigen, die entkommen waren, hatten sich in ihren Löchern verkrochen.

Der König war begeistert, weil er die Plagegeister nun endlich los war. Und die Königin wollte sich das kleine Wesen, das ihnen einen so wertvollen Dienst erwiesen hatte, genauer ansehen. Der Kapitän rief: »Miez, miez, miez«, und schon kam Mrs Miezekatze zu ihm gelaufen. Er brachte sie der Königin, doch die hatte Angst vor den scharfen Krallen, die mit den Plagegeistern kurzen Prozess gemacht hatten. So traute sie sich nicht, die Katze anzufassen. »Miez, miez, miez«, sagte der Kapitän ein weiteres Mal und strich Mrs Miezekatze über das Fell. Da wagte sich auch die Königin an die Katze heran, und um alles richtig zu machen, wollte sie wiederholen, was der Kapitän gesagt hatte. Da sie jedoch seiner Sprache nicht ganz mächtig war, wurde daraus: »Miet, miet.« Doch das tat nichts zur Sache, denn als der Kapitän der Königin die Katze auf den Schoß setzte, legte Mrs Miet ihre Pfote auf deren Hand, ohne die Krallen auszufahren. Dann rollte sie sich schnurrend zusammen und schlief ein.

Als der König, der ohnehin beeindruckt war, dann auch noch erfuhr, dass Mrs Miezekatze kleine Kätzchen bekommen konnte, die in der Lage wären, das ganze Land von Mäusen und Ratten zu befreien, ließ er noch einmal mit sich handeln und gab dem Kapitän zehn Mal mehr für die Katze als für den gesamten Rest seiner Schiffsladung.

Da man sich also handelseinig war, verabschiedete sich der Kapitän vom Königshof der Berber und kehrte nach langer Seereise mit seiner wertvollen Fracht aus Gold und Juwelen in den sicheren Londoner Hafen zurück.

Eines Morgens, als Mr Fitzwarren gerade sein Kontor betreten hatte und sich hinter sein Pult setzen wollte, um die Einnahmen zu zählen, klopfte es plötzlich an der Tür. »Wer ist da?«, rief er, und es antwortete eine Stimme: »Freunde, die Euch gute Nachrichten bringen, von der *Einhorn*, Eurem Handelsschiff.« Hastig kam Mr Fitzwarren hinter seinem Pult hervor und öffnete die Tür. Vor ihm standen der Kapitän und der Maat des Schiffes – mit einer schweren Truhe und den Handelspapieren. Als der Kaufmann einen prüfenden Blick auf die Frachtbriefe warf, staunte er nicht schlecht – und dankte dem Himmel für eine derart erfolgreiche Reise.

Ehrlich wie er war, erzählte der Kapitän ihm, was sie der Katze zu verdanken hatten. Dann öffnete er die Truhe und präsentierte Mr Fitzwarren das Gold und die Juwelen, mit denen der Berberkönig Mrs Miezekatzes Dienste vergütet hatte. Mr Fitzwarren, der sich für den einst so armen Dick ebenso freute wie über seine eigenen guten Geschäfte, rief seine Bediensteten zusammen und trug ihnen auf, auch Dick mitzubringen:

> »Nun geben wir ihm seinen reichen Lohn,
> und ab heute nennt ihr ihn Mr Whittington.«

Einige der Bediensteten wussten nicht recht, was sie davon halten sollten, und wandten ein, solch ein großer Schatz sei zu viel für den Jungen. Doch Mr Fitzwarren, der wusste, was Kaufmannsehre bedeutete, verbat sich energisch, dem Jungen auch nur einen Penny zu nehmen. »Da sei Gott vor!«, rief er empört. »Es steht ihm zu, und er wird es bekommen. Bis zum letzten Heller!«

Er ließ Dick holen, der in der Küche gerade damit beschäftigt war, Töpfe zu schrubben. Schwarz vor Dreck ließ er sich entschuldigen, doch das wollte Mr Fitzwarren nicht gelten lassen. Als Dick endlich erschien und Mr Fitzwarren ihm einen Stuhl zurechtrückte, dachte er, man wolle sich über ihn lustig machen, und bat darum, ihn wieder an seine Arbeit gehen zu lassen.

»O nein, Mr Whittington, es handelt sich beileibe nicht um einen Scherz«, sagte Mr Fitzwarren. »Ich bin höchsterfreut, Ihnen mitteilen zu können, was diese beiden Gentlemen Ihnen bringen. Der Kapitän meines Schiffes hat Ihre Katze an den König der Berber verkauft, und hier ist Ihre Vergütung. Sie beträgt im Übrigen mehr, als ich in meinem bisherigen Leben zusammentragen konnte. Mögen Sie lange daran Freude haben!«

Mr Fitzwarren ließ die Truhe öffnen und fügte hinzu: »Nun braucht Mr Whittington sich nur noch Gedanken darüber zu machen, wie er sein Vermögen sicher anlegen kann.«

Dick, der arme Junge, wusste vor lauter Freude gar nicht mehr wohin. Er bat seinen Dienstherrn, sich einen Anteil zu nehmen. Schließlich sei er doch derjenige gewesen, der ihm in seiner Großherzigkeit einen solchen Erfolg erst möglich gemacht habe. »Kommt nicht in Frage«, wies Mr Fitzwarren einen solchen Gedanken zurück. »Das gehört alles Ihnen. Und ich habe keinen Zweifel daran, dass Sie es gut anlegen werden.«

Auch Mrs Fitzwarren und Miss Alice bot Dick einen Anteil an. Aber auch die ließen diesbezüglich nicht mit sich reden, sondern sagten ihm nur, wie sehr sie sich für ihn freuten. Um alles für sich allein zu behalten, war Dick jedoch viel zu bescheiden. Er gab dem Kapitän und dem Maat etwas ab, und auch Mr Fitzwarrens Bediensteten, sogar der Köchin, die immer so gehässig zu ihm gewesen war.

Mr Fitzwarren riet ihm, einen Schneider kommen zu lassen und sich wie ein Gentleman zu kleiden. Er könne auch gern weiter bei ihm wohnen, bot er ihm an, bis er etwas Besseres gefunden habe.

Mit gewaschenem Gesicht, frisiertem Haar und der passenden Garderobe stand Dick Whittington den anderen Kaufleuten, die Mr Fitzwarrens Kontor besuchten, in nichts nach. Das fand auch Miss Alice, Mr Fitzwarrens hübsche Tochter, die schon ein Herz für ihn gehabt hatte, als er noch ein armer Junge gewesen war. Mittlerweile hatte sie ihr Herz sogar an ihn verloren, und das sicher nicht nur, weil Mr Whittington ihr die schönsten Geschenke machte, die man sich denken konnte.

Mr Fitzwarren, der längst gemerkt hatte, aus welcher Richtung der Wind wehte, brachte den Gedanken an eine Heirat ins Spiel. Und nur allzu gern willigten die beiden ein. Ein Tag für die Hochzeit war schnell gefunden, und bei der Trauung in der Kirche war sogar das Stadtoberhaupt Londons unter den Gästen. Auch die Ratsherren und viele der reichsten Kaufleute waren vertreten und wurden anschließend bei einem rauschenden Fest bewirtet.

Laut der Überlieferung legten Mr Whittington und seine Gattin ihr Vermögen klug an, waren sehr glücklich miteinander und bekamen mehrere Kinder. Richard Whittington wurde zunächst Ratsherr, und dann wurde er drei Mal zum Stadtoberhaupt Londons gewählt. Henry V. erhob ihn sogar in den Ritterstand.

Nachdem Henry V. Frankreich erobert hatte, empfing Sir Richard Whittington ihn und die Königin in seinem Londoner Amtssitz und ließ ein so üppiges Festmahl auftragen, dass der König gesagt haben soll: »So königlich habe ich ja noch nie gespeist.« Woraufhin Sir Richard erwiderte: »Und wir hatten noch nie einen so königlichen Gast.«

Die alte Frau und ihr Schweinchen

Eine alte Frau putzte ihr Haus, und da fand sie ein altes Six-Pence-Stück. »Was mache ich denn jetzt damit?«, fragte sie sich. »Am besten gehe ich zum Markt und kaufe mir ein Schweinchen.«

Also ging sie zum Markt und kaufte sich ein Schweinchen. Doch auf dem Heimweg hätte sie über einen Zauntritt klettern müssen, und der war dem Schweinchen zu hoch.

Die alte Frau ging ein Stück weiter, und da traf sie einen Hund. »Komm her, Hund, und beiß das Schweinchen!«, rief sie. »Sonst will es nicht über den Zauntritt klettern, und dann wird es Mitternacht, bis ich zu Hause bin.« Doch der Hund rührte sich nicht.

Die alte Frau ging noch ein Stück, und auf dem Weg lag ein Stock. »Komm her, Stock, und schlag den Hund!«, rief sie. »Der Hund will das Schweinchen nicht beißen. Aber das Schweinchen will nicht über den Zauntritt klettern, und dann wird es Mitternacht, bis ich zu Hause bin.« Doch der Stock rührte sich nicht.

Die alte Frau ging noch ein Stück, und da brannte ein Feuer. »Komm her, Feuer, und verbrenn den Stock!«, rief sie. »Der Stock will den Hund nicht schlagen. Und der Hund will das Schweinchen nicht beißen. Aber das Schweinchen will nicht über den Zauntritt klettern, und dann wird es Mitternacht, bis ich zu Hause bin.« Doch das Feuer rührte sich nicht.

Die alte Frau ging noch ein Stück, und da kam sie an einen Teich. »Komm her, Wasser, und lösch das Feuer!«, rief sie. »Das Feuer will den Stock nicht versengen. Und der Stock will den Hund nicht schlagen. Der Hund will das Schweinchen nicht beißen. Aber das Schweinchen will nicht über den Zauntritt klettern, und dann wird es Mitternacht, bis ich zu Hause bin.« Doch das Wasser rührte sich nicht.

Die alte Frau ging noch ein Stück, und da stand ein Ochse auf einer Wiese. »Komm her, Ochse, und trink das Wasser!«, rief sie. »Das Wasser will das Feuer nicht löschen. Und das Feuer will den Stock nicht verbrennen. Der Stock will den Hund nicht schlagen, und der Hund will das Schweinchen nicht beißen. Aber das Schweinchen will nicht über den Zauntritt klettern, und dann wird es Mitternacht, bis ich zu Hause bin.« Doch der Ochse rührte sich nicht.

Die alte Frau ging noch ein Stück, und da kam sie an einer Fleischerei vorbei. »Komm her, Fleischer, und schlachte den

Ochsen!«, rief sie. »Der Ochse will das Wasser nicht trinken. Und das Wasser will das Feuer nicht löschen. Das Feuer will den Stock nicht verbrennen, der Stock will den Hund nicht schlagen, und der Hund will das Schweinchen nicht beißen. Aber das Schweinchen will nicht über den Zauntritt klettern, und dann wird es Mitternacht, bis ich zu Hause bin.« Aber der Fleischer rührte sich nicht.

Die alte Frau ging noch ein Stück, und da lag ein Seil. »Komm her, Seil, und häng den Fleischer auf!«, rief sie. »Der Fleischer will den Ochsen nicht schlachten. Und der Ochse will das Wasser nicht trinken. Das Wasser will das Feuer nicht löschen, das Feuer will den Stock nicht verbrennen, der Stock will den Hund nicht schlagen, und der Hund will das Schweinchen nicht beißen. Aber das Schweinchen will nicht über den Zauntritt klettern, und dann wird es Mitternacht, bis ich zu Hause bin.« Doch das Seil rührte sich nicht.

Die alte Frau ging noch ein Stück, und da lief ihr eine Ratte über den Weg. »Komm her, Ratte, und knabbere das Seil durch!«, rief sie. »Das Seil will den Fleischer nicht aufhängen. Und der Fleischer will den Ochsen nicht schlachten. Der Ochse will das Wasser nicht trinken, das Wasser will das Feuer nicht löschen, das Feuer will den Stock nicht verbrennen, der Stock will den Hund nicht schlagen, und der Hund will das Schweinchen nicht beißen. Aber das Schweinchen will nicht über den Zauntritt klettern, und dann wird es Mitternacht, bis ich zu Hause bin.« Doch die Ratte rührte sich nicht.

Die alte Frau ging noch ein Stück, und da lief ihr eine Katze über den Weg. »Komm her, Katze, und fang die Ratte!«, rief sie. »Die Ratte will das Seil nicht durchknabbern. Und das Seil will den Fleischer nicht aufhängen. Der Fleischer will den Ochsen nicht schlachten, der Ochse will das Wasser nicht trinken, das

Wasser will das Feuer nicht löschen, das Feuer will den Stock nicht verbrennen, der Stock will den Hund nicht schlagen, und der Hund will das Schweinchen nicht beißen. Aber das Schweinchen will nicht über den Zauntritt klettern, und dann wird es Mitternacht, bis ich zu Hause bin.« Da sagte die Katze: »Wenn du zu der Kuh da hinten gehst und mir ein Schälchen Milch bringst, dann fange ich die Ratte.« Also holte die alte Frau ein Schälchen und ging zu der Kuh.

Und die Kuh sagte: »Wenn du zu dem Heuschober da hinten gehst und mir eine Handvoll frisches Heu bringst, dann gebe ich dir ein bisschen Milch.« Also ging die alte Frau zu dem Heuschober und brachte der Kuh das Heu.

Nachdem die Kuh das Heu gefressen hatte, gab sie der alten Frau etwas Milch, und die alte Frau brachte sie der Katze in dem Schälchen.

Nachdem die Katze die Milch aufgeschleckt hatte, fing sie die Ratte. Daraufhin knabberte die Ratte das Seil an, das sich daran machte, den Fleischer aufzuhängen, der sogleich den Ochsen schlachten wollte, der begann, das Wasser zu trinken, das anfing, das Feuer zu löschen, das schnell den Stock anbrannte, der dem Hund sofort einen Schlag versetzte. Der Hund biss das Schweinchen, und das quiekte und sprang über den Zauntritt. So war die alte Frau doch noch vor Mitternacht zu Hause.

Das flinke Fladenbrot

Es waren einmal ein alter Mann und eine alte Frau, die lebten in einem kleinen Cottage auf einem kleinen Stückchen Land. Sie hatten zwei Kühe, einen Hahn mit fünf Hennen und eine Katze mit zwei kleinen Kätzchen. Der alte Mann versorgte die Kühe, der Hahn passte auf die Hennen auf, die Katze jagte eine Maus in der Speisekammer und die beiden Kätzchen tollten auf dem Kaminsims um eine Spindel herum. Und je öfter die alte Frau sagte: »Sch, sch, macht, dass ihr da wegkommt, ihr frechen Biester!«, desto wilder sprangen die beiden Kätzchen um die Spindel herum.

Eines Tages, als die alte Frau es leid war, immer wieder »Sch, sch« zu sagen, und außerdem Hunger hatte, kam sie auf die Idee, zwei kleine Haferbrote zu backen. Das tat sie sogleich, und dann legte sie die beiden Fladen auf den Ofen, um sie zu rösten. Als sie schön knusprig waren und der Duft nach frischem Brot nach draußen wehte, kam der alte Mann herein. Und als er die beiden Brote sah, brach er sich von einem ein Stückchen ab. Da sagte sich das andere, es sei höchste Zeit, sich davonzumachen. Es sprang vom Ofen herunter, und so schnell es konnte, rollte es durch die Tür. Die Spindel in der einen Hand und den Spinnrocken in der anderen, rannte die alte Frau hinter ihm her. Doch der runde Fladen rollte schneller, als die alte Frau laufen konnte, und bald war er nicht mehr zu sehen. Da blieb der alten Frau nichts anderes übrig, als wieder nach Hause zu gehen und die Kätzchen vom Kaminsims zu verscheuchen.

Das flinke Fladenbrot rollte währenddessen fröhlich einen Hügel hinunter auf ein großes Haus zu. Dort rollte es einfach durch die offene Tür und machte es sich vor dem Kamin bequem. In dem Haus war eine Schneiderei, und die drei Schneider saßen an ihren Arbeitstischen. Vor lauter Schreck sprangen sie auf und versteckten sich hinter der Frau des Schneiders, die vor dem Kamin saß und Wolle kämmte.

»Warum denn so schreckhaft, meine Herren?«, rief die Frau des Schneiders. »Das ist doch nur ein Fladenbrot. Bringt es mir in die Küche, dann werde ich eine Milchsuppe dazu kochen.«

Den Wollkamm noch in der Hand ging die Frau in die Küche, während der Schneidermeister mit seinem eisernen Bügeleisen dem Fladenbrot hinterherjagte, gefolgt von seinen beiden Gesellen – einer mit einer großen Schere und der andere mit dem Bügelbrett. Aber das Fladenbrot war zu flink. Es rollte um den Kamin herum, und als der eine Geselle es mit der Schere schnappen wollte, fiel er in die glühende Asche und trug schlimme Verbrennungen davon. Der Schneidermeister warf sein Bügeleisen nach dem Fladenbrot und der anderer Geselle sein Bügelbrett. Aber beide trafen sie es nicht. So rollte das Fladenbrot zur Tür hinaus. Die Frau des Schneiders warf ihm den Wollkamm hinterher. Aber das Brot wich geschickt aus und rollte munter weiter in das nächste Haus. Da rollte es auf direktem Weg in die Küche und machte es sich vor dem Ofen bequem. In dem Haus war eine Weberei, und die Frau des Webers spulte Garn für ihren Mann auf, der vor seinem Webstuhl saß.

»Was ist denn das?« rief der Weber.

»Nur ein kleines Fladenbrot«, antwortete seine Frau.

»Das kommt zur recht Zeit«, sagte der Weber. »Mein Porridge war heute Morgen nämlich recht dünn. Halt es fest, Frau, sonst rollte es wieder fort.«

»Aye!«, sagte die Frau. »Aber dieses Fladenbrot ist ziemlich flink. Sieh zu, dass du es zu fassen bekommst.«

Doch wieder wich das Fladenbrot aus. »Wirf die Spule nach ihm, Frau!«, rief der Weber.

Aber da rollte das flinke Fladenbrot schon zur Tür hinaus und mit Schwung den nächsten Hügel hinauf.

Es rollte weiter bis zum Haus eines Kuhbauern, dessen Frau gerade Milch zu Butter stampfte.

»Her mit dir!«, rief sie, als sie das knusprige Fladenbrot sah. »Der passende Aufstrich ist gleich soweit.«

Als das Fladenbrot das hörte, machte es ein wendiges Ausweichmanöver, sodass die Frau des Kuhbauern sich über das Butterfass beugen musste, um nach ihm zu greifen. Zu fassen bekam sie das Fladenbrot nicht, aber das Fass hatte sie dabei umgestoßen. Kaum hatte sie es wieder aufgestellt, war das Fladenbrot weg und rollte den Hügel hinunter, bis es zu einer Mühle kam, wo der Müller gerade das Mehl siebte. Das Fladenbrot gesellte sich zu ihm und lehnte sich an einen Trog.

»Sieh mal einer an!«, sagte der Müller. »Da hat wohl jemand mehr als genug, wenn er ein knuspriges Fladenbrot einfach durch die Gegend rollen lässt. Aber hier bist du an den Richtigen geraten. Mit etwas Käse bist du bald ein leckeres Mittagessen.« Voller Vorfreude tätschelte der Müller seinen fetten Bauch.

Schleunigst rollte das Fladenbrot ein Stück zurück und schlug eine andere Richtung ein. Denn der Müller mit seinem Käse war ihm doch nicht ganz geheuer. Aber der Müller hatte nichts als Mehl, das er nach ihm werfen konnte. Also musste er zusehen, wie das Fladenbrot gemächlich weiterrollte. Bald darauf kam es zu einer Schmiede.

»Was haben wir denn da!«, sagte der Schmied, der Hufnägel hämmerte. »Ein schönes, knuspriges Fladenbrot. Das könnte ich mir gleich mit einem Glas Bier schmecken lassen.« Lachend klopfte er sich auf den fetten Bauch.

Ob mit Bier oder Käse war dem Fladenbrot einerlei. Konnte es doch beidem nichts abgewinnen, und so rollte es weiter. Der Schmied versuchte es einzuholen, und da er es nicht zu fassen bekam, warf er ihm seinen Hammer hinterher. Doch der verfehlte sein Ziel, und so war das Fladenbrot ein weiteres Mal entwischt. Es rollte weiter und weiter bis zu einem Bauernhaus, wo der Bauer und die Bäuerin Flachs schlugen und kämmten. Dort rollte das Fladenbrot bis vor den warmen Ofen, sodass es noch ein bisschen knuspriger wurde.

»Janet«, sagte der Bauer zur Bäuerin. »Da kommt ein Fladenbrot angerollt. »Ich nehme mir die Hälfte.«

»Die andere Hälfte nehme ich«, sagte die Bauersfrau und griff nach dem Fladenbrot, doch das wich geschickt aus.

»So einfach ist das gar nicht«, rief die Bauersfrau und warf den Flachskamm nach dem Fladenbrot. Doch sie traf es nicht, denn wieder einmal war es zu flink. Es rollte zur Tür hinaus und die Straße entlang bis zum nächsten Haus. Dort kochte eine Frau Brühe, während ihr Mann damit beschäftigt war, ein Stachelhalsband für das Kalb zu flechten, als das Fladenbrot bis vor den Ofen rollte.

»Na, so etwas!«, sagte die Frau. »Jock, hast du das gesehen? Du wolltest doch ein frisch geröstetes Fladenbrot. Hier ist eins. Du brauchst nur zuzugreifen.«

Als das Fladenbrot an ihr vorbeirollte, rief die Frau ihren Mann zur Hilfe, und der sagte:

»Aye, das haben wir gleich.« Doch dann fragte er: »Aber wo ist es denn?«

»Da, hinter dem Stuhl«, rief seine Frau. »Schnell! Lauf hin!« Das tat der Mann und rannte den Stuhl dabei um. Er stolperte und fiel in die Stacheln, die für das Halsband des Kalbs gedacht waren. Daraufhin warf die Frau dem Fladenbrot ihre Suppenkelle hinterher und stieß dabei den Suppentopf um, sodass ihr Mann sich auch noch an der heißen Suppe verbrühte. Doch da war das Fladenbrot längst auf und davon und rollte schon zum nächsten Haus, dessen Bewohner gerade beim Mittagessen saßen.

»Sieh mal!«, rief die Frau, während sie den Topf auskratzte. »Da ist ein frisch geröstetes Fladenbrot. Wer es zu fassen kriegt, bekommt es.«

»Dann sollten wir als erstes die Tür schließen«, sagte ihr umsichtiger Mann.

Als das Fladenbrot das hörte, fand es, es sei besser, sich nicht an den Ofen zu lehnen, sondern sich lieber davonzumachen. Der Mann und seine Frau liefen hinterher und warfen ihre Löffel nach dem Fladenbrot. Und der Mann warf noch seinen Hut hinterher, obwohl er der beste war, den er besaß. Aber einmal mehr war das Fladenbrot zu flink und im Nu außer Sicht.

Es rollte weiter, bis es zu einem Haus kam, dessen Bewohner zu Bett gehen wollten. Die Frau löschte das Feuer, und ihr Mann hatte sich schon seine Hosen ausgezogen.

»Was ist denn das?«, fragte der Mann, denn in der anbrechenden Dunkelheit konnte man fast nichts mehr erkennen.

»Sieht aus wie ein kleines Fladenbrot«, sagte seine Frau.

»Wir könnten es uns teilen«, schlug der Mann vor.

»Gute Idee, das machen wir«, antwortete die Frau.

Aber sie bekamen das Fladenbrot nicht zu fassen und rannten sich stattdessen gegenseitig um. Da gerieten die beiden in Streit.

»Wirf deine Hosen nach ihm!«, rief die Frau. »Und steh nicht nur da rum!«

Der Mann warf seine Hosen nach dem Fladenbrot und dachte, er hätte es getroffen. Doch dem Fladenbrot gelang es, sich zu befreien. Es rollte davon, und der Mann lief hinterher. Was für ein Anblick! Ohne Hosen verfolgte er das Fladenbrot – über eine Wiese, durch Stechginster und eine Brombeerhecke. Als er das Fladenbrot aus den Augen verlor, machte er sich zerkratzt, erschöpft und vor Kälte zitternd auf den Weg zurück.

Das flinke Fladenbrot aber rollte weiter, bis es selbst für ein flinkes Fladenbrot zu dunkel wurde.

Unter einem Ginsterstrauch rollte es in eine Fuchshöhle, wo es die Nacht verbringen wollte. Aber der Fuchs hatte seit drei Tagen nichts mehr gegessen. »Immer nur herein!«, sagte er und fügte hinzu: »Ich könnte auch zwei von deiner Sorte vertragen!«

Er biss das Fladenbrot durch, und so waren es immerhin zwei Hälften. Und damit hatte es sich für das Fladenbrot ausgerollt.

JIGGELTY-JOLT

Jack auf der Suche
nach dem Glück

Es lebte einmal ein Junge, der hieß Jack, und eines Morgens machte er sich auf die Suche nach dem Glück.

Er war noch gar nicht weit gelaufen, da begegnete ihm eine Katze.

»Wohin willst du denn, Jack?«, fragte sie ihn.

»Ich bin auf der Suche nach dem Glück.«

»Nimmst du mich mit?«

»Aber klar«, sagte Jack. »Zu zweit finden wir es umso schneller.«

Gemeinsam liefen Jack und die Katze weiter und hüpften vor Freude. Hoppeldi-pop, hoppeldi-pop, hoppeldi-pop!

Kurze Zeit später begegnete ihnen ein Hund.

»Wohin willst du denn mit der Katze, Jack?«, fragte er.

»Ich bin auf der Suche nach dem Glück.«

»Nimmst du mich mit?«

»Aber klar«, sagte Jack. »Zu dritt finden wir es noch schneller.«

Gemeinsam liefen Jack, die Katze und der Hund weiter und hüpften vor Freude. Hoppeldi-pop, hoppeldi-pop, hoppeldi-pop!

Bald darauf begegnete ihnen ein Ziegenbock.

»Wohin willst du denn mit der Katze und dem Hund, Jack?«, fragte er.

»Ich bin auf der Suche nach dem Glück.«

»Nimmst du mich mit?«

»Aber klar«, sagte Jack. »Zu dritt finden wir es noch viel schneller.«

Gemeinsam liefen Jack, die Katze, der Hund und der Ziegenbock weiter und hüpften vor Freude. Hoppeldi-pop, hoppeldi-pop, hoppeldi-pop!

Wenig später begegnete ihnen ein Stier.

»Wohin willst du denn mit der Katze, dem Hund und dem Ziegenbock, Jack?«, fragte er.

»Ich bin auf der Suche nach dem Glück.«

»Nimmst du mich mit?«

»Aber klar«, sagte Jack. »Zu viert finden wir es bestimmt noch viel schneller.«

Gemeinsam liefen Jack, die Katze, der Hund, der Ziegenbock und der Stier weiter und hüpften vor Freude. Hoppeldi-pop, Hoppeldi-pop, Hoppeldi-pop.

Gleich darauf begegnete ihnen ein Hahn.

»Wohin willst du denn mit der Katze, dem Hund, dem Ziegenbock und dem Stier, Jack?«, fragte er.

»Ich bin auf der Suche nach dem Glück.«

»Nimmst du mich mit?«

»Aber klar«, sagte Jack. »Zu fünft finden wir es ganz bestimmt noch viel schneller.«

Gemeinsam liefen Jack, die Katze, der Hund, der Ziegenbock, der Stier und der Hahn weiter und hüpften vor Freude. Hoppeldi-pop, Hoppeldi-pop, Hoppeldi-pop.

Und hoppeldi-pop liefen sie immer weiter, bis die Nacht hereinbrach und es Zeit wurde einzukehren. Nach einer Weile sahen sie von Weitem ein Haus. Da sagte Jack zu seinen Gefährten, er wolle erst durch die Fenster spähen, um festzustellen, ob dort Platz für sie wäre. Und als er das tat, was sah er da? Eine Räuberbande, die an einem Tisch saß und Säcke mit Goldmünzen unter sich aufteilte.

»Da winkt mir ja schon das Glück«, sagte sich Jack. »Ein paar Säcke Gold kann man immer gebrauchen.«

Er schlich sich zurück zu seinen Gefährten und sagte, sobald er ihnen ein Zeichen gebe, sollten sie so viel Lärm machen, wie sie konnten. Sie machten sich bereit und auf Jacks Kommando miaute die Katze, bellte der Hund, blökte der Ziegenbock, brüllte der Stier und rief der Hahn Kikeriki. All das zusammen war so ohrenbetäubend laut, dass die Räuber vor Schreck aufsprangen, die Flucht ergriffen und dabei die Goldsäcke auf dem Tisch liegen ließen. Jack und seine Gefährten schütteten sich erst einmal aus vor Lachen, und dann nahmen sie das Haus und das Gold in Besitz.

Doch klug wie Jack war, wusste er, die Räuber würden nachts wiederkommen, um sich das Gold zu holen. Als es Zeit wurde, sich schlafen zu legen, platzierte er die Katze auf einem Schaukelstuhl, den Hund unter dem Tisch, den Ziegenbock in der oberen Etage, den Stier im Keller und den Hahn auf dem Dach.

Dann ging er zu Bett.

Und richtig, mitten in der Nacht näherte sich einer der Räuber dem Haus. Und als er sich schreckensbleich wieder zu seinen Kumpanen gesellte, erzählte er, was sich Schauriges abgespielt hatte:

»Nachdem ich zu dem Haus zurückgegangen war, schlich ich mich hinein und setzte mich in den Schaukelstuhl. Aber da saß schon eine alte Frau und strickte. Sie stach mich – au, tut das weh – mit ihren Stricknadeln.

(Wie ihr euch denken könnt, war das die Katze.)

»Ich ging zu dem Tisch, auf dem wir die Goldmünzen vergessen hatten. Aber unter dem Tisch saß ein Schuhmacher. Der wollte mir Löcher für die Schnürsenkel in die Schuhe bohren.«

(Wie ihr euch ebenfalls denken könnt, war das der Hund.)

»Dann ging ich die Treppe rauf. Aber da stand ein Drescher. Und mit seinem Dreschflegel stieß er mich die Treppe wieder runter.«

(Das war der Ziegenbock. Aber das habt ihr euch wahrscheinlich auch schon längst gedacht.)

»Dann wollte ich in den Keller gehen. Aber da stand ein Holzhacker. Und, nein, war das schrecklich! Der verpasste mir ein paar Hiebe mit seiner Axt.«

(Und wer war das? Richtig! Der Stier natürlich.)

»All das war aber noch längst nicht das Schlimmste. Auf dem Dach saß nämlich ein kleiner Giftzwerg. Und als ich aus dem Haus lief, rief er: ›Kippt ihn in den See! Kippt ihn in den See! Kippt ihn in den See!‹ Der hörte überhaupt nicht mehr damit auf!«

(Wer kann das schon gewesen sein? Der Hahn natürlich. Wer denn auch sonst?!)

Da waren die Räuber sich einig, dass sie lieber die Goldmünzen zurücklassen wollten, als noch einmal in dieses Schreckenskabinett zurückzukehren. So machte sich Jack am nächsten Morgen mit Bergen von Gold auf den Weg zurück. Und jedes der Tiere bekam so viel ab, wie es tragen konnte. Die Katze hängte sich einen Beutel an den Schwanz (und den hielt sie fein hoch, als sie damit herumstolzierte), der Hund einen an sein Halsband, der Ziegenbock und der Stier zwei an ihre Hörnern, und dem Hahn steckte Jack eine Goldmünze in den Schnabel. Sonst hätte er wohl nicht mehr aufgehört mit seinem: »Kikeriki. Kippt ihn in den See!«

Das Schreckgespenst

Es war einmal eine Frau, die hatte immer gute Laune, obwohl sie eigentlich gar keinen Grund dafür hatte. Sie war nämlich alt, arm und allein. Sie wohnte in einem winzig kleinen Haus und verdiente sich das bisschen, was sie zum Leben brauchte, mit Botengängen für ihre Nachbarn. Die gaben ihr dafür dann etwas, das sie entbehren konnten – einen Bissen zu Essen oder einen Teller Suppe. Damit kam sie mehr oder weniger gut zurecht, und dabei war sie so fröhlich, als schwelgte sie im Überfluss.

Eines Sommerabends, als sie gut gelaunt wie immer auf dem Weg in ihre bescheidene Behausung war, sah sie einen großen schwarzen Topf im Straßengraben.

»Heute habe ich aber Glück!«, sagte sie. »Den nehme ich mir mit. Wenn ich doch etwas hätte, das ich hineintun könnte! Aber das habe ich ja nicht. Und wer den wohl hier hat stehen lassen?«

Suchend sah sie sich nach dem Besitzer um, aber da war niemand.

»Vielleicht hat der Topf ein Loch, und deshalb hat ihn jemand weggeworfen«, sagte sie zu sich selbst. »Aber wenn er keins hat, könnte ich ihn mit ein paar Blumen auf meine Fensterbank stellen. Ich sollte ihn tatsächlich mit nach Hause nehmen.«

Um sich zu vergewissern, dass der Topf nicht doch ein Loch hatte, nahm sie den Deckel ab. »Du lieber Himmel!«, rief sie.

»Da sind ja lauter Goldstücke drin. Heute habe ich aber wirklich Glück!«

Der Topf war bis zum Rand mit Goldmünzen gefüllt. Und nachdem die Frau eine Weile staunend dagestanden und sich gefragt hatte, ob sie vielleicht träumte, sagte sie sich:

»Dann bin ich reich! Mit einem Schlag bin ich auf einmal richtig reich!«

Nachdem sie sich das noch ein paar Mal mehr gesagt hatte, fragte sie sich, wie sie ihren unerwarteten Reichtum nach Hause schaffen sollte. Tragen konnte sie ihn nicht, denn dafür war er zu schwer. So fiel ihr nichts anderes ein, als den Topf an ihr Umhängetuch zu binden und ihn wie einen Handkarren hinter sich herzuzerren.

»Bald wird es dunkel«, murmelte sie vor sich hin, während sie sich mit der schweren Last abmühte. »Aber umso besser! Dann sehen die Nachbarn nicht, was ich mit nach Hause bringe, und ich habe die ganze Nacht Zeit, mir zu überlegen, was ich damit machen werde. Vielleicht kaufe ich mir ein großes Haus, und da setze ich mich mit einer Tasse Tee vor den Kamin. Und ich brauche nie wieder zu arbeiten. Wie die Königin! Oder ich vergrabe das Gold im Garten und lege nur ein paar Stücke in die alte Teekanne, die über dem Ofen steht? Ich könnte auch … Meine Güte, so viel Reichtum! Das kenne ich ja sonst gar nicht!«

Inzwischen war sie von der Anstrengung ein wenig erschöpft. Sie blieb stehen, um Rast zu machen, und drehte sich um nach dem Topf.

Aber der Topf mit dem Gold war weg! Stattdessen war dort nur noch ein Klumpen Silber.

Die Frau sah sich das Ende ihres Umhängetuchs an, wo sie den Topf festgeknotet hatte. Sie rieb sich verwundert die Augen und sah noch einmal genauer hin.

»Was ist denn das?«, fragte sie sich schließlich. »Ich hatte tatsächlich gedacht, es wäre ein Topf voller Gold. Aber da hatte ich wohl nicht richtig hingesehen. Und eigentlich ist es ja ein Glück. Mit Silber hat man weniger Ärger. Man kann es leichter unterbringen, und niemand kommt so schnell auf den Gedanken, es zu stehlen. Mit so vielen Goldstücken wäre ich völlig überfordert gewesen. Aber so ein Silberklumpen ...«

Sie ging weiter und überlegte, was sie damit machen wollte. Und dabei fühlte sie sich noch immer unermesslich reich. Doch als sie ein weiteres Mal Rast machte und sich umdrehte, um sich zu vergewissern, dass der Silberklumpen noch da war, war dort nur noch ein Stück Eisen.

»Was ist denn das?«, fragte sie sich erneut. »Da habe ich wohl Eisen für Silber gehalten. War ich denn so sehr in Gedanken? Aber eigentlich ist es auch so ein Glück. Eisen ist ja viel praktischer. Ich kann es beim Eisenhändler gegen ein paar Pennys eintauschen. Mit Penny-Stücken kann ich viel mehr anfangen als mit Gold oder Silber. Ich hätte kein Auge mehr zugetan vor lauter Angst, dass es gestohlen wird. Penny-Stücke dagegen nutzen mir viel mehr. Für das Eisen bekomme ich bestimmt eine ganze Menge davon, und dann bin ich reich. Richtig reich.«

Sie ging weiter und schmiedete Pläne, wie sie die Penny-Münzen ausgeben würde, bis sie eine weitere Rast einlegte und sich umdrehte, um nach dem Eisen zu sehen. Stattdessen war dort nur noch ein großer Stein.

»Was ist denn das?«, fragte sie sich einmal mehr. »Wie konnte ich bloß einen Stein für ein Stück Eisen halten? Da muss ich ja vollkommen in Gedanken gewesen sein. Aber eigentlich ist es doch ein Glück. Ich brauchte schon lange einen Stein, um das Gartentörchen offenzuhalten. Da kommt mir der Stein doch viel mehr gelegen als ein Stück Eisen. Das nenne ich wirklich Glück!«

Die Frau beeilte sich, nach Hause zu kommen, um auszuprobieren, ob sie mit dem Stein das Törchen offen halten konnte. Sie schob den Riegel beiseite, und als sie sich umdrehte, da war der Stein tatsächlich noch ein Stein. Schließlich war es noch hell genug, um erkennen zu können, dass er reglos und stumm dort lag, wie es bei Steinen nun einmal so ist.

Doch als sie sich bückte, um ihn von ihrem Umhängetuch zu lösen …

»O mein Gott!«

Da bewegte er sich plötzlich und sprang kreischend herum. Kaum einen Moment später war er groß wie ein Schober Heu und ihm wuchsen vier lange Beine, zwei lange Ohren und ein langer Schweif. Fauchend trat er um sich und lief wiehernd wie ein Fohlen davon.

Ungläubig starrte die alte Frau ihm hinterher, bis er außer Sichtweite war. Dann brach sie in schallendes Gelächter aus.

»Ach«, sagte sie kichernd. »Da habe ich aber wirklich Glück gehabt! Mehr als jeder andere in der Gegend. Wer hätte gedacht, dass ausgerechnet ich das Schreckgespenst zu sehen bekomme. Und ich habe es auch noch selbst hierher gebracht. Meine Güte, was für ein ereignisreicher Tag!«

Dann ging sie in ihr kleines Cottage und freute sich noch den ganzen Abend lang.

»Ach«, sagte sie kichernd. »Da habe ich aber wirklich Glück gehabt!«

Rotkäppchen

Es war einmal ein Mädchen, das wurde Rotkäppchen genannt, weil es ziemlich klein war und immer einen roten Umhang mit roter Kapuze trug, den seine Großmutter ihm genäht hatte.

Eines Tages hatte Rotkäppchens Mutter einen Kuchen gebacken. Und da die Großmutter mit einer Erkältung im Bett lag, sollte Rotkäppchen ihr den Kuchen bringen.

»Deine Großmutter liegt noch immer krank im Bett«, sagte die Mutter. »Deshalb sei so gut, mein Kind, zieh dir den roten Umhang mit der roten Kapuze an und bring ihr den Kuchen. Ich habe sogar Sahne dazu geschlagen.«

Rotkäppchen hatte seine Großmutter sehr gern, und das nicht nur, weil sie ihm immer so schöne Sachen nähte. Also freute es sich, sie besuchen zu gehen. Es schlüpfte in den roten Umhang mit der roten Kapuze und machte sich sogleich auf den Weg. Aber die Großmutter wohnte ein Stück weit entfernt, hinter einem großen Wald, durch den kaum jemand ging. An diesem Tag jedoch waren dort ein paar Holzfäller unterwegs, und deshalb hatte Rotkäppchen keine Angst, als ihm ein riesiger Wolf entgegenkam. Schließlich wusste es, dass Wölfe eigentlich sehr scheue Tiere sind.

Aber dieser Wolf hätte Rotkäppchen sofort gefressen, wären da nicht die Holzfäller im Wald gewesen. So blieb er nur stehen und erkundigte sich höflich, wohin Rotkäppchen denn ging.

»Ich gehe zu meiner Großmutter, um nachzusehen, wie es ihr mit der Erkältung geht. Und ich bringe ihr Kuchen und Sahne mit«, antwortete Rotkäppchen.

»Wohnt sie denn sehr weit weg?«, wollte der Wolf wie beiläufig wissen.

»Wenn man die Straße nimmt, ist es nicht so weit«, erklärte Rotkäppchen. »Man kommt an einer Mühle vorbei, und dann ist es das erste Cottage auf der rechten Seite. Aber ich gehe lieber durch den Wald, weil da so viele Nüsse und Blumen und Schmetterlinge sind.«

»Dann komm gut an!«, verabschiedete sich der Wolf höflich. »Und bestell deiner Großmutter gute Besserung von mir.«

Dann ging er weiter. Doch anstatt sich tiefer in den Wald zurückzuziehen, lief er zu der Straße, an der das Cottage von Rotkäppchens Großmutter stand. Und dort klopfte er an die Tür.

Tock! Tock! Tock!

»Wer ist denn da?«, rief die alte Dame vom Bett aus.

»Rotkäppchen«, säuselte der Wolf mit verstellter Stimme. »Mutter hat einen Kuchen gebacken, und sie hat dir auch Sahne dazu geschlagen. Das wollte ich dir bringen und dich auch gleich fragen, ob es dir schon besser geht, mein liebes Großmütterchen.«

»Du brauchst nur die Klinke herunterzudrücken, es ist nicht abgeschlossen«, rief Rotkäppchens Großmutter voller Freude.

Das tat der Wolf, und dann – o ha! – dauerte es kaum eine Minute, bis Rotkäppchens Großmutter verschlungen war. Der Wolf hatte nämlich schon seit einer Woche nichts mehr gegessen.

Er schloss die Tür, setzte sich die Nachtmütze der alten Dame auf den Kopf und legte sich ins Bett.

Bis Rotkäppchen erschien, dauerte es noch eine Weile, denn es hatte im Wald noch Nüsse gesammelt, Schmetterlinge gejagt und Blumen gepflückt.

Irgendwann klopfte es dann an die Tür.

Tock! Tock! Tock!

»Wer ist denn da?«, flötete der Wolf.

Rotkäppchen merkte natürlich, dass sich die Stimme ziemlich rau anhörte, aber es dachte, seine Großmutter wäre von der Erkältung ein wenig heiser. Also antwortete es treu und brav:

»Ich bin es, Rotkäppchen. Mutter hat dir einen Kuchen gebacken und Sahne dazu geschlagen. Den bringe ich dir. Und ich wollte dich fragen, wie es dir geht?«

»Du brauchst nur die Klinke herunterzudrücken, es ist nicht abgeschlossen.«

Rotkäppchen drückte die Klinke herunter, und weil es in dem Cottage so dunkel war, dachte es, im Bett läge seine Großmutter. Clever wie er war, hatte der Wolf sein Gesicht zur Wand gedreht und sagte er mit heiserer, hoher Stimme:

»Willst du mir zur Begrüßung denn kein Küsschen geben?«

Rotkäppchen zog den roten Umhang aus und näherte sich dem Bett.

»Aber Großmutter«, sagte es, »was hast du denn plötzlich für lange Arme?«

»Damit kann ich dich schon von Weitem in die Arme nehmen, damit du dich nicht bei mir ansteckst«, krächzte der Wolf.

»Deine Beine sehen auch viel länger aus als sonst«, sagte Rotkäppchen erstaunt.

»Damit kann ich wieder viel schneller laufen, Liebes.«

»Und was ist mit deinen Ohren, Großmutter? Die sind ja auch größer geworden?«

»Umso besser höre ich doch jetzt.«

»Und was du für große Augen hast!«

»Deshalb sehe ich doch wieder viel besser, mein Kind.«

»Und warum hast du auf einmal so spitze Zähne?«

»Weil ich dich jetzt fresse«, knurrte der böse Wolf und verschlang das kleine Rotkäppchen mit einem Bissen.

Childe Rowland

Childe Rowland hatte derer Brüder zwei,
sie spielten gern mit dem Ball.
Burd Helen, die Schwester, war stets dabei,
mitten unter ihnen all.

Burd Helen liebte ihre Brüder ebenso innig wie ihre Brüder
sie. Und was immer sie taten, wurde sie von ihnen behütet, wie
es sich für Brüder geziemt. Eines Tages, auf dem Kirchplatz …

Childe Rowland fing den Ball mit der Brust
und schoss ihn dann mit dem Knie,
dass in hohem Bogen er fliegen musst,
und sie dachten, sie fänden ihn nie.

Childe Rowland war nicht nur Burd Helens jüngster Bruder,
er war ihr auch der liebste. Oftmals gab es geschwisterliches
Geplänkel, bei dem sie sich aneinander maßen. So wetteiferten
sie auch diesmal, wer von ihnen den Ball zuerst finden würde.

Burd Helen kam ihrem Bruder zuvor,
war im Nu dort, wo sich der Ball verlor.

Der Ball war auf die rechte Seite des Kirchturms gefallen,
und um schneller dort zu sein als ihr Bruder, nahm Burd Helen den kürzesten Weg. Dabei schien ihr die Sonne ins Ge-

sicht und sie hatte ihren Schatten im Rücken. Und wenn das geschieht, wenn man sich dem Lauf der Sonne entgegen bewegt und damit auch gegen das Licht, dann sieht man nicht, wohin der eigene Schatten fällt. Folglich behütet man ihn nicht.

Was daraufhin mit Burd Helen geschah, werdet ihr später erfahren. Denn vorerst bleiben wir bei ihren Brüdern.

> Lang standen sie da und rührten sich nicht vom Fleck,
> vergebens, die innig geliebte Schwester war weg.

Die drei Brüder bekamen es mit der Angst, und …

> so suchten sie hier und suchten dort,
> liefen gen Ost und gen West,
> doch die innig geliebte Schwester war fort,
> stellten sie sinkenden Mutes fest.

Wie der Morgentau im Mai schien sich Burd Helen verflüchtigt zu haben.

So ging der älteste Bruder zu Merlin, dem größten Zauberer aller Zeiten, dem nichts verborgen blieb, was unter dem Himmel geschah. Und er fragte ihn, wo Burd Helen wohl war.

»Burd Helen, euer innig geliebtes Geschwisterkind, wurde samt ihrem Schatten davongetragen, als sie dem Lauf der Sonne entgegenging«, antwortete Merlin. »Denn stellen sich die Menschen gegen das Licht, geben sie den dunklen Mächten die Macht, sie zu holen und in den Turm der Finsternis zu bringen. Einzig und allein der tapferste Ritter auf Erden wird eure Schwester befreien können.«

»Wenn es also möglich ist, dann will ich es wagen«, sagte der
älteste der drei Brüder.

»Möglich ist es wohl«, sprach Merlin mit ernstem Gesicht.
»Doch so tapfer derjenige, der das Wagnis eingeht, auch ist, gelingen wird es ihm nicht, wenn er nicht weiß, was es zu beachten gilt.«

An Tapferkeit mangelte es Burd Helens ältestem Bruder
wahrlich nicht, schreckte er doch vor keiner Gefahr zurück. So
bat er Merlin, ihm zu erklären, was er tun musste. Das tat Merlin, und er sagte ihm auch, was er unterlassen sollte. Der älteste
Bruder gürtete sich mit seinem Schwert, und nachdem er sich
von den beiden jüngeren Brüdern und seiner Mutter verab-
schiedet hatte, machte er sich auf den Weg, um Burd Helen aus
dem Turm der Finsternis zu befreien.

> Brüder und Mutter, erfüllt von Schmerz,
> warteten mit sorgenvollem Blick,
> doch Burd Helens tapferes Bruderherz,
> kehrte aus dem Turm nicht zurück.

So ging der zweitälteste Bruder zu Merlin und bat:

»Sagt mir, was ich tun muss, um meinen Bruder und meine
Schwester aus dem Turm der Finsternis zu befreien.« Dem
zweitältesten Bruder fehlte es ebenfalls nicht an Tapferkeit,
auch er schreckte vor keiner Gefahr zurück.

Merlin sagte ihm, was er zu tun hatte und was er vor allen
Dingen unterlassen sollte. Der zweitälteste Bruder gürtete sich
mit seinem Schwert, verabschiedete sich von seiner Mutter
und Childe Rowland, und dann begab auch er sich in das
Reich der Finsternis, um Burd Helen und seinen älteren Bruder zu befreien.

Bruder und Mutter, erfüllt von Schmerz,
warteten mit sorgenvollem Blick,
doch Burd Helens tapferes Bruderherz,
kehrte aus dem Turm nicht zurück.

Sie warteten lange – sehr lange. Doch als weder der älteste, noch der zweitälteste Bruder aus dem Turm der Finsternis zurückkehrte, bat Childe Rowland, seine Mutter, ihn ziehen zu lassen, um sich der gefährlichen Aufgabe zu stellen. War er seiner Schwester doch immer der liebste von allen gewesen, und da er auch der tapferste war, fürchtete er weder Tod noch Teufel. Darauf sagte seine Mutter, die Königin:

»Tu mir das nicht an! Bist du doch das einzige meiner Kinder, das mir geblieben ist. Bevor ich auch dich noch verliere, lasse ich lieber mein Leben.«

Doch Childe Rowland gab nicht eher Ruhe, bis seine Mutter ihn ziehen ließ – mit Gottes Segen und seines Vaters Schwert. Dessen Klinge hatte noch nie ihr Ziel verfehlt, und als die Königin ihren jüngsten Sohn damit gürtete, sprach sie einen schützenden Bann.

So sagte Childe Rowland seiner Mutter Lebewohl und ging zu Merlin, dem Zauberer.

»Ich bin der jüngste von Burd Helens Brüdern«, stellte er sich vor und bat: »Ein letztes Mal noch, großer Meister, sagt einem tapferen Mann, wie man jemanden aus dem Turm der Finsternis befreien kann.«

»Mein Junge«, sprach Merlin, »dafür musst du zweierlei beachten. Und so einfach es dir scheinen mag, so schwer wird es dir fallen. Eines sollst du tun, und eines unterlassen. Ersteres will ich dir nun erklären: Spricht jemand mit dir im Reich der Finsternis, schwing die Klinge, die einst dein Vater führte, und trenn ihm den Kopf vom Leib, *ganz gleich, wer es auch ist.* Daran musst du dich unbedingt halten. Was du hingegen lassen sollst, ist dies: Iss keinen Bissen und trink keinen Tropfen. Tust es doch, bleibt dir die Rückkehr in unsere Welt auf ewig verwehrt.«

Immer wieder rief sich Childe Rowland Merlins Worte ins Gedächtnis, bis er sie auswendig konnte. Dann verabschiedete er sich von dem großen Zauberer und machte sich auf den Weg in das Reich der Finsternis.

Er ritt schnell und er ritt weit, bis er in eine Moorlandschaft kam. Dort weideten Pferde mit Augen so glühend wie Kohle.

Da wusste er, er hatte die Schwelle zum Reich der Finsternis übertreten, denn die Pferde konnten nur die des finsteren Herrschers sein.

Childe Rowland fragte den Pferdehirten: »Könnt Ihr mir den Weg zum Turm der Finsternis weisen?«

»Den kenne ich nicht«, antwortete der Pferdehirte. Doch wenn Ihr ein Stück weiter reitet, kommt Ihr zu einem Kuhhirten. Vielleicht kann der Euch Auskunft geben.«

Childe Rowland zog das Schwert seines Vaters, dessen Klinge niemals ihr Ziel verfehlte. Ein einziger Hieb, und der Kopf des Pferdehirten rollte über das Moor, so weit, dass die Pferde des finsteren Herrschers scheuten. Childe Rowland ritt weiter, bis er zu einer Weide kam, auf der Kühe grasten, deren Augen ebenso glühten wie die der Pferde. Das mussten die Kühe des finsteren Herrschers sein. Also befand er sich tatsächlich in dessen Reich.

Childe Rowland fragte auch den Kuhhirten: »Könnt Ihr mir den Weg zum Turm der Finsternis weisen?«

Woraufhin der Kuhhirte antworte: »Den kenne ich nicht. Aber wenn Ihr ein Stück weiter reitet, kommt Ihr zu einer Hühnerfrau. Vielleicht kann die Euch Auskunft geben.«

Abermals erinnerte sich Childe Rowland an Merlins Worte. Und ein weiteres Mal zog er das Schwert seines Vaters, dessen Klinge niemals ihr Ziel verfehlte. Da rollte der Kopf des Kuhhirten durch das Gras, sodass die Kühe des finsteren Herrschers erschraken.

Childe Rowland ritt weiter und kam zu einer Wiese. Dort fütterte eine alte Frau, die in einen grauen Umhang gehüllt war, die Hühner, deren Augen ebenso glühten wie die der Kühe und Pferde. Das mussten die Hühner des finsteren Herrschers sein, und so wusste Childe Rowland, er befand sich noch immer in dessen Reich.

Er fragte auch die Hühnerfrau: »Könnt Ihr mir den Weg zum Turm der Finsternis weisen?«

Woraufhin die Hühnerfrau mit einem Lächeln zur Antwort gab: »Aber sicher kann ich das. Ihr braucht nur noch ein Stück des Weges weiterzureiten. Dann kommt Ihr an einen Hügel. Er ist mit Gras bewachsen, und vor dem Blau des Himmels werdet Ihr ihn sofort erkennen. Der Hügel besteht aus drei Stufen. Seid Ihr auf der ersten, müsst Ihr sagen:

›Tu dich auf, grüner Stein,
lass mich ein, lass mich ein!‹

Dann geht Ihr weiter hinauf, und seid Ihr auf der nächsten Stufe, sagt Ihr:

›Tu dich weiter auf, Stein,
und lass mich hinein!‹

Seid Ihr auf der dritten Stufe angelangt, sagt Ihr:

›Mach schnell, tu dich auf, Stein,
und lass mich ganz hinein!‹

Dann öffnet sich die Tür, die in den Turm der Finsternis führt.
Doch eines müsst Ihr beachten: Hier müsst ihr der Sonne entgegen gehen. Habt ihr die Sonne im Rücken, bleibt die Tür
verschlossen. Möge das Glück an Eurer Seite sein!«

Die Hühnerfrau hatte so freundlich mit ihm gesprochen
und so offenherzig gelächelt, dass Childe Rowland für einen
Moment vergaß, was er nun zu tun hatte. Er bedankte sich für
ihre Hilfe und war schon im Begriff weiterzureiten. Doch
dann erinnerte er sich an Merlins Worte. Er zog das Schwert
seines Vaters, und abermals verfehlte die Klinge nicht ihr Ziel.
So rollte auch der Kopf der Hühnerfrau, und die Hühner mit
den glühenden Augen flatterten erschrocken auf.

Childe Rowland ritt weiter, und bald sah er unter dem blau-
en Himmel einen Hügel, der aus drei Stufen bestand.

Er tat, was die Hühnerfrau ihm gesagt hatte, und ging auf
der Seite hinauf, wo die Sonne ihm ins Gesicht schien.

Als er die dritte Stufe schließlich erreicht hatte, sprach er die
Worte der Hühnerfrau nach:

»Mach schnell, tu dich auf, Stein,
und lass mich ganz hinein!«

Da öffnete sich tatsächlich eine Tür und ließ ihn ein. Hinter
ihm fiel sie sogleich ins Schloss, und Childe Rowland fand sich
im Turm der Finsternis wieder.

Zunächst schien alles um ihn herum stockdunkel, doch das
mochte daran liegen, dass ihn zuvor die Sonne geblendet hatte. Als sich seine Augen an die Dunkelheit gewöhnten, konn-

te er schemenhaft etwas erkennen. Woher das wenige Licht kam, das dafür nötig war, hätte er nicht sagen können – möglicherweise durch die Wände oder das Dach. Denn Fenster gab es nicht im Turm der Finsternis, und auch keine Kerzen. Im spärlichen Licht sah Childe Rowland einen langen Bogengang. Edelsteine funkelten an den silbrig glänzenden Wänden, und die Luft war warm und feucht, wie es in anderen Welten oftmals üblich ist. Childe Rowland folgte dem Gang, der sich im Nichts zu verlieren schien, bis er vor einer riesigen Flügeltür stand. Sie war mit eisernen Riegeln verschlossen, doch als er sie berührte, öffnete sie sich. Die Tür führte in eine prächtige Halle, die das gesamte Innere des Hügels auszufüllen schien. Erhabene Säulen stützten die hohe Deckenkuppel wie in einer Kathedrale. Doch hier, im Turm der Finsternis, waren die Säulen aus Silber und Gold und umrankt von Blüten aus Diamanten und Rubinen und Blättern aus Smaragden. Ein riesiger Leuchter aus schimmerndem Perlmutt hing an einer goldenen Kette von der Decke herab. Daran pendelte ein blutroter Karfunkel und tauchte die Säulenhalle in rötlich schimmerndes Licht wie die untergehende Sonne.

Am Ende der Halle stand ein wundersamer, prächtiger Diwan, mit Samt und Seide bezogen und goldverziert. Darauf saß Burd Helen und kämmte sich mit einem goldenen Kamm das goldene Haar. Doch ihr Gesicht war so starr, als wäre es in den Stein gemeißelt. Als sie Childe Rowland erblickte, rührte sie sich nicht, und ihre Stimme klang, als käme sie aus dem Reich der Toten, als sie sagte:

»Gott sei dir gnädig, du bedauernswerter Tor!
Warum nur, dringst in diese Finsternis vor?«

Auch wenn es nur ein Trugbild seiner Schwester war, Childe Rowland hätte es am liebsten sogleich in die Arme geschlossen. Doch dann rief er sich ins Gedächtnis, was der große Zauberer Merlin ihn gelehrt hatte. Er zog seines Vaters Schwert, das niemals sein Ziel verfehlte. Dann wandte er den Blick ab und versetzte dem Trugbild mit aller Kraft einen Hieb.

Mit zitternden Händen hob er den Kopf, und da stand seine Schwester vor ihm – wie sie leibte und lebte. Zwischen Furcht und Freude schwankend, riss sie ihn in ihre Arme und rief:

»Bruder, warum bliebst du nicht an heimischen Stätten?
Denn hätten wir statt unseres einen Lebens
hunderttausend, um eine verlorene Seele zu retten,
lass dir sagen, es wäre dennoch vergebens.

Da bist du nun, mein geliebtes Bruderherz.
Und ich wünschte, du wärst nie hierhergekommen!
Findet dich der Herrscher, ach, welch ein Schmerz,
wird dir das eine noch so junge Leben genommen.«

Halb weinend, halb lachend bedeutete Burd Helen ihrem innig geliebten Bruder, sich zu ihr zu setzen. So saßen sie auf dem prächtigen Diwan beisammen und erzählten einander, was sie erlebt und ausgestanden hatten. Childe Rowland berichtete, wie er den Turm der Finsternis gefunden hatte und hineingekommen war, und Burd Helen, wie sie und ihr Schatten dorthin gebracht worden waren, weil sie der Sonne entgegen um den Kirchturm gelaufen war. Sie erzählte auch von den beiden älteren Brüdern, die gekommen waren, um sie zu retten. Genau wie sie selbst waren sie mit einem Bann belegt worden und lagen wie Tote in goldenen Särgen, weil sie Merlins Anweisungen nicht befolgt und es nicht über ihre Herzen gebracht hatten, Burd Helens Trugbild den Kopf abzuschlagen.

Über all das vergaß Childe Rowland, der nach der weiten Reise sehr hungrig war, die zweite von Merlins Anweisungen und bat seine Schwester um etwas zu essen. Doch Burd Helen stand noch immer im Bann der Finsternis, und so konnte sie ihn vor der Gefahr nicht warnen. Schmerzerfüllt sah sie ihren Bruder an und brachte ihm Brot und Milch in einer goldenen Schüssel.

Damals war es noch Sitte, sich mit einem Blick zu bedanken. Und so hob Childe Rowland, ehe er die Schüssel an die Lippen führte, den Kopf und sah seiner Schwester in die traurigen Augen.

Da kehrte die Erinnerung an die Worte des großen Zauberers zurück: »Iss keinen Bissen und trink keinen Tropfen. Tust es doch, bleibt dir die Rückkehr in unsere Welt auf ewig verwehrt.«

Childe Rowland sprang auf und schleuderte die Schüssel zu Boden. Wieder ganz der tapfere junge Mann, der weder Tod noch Teufel fürchtete, forderte er den finsteren Herrscher heraus:

»Weder einen Tropfen werde ich trinken, noch einen Bissen essen, solange meine Schwester nicht befreit ist.«

Da grollte eine donnernde Stimme:

»Ein weiterer Bruder betritt den Saal,
noch lebt er, aber nicht mehr lange,
dank meines Schwertes Stahl.«

Die Türen der Säulenhalle flogen auf, und wie ein Orkan fegte der finstere Herrscher herein. Childe Rowland blieb kaum Zeit, sich seinen Gegner anzusehen.

»Nur zu, wenn du es überhaupt wagst, du lächerliche Gestalt«, rief er und stürzte sich auf seinen Feind – in der erhobenen Hand das Schwert seines Vaters, dessen Klinge niemals ihr Ziel verfehlte.

Childe Rowland und der finstere Herrscher lieferten sich einen erbitterten Kampf. So erbittert, dass Burd Helen bangend und hoffend die Hände rang.

Er schien endlos, dieser Kampf, bis Childe Rowland seinen Gegner in die Knie zwang. »Ich ergebe mich«, rief der finstere Herrscher. »Es war ein fairer Kampf, in dem ich dir unterlag.«

»Wenn du meine Schwester und meine Brüder von dem Bann erlöst und uns in unsere Welt zurückkehren lässt, werde ich Gnade walten lassen«, sagte Childe Rowland.

Der finstere Herrscher sicherte ihm zu, dass er diese Bedingung erfüllen wolle. Er ging zu einem goldenen Schrein und entnahm ihm ein Fläschchen, das eine blutrote Flüssigkeit enthielt. Die träufelte er Burd Helen und ihren beiden älteren Brüdern auf Ohren, Augenlider, Nasen, Lippen und Fingerspitzen.

Sogleich kehrten die Seelen in die leblosen Körper zurück. Und als der finstere Herrscher den Bann mit einem Zauberspruch vollständig gebrochen hatte, machten sich die drei Brüder mit ihrer innig geliebten Schwester auf den Weg hinaus. Im rötlich schimmernden Licht durchquerten sie die Säulenhalle und gingen durch den langen Bogengang mit den Edelsteinen an den silbrig glänzenden Wänden bis zu der Tür, die aus dem ewigen Halbdunkel hinausführte. Die Tür öffnete sich, und sobald sie auf dem grünen Hügel standen, fiel sie ins Schloss. So ließen sie den Turm der Finsternis hinter sich und kehrten nie wieder dorthin zurück.

Kaum standen sie im hellen Tageslicht, fanden sie sich in ihrer vertrauten Umgebung wieder. Und fortan achtete Burd Helen darauf, niemals wieder dem Sonnenlicht entgegen um den Kirchturm zu laufen.

Die Schlauköpfe aus Gotham

Wie man Schafe kauft

Zwei Männer aus Gotham trafen sich auf der Brücke nach Nottingham. Der eine wollte auf dem Markt dort Schafe kaufen, und der andere kam gerade vom Markt.

»Wohin des Wegs?«, fragte der, der aus Nottingham kam.

»Wohin wohl? Schafe kaufen«, sagte der, der nach Nottingham wollte.

»Schafe kaufen?«, fragte der erste. »Wie willst du die denn nach Hause bringen?«

»Über die Brücke natürlich«, sagte der zweite.

»Bei Robin Hood, dem Rächer der Enterbten und Beschützer von Witwen und Waisen!«, rief der erste. »Das wirst du nicht!«

»Bei Maid Marion«, rief der zweite. »Das werde ich doch!«

»Wirst du nicht!«

»Werde ich doch!«

Die beiden schwangen ihre Stöcke und beharkten sich damit, als ginge es um eine ganze Herde von Schafen.

»Na warte!« rief der, der nach Nottingham wollte. »Wenn du meine Schafe nicht über die Brücke lässt, kannst du dich auf was gefasst machen.«

»Na und«, gab der, der aus Nottingham kam, zurück. »Über die Brücke lasse ich sie trotzdem nicht.«

»Und ich werde sie trotzdem darüber treiben.«

»Dann stopfe ich dir das Maul«, sagte der, der die Schafe nicht über die Brücke lassen wollte.

»Das werden wir ja sehen!«, gab der andere zurück.

Während die beiden sich zankten, kam ein anderer Mann vorbei, der nach Gotham wollte. Auf dem Markt in Nottingham hatte er einen Sack Mehl gekauft, ihn auf sein Pferd geladen, und nun wollte er damit die Brücke überqueren. Als er den Streit seiner beiden Nachbarn hörte, blieb er stehen.

»Ihr habt wohl die Klugheit mit Löffeln gefressen,«, sagte er. »Helft mir mal, den Sack Mehl von meinem Pferd zu heben.«

Die beiden anderen unterbrachen ihren Streit und hievten ihm den Sack Mehl auf die Schultern, woraufhin der Dritte ihn auf die Brücke schleppte und das Mehl in den Fluss schüttete.

»Da seht ihr es, ihr beiden Idioten!«, sagte er zu den beiden anderen. »Wieviel Mehl habe ich?«

»Gar keins«, antworteten die beiden anderen wie aus einem Mund.

»Und ihr habt genauso wenig Schafe.«, sagte der Dritte. »Wie kann man nur so dämlich sein und sich über etwas streiten, das man gar nicht hat!«

Da war er wohl von allen dreien der Schlauste. Oder etwa nicht?

Wie man einen Kuckuck hält

D ie Bewohner von Gotham wollten sich einen Kuckuck halten, damit sie ihn das ganze Jahr über rufen hörten. Also pflanzten sie mitten in der Stadt eine runde Hecke, um ihn einzuzäunen. Sie fingen einen Kuckuck, setzten ihn in das grüne Rondell und schärften ihm ein: »Jetzt wollen wir dich aber auch das ganze Jahr lang rufen hören. Wenn nicht, sind Würmer und Wasser gestrichen.« Als der Kuckuck um sich herum nur das Grün der Hecke sah, flog er davon. »Solch ein Biest!«, hieß es daraufhin. »Das nächste Mal müssen wir die Hecke höher wachsen lassen.«

Wie man Käse zum Markt bringt

Ein Mann aus Gotham wollte nach Nottingham zum Markt gehen, um dort seinen Käse zu verkaufen. Als er bergab auf die Brücke zuging, fiel ihm einer der Laibe aus dem Käsebeutel und rollte den Hügel hinunter. »Na so was!«, sagte er. »Das geht ja ganz von allein. Mit den anderen Laiben sollte ich es genauso machen.« Er nahm die restlichen Laibe aus dem Beutel und ließ sie den Hügel hinunterrollen, wo sie sich in den Büschen verteilten.

»An der Ecke vor dem Markplatz treffen wir uns dann wieder«, rief er ihnen hinterher. Doch als er am genannten Treffpunkt erschien, stand er sich die Beine in den Bauch. Kurz bevor der Markt geschlossen wurde, fragte er Nachbarn, Bekannte und die Händler der anderen Markstände, ob sie seine Käselaibe gesehen hätten.

»Wer sollte sie denn herbringen?«, fragte einer der Händler.

»Keiner!«, antwortete der Käsehändler. »Das können die ganz allein.«

Dann fügte er hinzu: »Aber vielleicht hatten sie es zu eilig und sind am Marktplatz vorbeigerollt. Wahrscheinlich sind sie schon fast in York.« Er mietete sich ein Pferd und ritt nach York, um seine Käselaibe einzufangen. Aber da waren sie natürlich nicht. Und bis heute konnte ihm noch niemand sagen, wo sie abgeblieben sind.

Wie man einen Aal ertränkt, und warum

Kurz vor Karfreitag machten sich die Bewohner von Gotham Gedanken darüber, was man mit den eingelegten Heringen, Sprotten und Räucherfischen machen könne, die man noch auf Vorrat hatte. Nachdem sie sich eine Weile beraten hatten, einigten sie sich darauf, sie in den Teich zu werfen, damit sie sich vermehrten und sie im kommenden Jahr genug Fisch hatten.

»Ich habe noch viele eingelegte Heringe übrig«, sagte jemand.

»Und ich noch eine Menge Sprotten«, sagte jemand anders.

»Ich habe noch ein paar Bücklinge«, sagte ein weiterer.

»Und ich noch ein paar Matjes«, sagte der nächste. »Wenn wir die alle in den Teich werfen, haben wir bald mehr als genug.«

Zu Beginn des nächsten Jahres versammelten sie sich um den Teich, um die Fische zu angeln, aber sie fingen nur einen fetten Aal.

»Ach«, riefen sie im Chor. »Dieser hinterhältige Aal hat all unsere Fische gefressen.«

»Was machen wir denn jetzt mit ihm?«, fragte einer.

»Töten«, sagte ein anderer.

»In Stücke hacken«, schlug ein weiterer vor.

»Aber nicht doch«, sagte der nächste. »Am besten ertränken wir ihn.«

»Das machen wir«, riefen sie im Chor. Sie brachten den Aal zu einem anderen Teich und warfen ihn ins Wasser. »Das hat er nun davon«, sagten sie, als der Aal unterging.

Wie man pünktlich die Pacht bezahlt

Einmal hatten die Bewohner von Gotham vergessen, pünktlich ihre Pacht zu bezahlen. Einer von ihnen sagte: »Morgen ist doch Zahltag. Wie sollen wir es denn jetzt noch rechtzeitig schaffen, unserem Grundherrn das Geld zu schicken?«

Daraufhin schlug ein anderer vor: »Ich habe heute einen Hasen gefangen. Der könnte es ihm bringen. So schnell wie der ist, schafft er es noch rechtzeitig.«

»So machen wir es«, sagte ein weiterer. »Wir binden ihm einen Brief und einen Beutel mit unserem Geld um den Hals und erklären ihm den Weg.« Gesagt, getan, und dann sagten sie dem Hasen: »Erst läufst du nach Lancaster und von da aus nach Loughborough. Frag nach Newarke, bestell unserem Grundherrn schöne Grüße und gib ihm die Pacht.«

Als sie den Hasen wieder auf den Boden setzten, lief er sofort querfeldein. »Erst in Richtung Lancaster!«, rief ihm einer hinterher.

»Lass ihn doch«, sagte ein anderer. »Der kennt sich hier viel besser aus als wir. Sicher weiß er eine Abkürzung.«

Darauf sagte ein weiterer: »Und er ist ja nicht dumm. Deshalb geht er den Hunden auf der Straße lieber aus dem Weg.«

Wie man richtig zählt, oder:
Der zwölfte Mann

Einmal waren zwölf Männer aus Gotham Angeln. Einige von ihnen standen im Wasser und die anderen am Ufer. Auf dem Heimweg sagte einer: »Das war ganz schön gefährlich heute, da im Wasser zu stehen. Ich bete zu Gott, dass keiner von uns ertrunken ist.«

»Das haben wir gleich«, sagte ein anderer. »Als wir zu Hause losgingen, waren wir zwölf. Wir brauchen doch nur zu zählen.« Jeder zählte elf Männer, und jeder zählte sich selbst nicht mit.

»Tatsächlich«, sagte der nächste. »Einer von uns fehlt.« Sie gingen zurück zu dem Bach, in dem sie geangelt hatten, und stocherten unter großem Tamtam im Wasser herum. Da kam ein Höfling vorbeigeritten und fragte, wonach sie denn suchten und warum sie einen solchen Wirbel darum veranstalteten. »Ach«, sagte einer der Männer aus Gotham, »wir haben heute in diesem Bach geangelt. Als wir heute Morgen losgingen, waren wir zwölf Männer. Einer von uns muss also ertrunken sein.«

»Dann zählt mir doch mal vor, wie viele ihr seid«, sagte der Höfling. Einer zählte laut vor, und er zählte sich selbst nicht mit. Da fragte der Höfling: »Was gebt ihr mir dafür, wenn ich den zwölften Mann für euch finde?«

»Alles Geld, das wir bei uns haben, Sir«, antworteten die Männer aus Gotham wie aus einem Mund.

»Dann gebt es mir schon mal«, sagte der Höfling. Er schlug dem ersten so fest auf die Schulter, dass er ächzte. »Nummer eins«, sagte er und zählte weiter, jedes Mal mit einem Schlag auf die Schulter. Dem letzten versetzte er einen kräftigen Hieb und verkündete: »Da ist er, euer zwölfter Mann.«

»Dem Himmel sei Dank!«, riefen die Männer aus Gotham. »Und Gott segne Euch dafür, dass Ihr ihn gefunden habt.«

Die Binsenmagd

Vor langer, langer Zeit, als manches auf der Welt noch anders war und seltsame Dinge passierten, lebte ein sehr reicher Gentleman, dessen Frau gestorben war. Fortan war er mit seinen drei Töchtern allein, und da er ihnen in aufrichtiger Liebe zugetan war, hütete er jede wie seinen Augapfel.

Eines Tages wollte er wissen, ob er ihnen ebenso viel bedeutete wie sie ihm, und so fragte er die Älteste: »Sag mir, mein Kind, wie sehr liebst du mich?«

»Wie mein eigenes Leben«, antwortete sie, ohne zu zögern.

»Das freut mich, mein Kind«, sagte er und gab ihr einen Kuss. Dann fragte er die Zweitälteste: »Sag mir, mein Kind, wie sehr liebst du mich?«

»Mehr als alles andere auf der Welt«, antwortete sie, ohne darüber nachzudenken.

»Das beruhigt mich«, sagte er und tätschelte ihr die Wange. Schließlich fragte er die Jüngste, die auch die Hübscheste war: »Und du, mein Kind, wie sehr, liebst du mich?«

Da die jüngste Tochter nicht nur hübsch war, sondern auch klug, dachte sie eine Weile nach, bevor sie zur Antwort gab: »Wie das Salz in der Suppe.«

Ihre Antwort erboste den Vater sehr, war sie doch diejenige seiner drei Töchter, die er am meisten liebte.

»Mehr bedeute ich dir nicht?«, fragte er und fügte hinzu: »Wenn ich dir nach allem, was ich für dich getan habe, nicht mehr bedeute, scher dich aus dem Haus!« Damit verstieß er sie aus dem Haus, in dem sie geboren und aufgewachsen war.

Die jüngste Tochter wusste nicht, wohin sie gehen sollte, und so lief sie in irgendeine Richtung, bis sie sich in einem Moor wiederfand, wo Schilf und Binsen so hoch wuchsen, dass sie sich dem Wind beugten wie der Weizen auf den Feldern. Dort setzte sie sich und flocht sich aus Binsen und Schilf einen Umhang und eine Haube, um ihr feines Kleid und die Perlen in ihrem goldblonden Haar darunter zu verbergen. Denn klug, wie sie war, fürchtete sie, in der Einöde ihrer feinen Kleidung und Perlen wegen überfallen und getötet zu werden.

Es dauerte lange, bis Umhang und Haube fertig waren, und während sie noch dabei war, sie zu flechten, sang sie:

»Unter Schilf mein Haar,
hinter Binsen mein Herz.
Dabei ist es doch wahr,
ich erlaubte mir keinen Scherz.«

Die Vögel im Moor lauschten ihrem Gesang und antworteten darauf:

»Vergieß keine Tränen und gräm dich nicht,
ist er es doch, der Grund hat, zu verzagen.
Sah er die Aufrichtigkeit nicht in deinem Gesicht,
war dein Vater wohl mit Blindheit geschlagen.«

Als Umhang und Haube fertig waren, verbarg die verstoßene Tochter darunter ihr feines Kleid und das goldblonde Haar, sodass man sie für ein einfaches Landmädchen hätte

Sie flocht sich aus Binsen und Schilf einen Umhang und eine Haube, um ihr feines Kleid und die Perlen in ihrem goldblonden Haar darunter zu verbergen.

halten können. Doch die Vögel ließen sich nicht täuschen und sangen:

»Was immer dir geschieht
du täuschst uns nicht.
Wohin es dich auch zieht,
behältst du dein Angesicht.«

Mittlerweile war die verstoßene Tochter vollkommen ausgehungert, doch ganz gleich in welche Richtung sie lief, weit und breit war kein einziges Haus zu sehen, geschweige denn ein Weiler oder ein Dorf. Erst als die Sonne unterging und sie das Moor endlich hinter sich ließ, kam ein großes Haus in Sicht. Es hatte ein herrschaftliches Portal, doch da sie in Binsen und Schilf gekleidet war, ging sie daran vorbei zur Hintertür. Dort schrubbte eine Küchenmagd mit mürrischem, rundlichem Gesicht Töpfe und Pfannen. Und da die verstoßene Tochter nicht dumm war, wusste sie sogleich, wie sie ihr beikommen konnte.

»Wenn du mir ein Nachtlager gewährst, säubere ich an deiner Stelle die Töpfe und Pfannen«, erbot sie sich.

»Da sage ich nicht nein«, gab die Magd zurück. »Dann kann ich mich unterdessen mit meinem Liebsten treffen. Wenn du mir die Arbeit abnimmst, will ich wohl mein Bett und mein Essen mit dir teilen. Aber sieh zu, dass alles richtig sauber wird. Den Ärger mit der Köchin bekomme sonst nämlich ich.«

Am nächsten Morgen waren Pfannen und Töpfe wie neu und spiegelblank. Da fragte die Köchin die Küchenmagd: »Wer hat die denn gesäubert? Jede Wette, du wärst es nicht.« Da musste die Küchenmagd wohl oder übel die Wahrheit sagen.

Woraufhin die Köchin sie entlassen und stattdessen die neue Magd behalten wollte. Die jedoch widersprach.

»Das Küchenmädchen war so freundlich, mir ein Nachtlager zu gewähren«, erklärte sie. »Deshalb bleibe ich, ohne Lohn zu verlangen, und spüle weiter die schmutzigen Töpfe und Pfannen.«

So blieb die Binsenmagd – den Namen gab man ihr, weil sie niemandem sagte, wie sie wirklich hieß – und schrubbte Töpfe und Pfannen.

Eines Tages wurde ein großer Ball gegeben, zu dem die gesamte Nachbarschaft geladen war, weil der Sohn des Hauses volljährig wurde. Der junge Mann war ein leidenschaftlicher Tänzer, und an großen Feiern hatte er ganz besondere Freude. Alles wurde festlich arrangiert, und nachdem das Essen serviert worden war, durften sich die Mägde von der Empore des Ballsaals aus die Feierlichkeiten ansehen.

Die Binsenmagd aber wollte nicht. Sie tanzte nämlich selbst sehr gern und fürchtete, dass sie, sobald die erste fröhliche Melodie gespielt würde, nicht anders konnte, als mitzutanzen. Also ließ sie sich eine Ausrede einfallen. Vom vielen Töpfe auskratzen und Pfannen schrubben, sei sie so müde, dass sie sich nicht mehr auf den Beinen halten könne. Als die anderen Mägde sich auf der Empore versammelten, ging sie hinauf in die Dachkammer und legte sich ins Bett.

Aber es sollte anders kommen. Denn durch die offenen Türen des Ballsaals schallte die Musik durch das ganze Haus.

Sogleich sprang sie aus dem Bett und legte Umhang und Haube ab. Ehe man bis drei zählen konnte, stand sie vor dem Ballsaal – in ihrem feinen Kleid und mit den Perlen im Haar war sie die Schönste von allen. Und was den Tanz betraf …

Diesbezüglich hatte der Sohn des Hauses sogleich ein Auge auf sie geworfen. Mit einer galanten Verbeugung bat er sie, für den Rest des Abends seine Tanzpartnerin zu werden. Und so tanzten die beiden nach Herzenslust, während alle sich fragten, wer die schöne Fremde wohl sei. Doch ehe der Ball zu Ende ging, schlich sie sich unter einem Vorwand hinaus und in die Dachkammer zurück. Als die anderen Mägde zu Bett gingen, lag sie mit Umhang und Haube in ihrem Bett und tat, als schliefe sie tief und fest.

Am nächsten Morgen gab es kein anderes Gesprächsthema mehr als die schöne Fremde.

»Du hättest sie sehen sollen«, sagten die Mägde zu der Binsenmagd. »Sie war schöner als alle anderen zusammen, und als unsereine allemal. Mit Perlen im Haar. Und dann ihr Kleid! Du lieber Gott, piekfein. Sowas kann man sich nicht vorstellen, wenn man es nicht gesehen hat. Der Sohn unseres Dienstherrn konnte nicht mehr die Augen von ihr lassen.«

Die Binsenmagd lächelte, und ihre Augen funkelten, als sie sagte: »Zu gern würde ich sie sehen, aber das wird wohl nicht gehen, denn ich wüsste, nicht wo und wann das sein sollte.«

»Aber natürlich geht das«, riefen die anderen. »Der Sohn unseres Dienstherrn gibt doch heute Abend noch einen Ball. Weil er hofft, dass er dann wieder mit ihr tanzen kann.«

Auch an diesem Abend wollte die Binsenmagd nicht von der Empore aus zusehen, wie im Ballsaal getanzt wurde. Und wieder redete sie sich damit heraus, dass sie vom Schrubben der Töpfe und Pfannen zu müde sei. Doch als die Musik zu ihr hinaufschallte, sagte sie sich: »Einmal nur noch. Nur ein einziger Tanz mit ihm. Weil er es so gut kann.« Dass er sie auch an diesem Abend bitten würde, seine Tanzpartnerin zu sein, dessen war sie sich sicher.

So kam es auch. Als sie Umhang und Haube abgelegt hatte und in ihrem feinen Kleid vor dem Ballsaal erschien, stand er bereits an der Tür und hielt Ausschau nach ihr – wild entschlossen, mit keiner anderen zu tanzen.

Er nahm ihre Hand und führte sie in die Mitte des Saals. Was für ein Anblick! Nie zuvor hatte man ein solches Paar tanzen gesehen. So jung, so schön, so anmutig und unbeschwert!

Abermals schlich sich die Binsenmagd unter einem Vorwand davon, ehe der Ball zu Ende war, sodass die anderen Mägde, als sie zu Bett gingen, dachten, sie schliefe schon. Ihre geröteten Wangen konnten sie jedoch nicht übersehen, ebenso wenig, wie ihren unruhigen Atem zu überhören. Doch dafür war rasch eine Erklärung gefunden. »Sie träumt bestimmt«, flüsterte eine der Mägde. »Hoffentlich etwas Schönes«, fügte eine andere hinzu.

Am nächsten Morgen schwärmten sie von dem großartigen Fest und erzählten der Binsenmagd, was sie verspasst hatte: Der Sohn des Hauses, was für ein gutaussehender Gentleman! Die schöne Fremde! Wie sie miteinander getanzt hatten! Und alle hatten innegehalten, um ihnen zuzusehen.

Mit einem Funkeln in den Augen sagte die Binsenmagd: »Zu gern würde ich sie selbst einmal sehen. Aber ich bin mir *sicher*, das wird nicht passieren.«

»Warum denn nicht?«, riefen die anderen Mägde. »Wenn du heute Abend mit uns kommst, siehst du sie bestimmt. Der Sohn des Hauses veranstaltet nämlich noch einen Ball. Er will die schöne Fremde unbedingt wiedersehen. Dass er sich bis über beide Ohren in sie verliebt hat, sieht doch wohl ein Blinder.«

An dem Abend nahm die Binsenmagd sich vor, nicht in den Ballsaal hinunterzugehen. Schließlich ziemte es sich für einen jungen Gentleman nicht, mit der Küchenmagd zu tanzen. Doch ein weiteres Mal sollte es anders kommen. Als abermals die Musik heraufschallte und sie Umhang und Haube ablegte, brauchte sie nicht einmal ihr goldblondes Haar zu kämmen, um wieder so schön zu sein wie an den Abenden zuvor. Und ehe man bis drei zählen konnte, führte der Sohn des Hauses sie auch schon in den Saal. Er konnte seine Augen gar nicht mehr von ihr lassen, und so fragte er sie, wer sie denn sei. Darüber aber hüllte sich die Binsenmagd in Schweigen. Sie sagte nur, es sei der letzte Abend, an dem sie mit ihm tanzen würde und dass sie sich nie, nie, niemals wiedersehen würden. Da hielt er ihre Hand so fest, dass sie Mühe hatte, sich loszureißen, und dabei zog sie ihm, ohne es zu merken, einen Ring vom Finger. Erst als sie wieder in der Dachkammer war, merkte sie, dass sie seinen Ring in der Hand hielt. Dann hatte sie gerade noch Zeit, in ihren Umhang zu schlüpfen und sich die Haube aufzusetzen, bevor die anderen Mägde hereinstürmten und sahen, dass sie noch wach war.

»Ihr wart so laut, dass ich wach geworden bin«, redete sich die Binsenmagd heraus. »Wir?«, gaben die Mägde zurück. »Das ganze Haus ist in Aufruhr, weil alle nach der schönen Fremden suchen. Der Sohn des Hausherrn wollte sie nicht gehen lassen, aber sie ist ihm entwischt wie ein Aal. Er muss sie unbedingt finden, hat er gesagt, und wenn nicht, will er lieber sterben.«

»So ein junger Mann stirbt doch nicht aus Liebe«, sagte die Binsenmagd lachend. »Er wird schon eine andere finden.«

Aber das tat er nicht. Überall suchte er nach seiner schönen Tanzpartnerin, aber ganz gleich wohin er kam und wen er fragte, er konnte nichts über sie in Erfahrung bringen. Von Tag zu Tag wurde er schwächer und blasser, bis er nicht einmal mehr aus dem Bett aufstehen konnte.

Schließlich kam die Haushälterin in die Küche und sagte der Köchin: »Koch ihm das beste Essen, was du kannst. Sonst isst er überhaupt nichts mehr.«

Die Köchin tat ihr Bestes und versuchte es mit Suppen, Süßspeisen und allerlei Gelees. Aber der junge Gentleman wollte einfach nichts essen, nicht einmal gebratenes Hähnchen mit Brotsauce.

Weinend kam die Haushälterin ein weiteres Mal in die Küche und sagte zur Köchin: »Dann koch ihm eben einen Haferschleim. Vielleicht isst er ja den. Sonst stirbt er wirklich an Sehnsucht nach der schönen Fremden, mit der er so gern getanzt hat. Wenn sie ihn so sehen würde, hätte sie bestimmt Mitleid mit ihm.«

Daraufhin machte die Köchin Haferschleim und während sie am Herd stand und ihn umrührte, hielt die Binsenmagd beim Schrubben der Töpfe und Pfannen inne und sagte: »Lasst mich das machen, dann könnt Ihr schon mal eine Schale dafür aus der Geschirrkammer holen.«

Kaum hatte die Köchin ihr den Rücken gekehrt, um die Schale zu holen, ließ sie den Ring des jungen Gentleman in den Topf fallen und rührte ihn unter.

Als der Diener dem Sohn des Hauses die Schale mit Haferschleim auf einem silbernen Tablett brachte, winkte der sogleich ab. Doch der Diener bekniete ihn mit Tränen in den Augen, ihn doch wenigstens einmal zu probieren.

Lustlos rührte der junge Gentleman mit einem silbernen Löffel darin herum, doch dann stieß er auf dem Boden der Schale gegen etwas Hartes. Er aß den Haferschleim und als er die Schale geleert hatte, sah er, was es war: sein Ring. Da setzte er sich im Bett auf und rief: »Lasst sofort die Köchin kommen!«

Als die Köchin erschien, fragte er sie, wer den Haferschleim gemacht hatte.

»Ich natürlich«, antwortete sie, teils besorgt, teils erfreut.

Der junge Gentleman musterte sie von oben bis unten. »Nein, das wart Ihr nicht«, sagte er. »Dafür sind eure Finger zu dick. Sagt mir, wer es war, dann habt Ihr nichts zu befürchten!«

Die Köchin fing an zu weinen. »Verzeiht, Sir, aber *gemacht* habe ich ihn wirklich«, sagte sie. »Die Binsenmagd hat ihn nur umgerührt.«

»Die Binsenmagd?«, fragte der junge Gentleman. »Wer ist denn das?«

»So nennen wir doch das Küchenmädchen«, erklärte ihm die Köchin unter Tränen.

Da sank der junge Gentleman seufzend in seine Kissen zurück. »Schickt sie her, Eure Binsenmagd«, sagte er mit matter Stimme – nun wirklich dem Tode nahe.

Als die Binsenmagd den Raum betrat, richtete er einen flüchtigen Blick auf ihren Umhang und die Haube. Dann wandte er den Kopf ab und fragte mit schwacher Stimme: »Woher hast du den Ring?«

Und als die Binsenmagd den jungen Gentleman so krank vor Sehnsucht nach ihr dort liegen sah, schmolz ihr Herz dahin und sie sagte leise: »Von dem, der ihn mir gab.«

Sie legte Haube und Umhang ab, und da stand sie vor ihm – in ihrem feinen Kleid und mit Perlen in ihrem goldblonden Haar.

Der junge Gentleman sah sie nur aus dem Augenwinkel, doch sogleich setzte er sich im Bett auf. Wieder zu Kräften gekommen, riss er sie in seine Arme und küsste sie.

Natürlich wurde sogleich die Hochzeit geplant, obwohl sie für alle nur ein Küchenmädchen war. Denn die Wahrheit hatte sie noch immer niemandem gesagt. Von nah und fern wurden Gäste geladen – unter ihnen auch der Vater, der seine Tochter einst verstoßen hatte. Vor lauter Gram hatte er sein Augenlicht verloren und war nur noch sehr schwach. Doch da er ein Freund der Familie war, erschien auch er zur Hochzeit des Sohnes.

Die Hochzeitsfeier sollte die schönste werden, die es weit und breit jemals gegeben hatte. Kurz vorher ging die Binsen-magd in die Küche und sagte der Köchin, die ihr zu einer Freundin geworden war:

»Tu nicht ein Körnchen Salz an die Speisen.«

»Dann schmeckt das Essen aber gar nicht«, entgegnete die Köchin. Doch da sie sich rühmen konnte, dem Sohn des Hau-ses gewissermaßen das Leben gerettet zu haben, weil sie die Binsenmagd den Haferschleim hatte rühren lassen, tat sie ihrer Freundin den Gefallen und bereitete sämtliche Speisen für das Hochzeitsfrühstück ohne ein einziges Salzkörnchen zu.

Die Hochzeitsgesellschaft wurde zu Tisch gebeten und alle blickten mit erwartungsvollem Lächeln auf die Speisen, die wahrhaft köstlich aussahen. Doch kaum hatte man den ersten Bissen probiert, machte sich allgemeine Enttäuschung breit. Denn ohne Salz schmeckt alles nach nichts.

Da brach der Vater der Binsenmagd, der von seiner Tochter so platziert worden war, dass er neben ihr saß, in Tränen aus.

»Fehlt Euch etwas?«, fragte die junge Braut.

»Einst hatte ich eine Tochter und die liebte ich so sehr«, sag-te der weinende alte Mann. »Als ich sie fragte, wie sehr sie mich liebt, antwortete sie: ›Wie das Salz in der Suppe.‹ Zornig warf ich sie aus dem Haus, denn ich verstand es so, als ob ich ihr nichts bedeutete. Aber nun verstehe ich, was sie mir damit sagen wollte.«

Noch während er sprach, sah er klarer und erkannte seine Tochter wieder, die noch schöner geworden war.

Sie legte ihre Hand auf seine und die andere auf die ihres Mannes, des jungen Gentleman. Dann sagte sie lachend: »Wie das Salz in der Suppe, so sehr liebe ich euch beide!« Und sie lebten glücklich bis in alle Zeiten.

Die Waisen im Wald

Ihr Eltern lest es mit Bedacht,
Was sich zugetragen
Und ich zu Papier gebracht,
Schaudernd, lasst euch sagen.
In Norfolk war ein Edelmann
Von Ehr' und gutem Ruf.
Nur schwer man einen finden kann,
Der so viel Gutes schuf.

Doch als er krank im Sterben lag,
Und es keine Hoffnung gab,
Starb sein Weib noch am selben Tag,
Und folgte ihm ins Grab.
Nie ward ein Wort im Streit verlorn,
Es gab nur Freud und Glück,
Doch zwei Kinder, die sie ihm geborn,
Blieben allein zurück.

Das eine war ein feiner Knab,
Er zählte kaum drei Jahr.
Ein Mädchen es da auch noch gab,
Mit goldgelocktem Haar.
Das Erbe war dem Sohn vermacht,
Dreihundert Pfund im Jahr,
Doch erst, so wars wohl angedacht,
Wenn er erwachsen war.

Und weitere fünfhundert Pfund,
In Gold für Tochter Jane,
Doch erst zum ehelichen Bund,
Nur, wann sollt das geschehn?
Und wenn den Kindern vorbestimmt,
Ein jähes, frühes End,
Der Onkel sich die Erbschaft nimmt,
So stands im Testament.

»Schwager«, sprach der sterbende Mann,
»Bald sind sie ganz allein,
Nimm dich der beiden Kinder an,
Sonst wird da niemand sein.
Dir und Gott vertrau ich an,
Das Mädchen und den Knab,
Die Zeit uns keiner sagen kann,
Die unser Herr uns gab.

Musst Vater und auch Mutter sein,
Und Onkel ohnehin,
Was wird aus meinen Kindelein,
Wenn ich schwind dahin?«
Und auch die Mutter schwor ihn ein,
»Ach, Bruder denk daran,
Du wirst fortan der einzge sein,
Der ihnen beistehn kann.

So hängt es nun an dir allein,
Ob Reichtum oder Not,
Und möge Gott dein Richter sein,
Wenn ihnen Schlimmes droht.«

Mit Lippen schon so kalt wie Stein,
Gab man den letzten Kuss,
»Gott möge euer Hüter sein!«
Dann lief der Tränen Fluss.

Darauf hob dann der Bruder an,
Dem sterbend Paar zum Trost,
»Dafür bin ich der richtge Mann,
Vom Herrgott ausgelost.
So soll auch Gott mein Zeuge sein,
Wenn ich euch geb mein Wort,
Was mein ist, soll auch ihres sein,
Sonst nehme er mirs fort.«

Und nach dem letzten Atemzug,
Des treuen sterbend Paars,
Die Kinder er nach Hause trug,
Doch nur für ein Jahr wars.
Längst hatt er einen Plan gefasst,
Sich von den Kinderlein,
Zu jeder Zeit, da es ihm passt,
Ganz einfach zu befrein.

So heuert er zwei Gauner an,
Gar grausam von Gemüt,
Auf dass im Wald sie töten dann,
Sein eigenes Geblüt.
Und als der Kinder Tante fragt,
Wo denn die beiden wärn,
Der Onkel seinem Weibe sagt,
Beim Freund in London fern.

Voll Eifer gehn die Kinder fort,
Denn so wie sie gehört,
Gibt es an diesem fremden Ort
Sogar ein Steckenpferd.
Lachen fröhlich den ganzen Tag
Auf ihrer großen Fahrt,
Begleitet von dem Mörderpack,
Das hier gedungen ward.

Doch selbst ein böses Gaunerherz,
Ist nicht so hart wies scheint,
So sah ein Gauner bald mit Schmerz,
Wozu die Fahrt gemeint.
Und als er sah der Kinder Freud,
Da wurd ihm schwer ums Herz,
Den andern hat es nicht gereut,
Sah nichts als den Kommerz.

So kämpften sie denn miteinand,
Gerieten schlimm in Streit,
Weil einer keine Ruhe fand,
War nicht zur Tat bereit.
Und dabei erschlug er dann
Den andern dort im Wald,
Wo ihn wohl niemand finden kann,
Den Kindern wurds eiskalt.

So nahm er beide an die Hand,
Und ach, sie schluchzten sehr.
Doch als er tröstend Worte fand,
Da weinten sie nicht mehr.

Zwei Meilen ging es querfeldein,
Dann blieb er plötzlich stehn,
Sprach: »Ach, ihr müsst doch hungrig sein,
Werd Brot euch holen gehn.«

Die beiden Waisen Hand in Hand,
Blieben lang dort stehn,
Auf dass der Mann sie wiederfand,
Doch ward er nie gesehn.
So suchten sie sich Beeren dann,
Blau Lippen und Gesicht,
Und als die dunkle Nacht brach an,
Weinten sie bitterlich.

Irrten umher so Hand in Hand
Und litten große Not,
Bis sie ein sanftes Ende fand,
Und beide waren tot.
Kein Grab für jenes Waisenpaar,
Kein Bett der letzten Ruh,
Ein Rotkehlchen allein sie sah,
Und deckt mit Laub sie zu.

Und wie die Mutter prophezeit,
Noch kurz vor ihrem Tod,
Hielt Gott dem Onkel schon bereit,
Ein Leben voller Not.
So ward er fortan heimgesucht
Von manchem Schicksalsschlag,
Was er besaß, das traf der Fluch,
Bis es in Trümmern lag.

Als er dann ging nach Portugal,
Zwei Söhne er verlor.
So litt er selbst die große Qual,
Die er heraufbeschwor.
Verpfänden musst er all sein Land
Doch sieben lange Jahr,
Sollts dauern, bis man es dann fand,
Das tote Geschwisterpaar.

Der Mann, der einst sie töten sollt,
fand selbst den Tod am Strang,
Weil Gott, der Herr, es so gewollt,
War es des Schicksals Gang.
Doch sprach er noch die Wahrheit aus,
Die ich euch nun erzählt,
Der Onkel starb im Sträflingshaus,
Wo er sich noch gequält.

Und wird euch einmal anvertraut
Ein elternloses Kind,
Bedenkt, dass Gott stets auf euch schaut,
Weil Kinder schutzlos sind.
Drum macht es nicht wie dieser Mann
Und bringt sie um ihr Recht.
Denn wie man hieran sehen kann,
Ergeht es euch dann schlecht.

Der Rote Riese

Einst lebte eine Witwe auf einem kleinen Stückchen Land, das sie von einem Bauern gepachtet hatte. Sie hatte zwei Söhne, und es kam die Zeit, da die beiden in die Welt hinausziehen sollten, um ihr Glück zu finden. So trug sie dem älteren eines Tages auf, eine Kanne Wasser aus dem Brunnen zu holen, damit sie ihm einen Kuchen backen konnte. Und je nachdem, wie viel Wasser er ihr brächte, käme ein großer oder kleiner Kuchen dabei heraus. Denn dieser Kuchen sei alles, was sie ihm mitgeben könne.

Der Sohn ging mit der Kanne zum Brunnen und füllte sie mit Wasser. Doch die Kanne hatte einen Riss und es war kaum noch Wasser darin, als er sie seiner Mutter brachte. So konnte sie ihm nur einen kleinen Kuchen mitgeben. Und so klein der Kuchen ohnehin schon war, fragte seine Mutter ihn, ob er ihr die Hälfte davon lassen könne. Dann wolle sie ihm auch ihren Segen mitgeben. Nahm er den ganzen Kuchen mit, so erklärte sie ihm, würde sie ihm einen Fluch hinterherschicken. Der Sohn, der daran dachte, dass er möglicherweise eine ganze Zeit lang unterwegs sein würde, ohne etwas zu Essen zu bekommen, entschied sich für den ganzen Kuchen – Fluch hin oder her. Also gab die Mutter ihm den ganzen Kuchen mit und bedachte ihn mit Verwünschungen. Doch bevor er sich auf den Weg machte, nahm der junge Mann seinen jüngeren Bruder beiseite und gab ihm sein Messer. Das solle er aufbewahren, bis er selbst wieder zu Hause wäre, und jeden Morgen einen Blick darauf werfen. Glänzte die stählerne Klinge, sei er wohlauf, erklärte er ihm. War sie matt und rostig, sei er in Not.

Dann machte er sich auf den Weg. Den ganzen Tag war er unterwegs, und den nächsten auch, bis er am dritten Tag auf einen Schäfer traf, der neben einer Herde im Gras saß. Der junge Mann ging zu ihm und fragte, wem die Schafe gehörten, die er da hütete. Und der Schäfer gab zur Antwort:

»Einem Roten Riesen, der Ettin heißt
und den man im irischen Ballygan glaubt.
Doch er ist in das schöne Schottland gereist,
und hat König Malcolm die Tochter geraubt.
In Ketten geschlagen brachte er sie mit,
sperrte sie ein, und was er ihr gab,
war, als erstes einen kräftigen Tritt
und dann einen Hieb mit seinem silbernen Stab.
Nur einem, so heißt es, sei es vorbestimmt,
zu kommen als sein Todfeind auf Erden.
Doch wer es mit dem Roten Ettin aufnimmt,
muss wohl erst noch geboren werden.«

Im Anschluss an diese Worte warnte der Schäfer den jungen Mann vor allerlei Ungeheuern unbekannter Art, die ihm bald begegnen würden.

Der junge Mann setzte seinen Weg fort und bald traf er auf eine Reihe Kreaturen, die tatsächlich schauderhaft, grauenerregend und angsteinflößend waren. Sie hatten zwei Köpfe, und auf jedem davon trugen sie vier Hörner. Da bekam der junge Mann solche Angst, dass er davonrannte, so schnell seine Beine ihn trugen. Als er auf einer Anhöhe eine Burg erspähte, deren Tore offenstanden, war er froh, dort Schutz suchen zu können.

Er lief in die Küche, und neben dem Herd dort saß eine alte Frau. Die fragte er, ob man ihm ein Nachtlager gewähren würde, da er von einer langen Reise sehr müde sei. Das könne man sehr wohl, obwohl es nicht unbedingt ratsam sei, antwortete die Alte. Die Burg gehöre nämlich Ettin, dem Roten Riesen, und der sei ein ganz fürchterlicher Zeitgenosse. Drei Köpfe habe er, und noch nie sei jemand, der ihm begegnet sei, mit dem Leben davongekommen. Am liebsten wäre der junge Mann sofort wieder weggelaufen, hätte er nicht solche Angst vor den zweiköpfigen Ungeheuern gehabt. Er flehte die Alte an, ihm ein möglichst sicheres Versteck zu zeigen und Ettin seine Anwesenheit zu verschweigen. Wenn er erst einmal die Nacht überstanden hatte, so dachte er, könne er sich am nächsten Morgen an den schauderhaften, grauenerregenden, angsteinflößenden Ungeheuern vorbeischleichen.

Doch kaum hockte er in seinem vermeintlich sicheren Versteck, hörte er die schweren Schritte des Roten Riesen. Als Ettin die Küche betrat, rief er auch schon:

> »Ich konnte ihn schon von Weitem riechen!
> Vor mir wird er sich nicht verkriechen.
> Ob tot oder lebendig, das ist mir egal.
> Sein Herz verspeise ich als festliches Mahl.«

Dann machte sich Ettin daran, die Küche abzusuchen, und es dauerte nicht lange, da hatte er den jungen Mann in einem der Schränke gefunden. Er zerrte ihn heraus und sagte, wenn ihm sein Leben lieb sei, müsse er drei Fragen beantworten.

»Nenn mir etwas, das kein Ende hat?«, fragte der erste von Ettins drei Köpfen.

Aber der junge Mann hatte keine Antwort darauf.

»Was ist desto gefährlicher, je kleiner es ist?«, fragte der zweite der drei Köpfe.

Abermals wusste der junge Mann die Antwort nicht.

»Etwas Totes, das etwas Lebendiges trägt. Weißt du was das ist?«, lautete die Frage des dritten Kopfes.

Doch auch die Antwort blieb der junge Mann schuldig.

Da er auf keine der drei Fragen eine Antwort geben konnte, nahm Ettin einen Hammer, der hinter der Küchentür hing, schlug dem jungen Mann damit auf den Kopf und verwandelte ihn so in eine steinerne Säule.

Als der jüngere Bruder am nächsten Morgen das Messer hervorholte, stellte er voller Sorge fest, dass es braun war von Rost. Da sagte er seiner Mutter, nun sei auch für ihn die Zeit gekommen, in die Welt hinauszugehen. Zunächst wollte sie ihn nicht ziehen lassen, doch dann trug sie auch ihm auf, eine Kanne Wasser aus dem Brunnen zu holen, damit sie ihm einen Kuchen mitgeben könne. Das tat der jüngere Bruder, und auf dem Rückweg flog ein Rabe über ihm und rief ihm zu, dass Wasser aus der Kanne tropfte. Umsichtig, wie der jüngere Bruder war, sah er sich den Schaden an und stopfte den Riss mit tönerner Erde. So konnte er seiner Mutter genügend Wasser bringen, dass es für einen großen Kuchen reichte. Als sie ihn fragte, ob er ihr die Hälfte lassen könne und stattdessen lieber ihren Segen mitnehmen wolle, hielt er das allemal für besser, als von Verwünschungen begleitet zu werden, und willigte ein.

So machte auch er sich auf den Weg, mit dem Segen seiner Mutter. Nachdem er eine weite Strecke gegangen war, begegnete ihm eine alte Frau und fragte, ob er ein Stück Kuchen für sie übrig habe. »Aber gern«, sagte der jüngere Bruder und reichte ihr eins. Daraufhin gab ihm die alte Frau, die in Wirk-

lichkeit eine Fee war, einen Zauberstab und sagte ihm, er könne sich als nützlich erweisen, wenn er ihn nur richtig einzuset-
zen wisse. Sie sagte ihm voraus, was ihn erwartete und was er
dann zu tun habe. Und schon war sie verschwunden. Der jüngere Bruder setzte seinen Weg fort, und auch er traf auf den
Schäfer. Als er ihn fragte, wem die Schafe gehörten, bekam
auch er zur Antwort:

>>Einem Roten Riesen, der Ettin heißt
und den man im irischen Ballygan glaubt.
Doch er ist in das schöne Schottland gereist,
und hat König Malcolm die Tochter geraubt.
In Ketten geschlagen brachte er sie mit,
sperrte sie ein, und was er ihr gab,
war, als erstes einen kräftigen Tritt
und dann einen Hieb mit seinem silbernen Stab.
Nur einem, so heißt es, sei es vorbestimmt,
zu kommen als sein Todfeind auf Erden.
Doch wer es mit dem Roten Ettin aufnimmt,
muss wohl erst noch geboren werden.<<

Der jüngere Bruder ging weiter, und als er auf die schauderhaften, grauenerregenden und angsteinflößenden Ungeheuer
traf, lief er nicht davon, sondern ging einfach durch ihre Mitte hindurch. Eins der Ungeheuer kam mit offenem Maul auf
ihn zu und wollte ihn verschlingen, doch als er es mit dem
Zauberstab berührte, fiel es tot um. Bald hatte er Ettins Burg
erreicht, doch er stand vor verschlossenen Toren. Mutig
klopfte er an und wurde eingelassen. Die alte Frau, die vor
dem Feuer saß, warnte auch ihn vor dem fürchterlichen Roten Riesen und erzählte ihm, welches Schicksal seinen Bru-

der ereilt hatte. Doch davon ließ er sich nicht einschüchtern und fragte nicht nach einem Versteck.

Nach einiger Zeit stapfte der Unhold selbst herein und rief:

»Ich konnte ihn schon von Weitem riechen!
Vor mir wird er sich nicht verkriechen.
Ob tot oder lebendig, das ist mir egal.
Sein Herz verspeise ich als festliches Mahl.«

Als er den jüngeren Bruder erspähte, sagte er auch ihm, wenn er sein Leben retten wolle, müsse er drei Fragen beantworten.

»Nenn mir etwas, das kein Ende hat?«, fragte der erste Kopf.

Und dank der Fee, der er ein Stück von seinem Kuchen abgegeben hatte, wusste der jüngere Bruder die Antwort.

»Eine Kugel.«

Erstaunt runzelte der erste Kopf die Stirn, während der zweite schon die nächste Frage stellte.

»Was ist desto gefährlicher, je kleiner es ist?«

»Eine Brücke«, sagte der jüngere Bruder, ohne überlegen zu müssen.

Nun runzelten der erste und der zweite Kopf erstaunt die Stirn, während der dritte fragte:

»Etwas Totes, das etwas Lebendiges trägt. Weißt du, was das ist?«

Und auch auf diese Frage wusste der jüngere Bruder die richtige Antwort.

»Ein Schiff auf dem Meer mit ein paar Männern an Deck.«

Da alle drei Fragen beantwortet waren, wusste der Rote Riese, dass es mit seiner Schreckensherrschaft nun vorbei war. Er versuchte, zu entkommen, doch der junge Mann nahm die Axt, die neben dem Hammer hinter der Tür hing, und schlug ihm damit die drei Köpfe ab. Dann sagte er der alten Frau, sie solle ihm zeigen, wo die Tochter des schottischen Königs gefangen gehalten werde. Die Alte ging mit ihm eine Treppe hinauf und öffnete eine Tür nach der anderen. Aus jedem Zimmer kam ein schönes junges Mädchen heraus, das Ettin, der Rote Riese, geraubt und eingesperrt hatte. Und hinter der letzten Tür fand er König Malcolms Tochter. Sogleich führte die alte Frau ihn wieder hinunter und zeigte ihm eine steinerne Säule. Die brauchte er nur mit dem Stab zu berühren, den die Fee ihm gegeben hatte, und sein Bruder erwachte wieder zum Leben.

Überglücklich, dass sie endlich befreit worden waren, bedankten sich die jungen Frauen überschwänglich. Und am nächsten Tag machten sie sich gemeinsam auf den Weg zum schottischen Königshof. Selten hatte man eine so muntere Gesellschaft durch das Tor schreiten sehen. Der König gab dem jüngeren der beiden Brüder seine Tochter zur Frau und dem älteren die Tochter eines befreundeten Adeligen.

Dann wurden alle glücklich bis ans Ende ihrer Tage.

Der Fisch und der Ring

Es war einmal ein Graf, der war auch kundig in Astronomie und Zauberei. Und da er die Sterne zu deuten wusste und allerlei Formeln beherrschte, konnte er in die Zukunft sehen und alles voraussagen, was einmal geschehen würde.

Als sein kleiner Sohn, der seine Burgen und Ländereien einmal erben sollte, vier Jahre alt wurde, wollte er wissen, welches Schicksal ihm bestimmt war. Und so deutete er sein Sternbild und las in der Sternenfibel nach.

Doch es gefiel ihm gar nicht, was er dort sah. Denn sein innig geliebter, hochwohlgeborener Erbe sollte eine Frau von niederem Stand heiraten. Sogleich wandte der Graf ein paar weitere seiner Künste an, um herauszufinden, ob das Mädchen schon geboren war, und wenn ja, wo es wohnte.

Wie er herausfand, hatte es gerade erst das Licht der Welt erblickt, als Tochter bitterarmer Eltern, die noch fünf weitere Kinder hatten.

Der Graf ließ sein Pferd satteln und machte sich auf den langen Weg dorthin, wo die arme Familie zu Hause war. Dort fand er den Vater traurig und verzweifelt auf der Schwelle seiner ärmlichen Behausung sitzend.

»Was habt Ihr denn, guter Mann?«, fragte der Graf, woraufhin der Vater des Mädchens sagte:

»Ihr mögt es nicht verstehen, werter Herr, aber uns ist gerade noch ein Kind geboren worden. Dabei hatten wir schon

Der Fischer und seine Frau hatten keine Kinder, doch sie wünschten sich sehnlichst welche.

fünf, und nun wissen wir nicht, wie wir sie alle satt kriegen
sollen.«

»Wenn das Eure größte Sorge ist, kann ich vielleicht Abhilfe schaffen«, sagte der Graf. »Also lasst den Kopf nicht
hängen. Ich suche nämlich gerade nach einem kleinen Mädchen, das meinem Sohn Gesellschaft leisten könnte. Wenn
Ihr wollt, nehme ich Euer Kind zu mir. Ich würde Euch dafür sogar zehn Kronen geben.«

Da machte der arme Mann fast einen Freudensprung. Das
Geld konnte er gut gebrauchen, und seine Tochter würde ein
gutes Zuhause bekommen – dachte er zumindest. Sogleich
holte er das Kind und gab es dem Grafen. Der wickelte es in
seinen Umhang und ritt mit ihm davon. Doch als er an einen
Fluss kam, warf er die Kleine einfach ins Wasser.

»Schicksal, von wegen!«, murmelte er vor sich hin, während er weitergaloppierte.

Doch damit sollte er sich gewaltig irren. Denn das kleine
Mädchen ging nicht unter. Dafür war die Strömung des
Flusses viel zu schnell und der Umhang trieb so lange auf
dem Wasser, bis er sich an einem knorrigen Ast verfing, genau dort, wo ein Fischer gerade seine Netze flickte.

Der Fischer und seine Frau hatten keine Kinder, doch sie
wünschten sich sehnlichst welche. So war der gute Mann
überglücklich, als er das kleine Mädchen fand. Er nahm es
mit nach Hause und legte es seiner Frau in die Arme.

Die beiden hüteten das Kind wie ihren Augapfel, und das
Mädchen wuchs heran zu einer jungen Frau, die so schön
war, wie man nie zuvor eine gesehen hatte.

Als sie etwa fünfzehn Jahre alt war, gingen der Graf und
einige befreundete Edelleute am Ufer des Flusses auf die
Jagd. Wie der Zufall es wollte, machten sie Rast vor der Hüt-

te des Fischers und fragten, ob er ein wenig Wasser für sie habe, damit sie ihren Durst löschen konnten. Und wer brachte ihnen da das Wasser? Niemand anders als die Tochter des Fischers.

Den jungen Männern der Jagdgesellschaft entging natürlich nicht, wie schön sie war. Und so sagten sie zu dem Grafen: »Wir fragten uns gerade, wer sie einmal zur Frau nehmen wird. Aber das wisst Ihr sicherlich besser als wir. Ihr könnt doch in die Zukunft sehen.«

Der Graf, der für die junge Frau nur einen flüchtigen Blick übrig gehabt hatte, antwortete leichthin: »Dafür muss man wohl kaum ein Wahrsager sein. Irgendein hergelaufener Bauerntölpel wird sie schon zur Frau nehmen. Aber wenn Ihr solchen Spaß daran habt, kann ich Euch sagen, wie ihre Sterne stehen.« An die Fischerstochter gerichtet, fragte er: »Also, Mädchen, verrat mir, an welchem Tag du geboren wurdest?«

»Das weiß ich leider nicht«, antwortete die Fischerstochter. »Ich wurde vor über fünfzehn Jahren an das Ufer des Flusses gespült.«

Da wurde der Graf auf einmal leichenblass, konnte er sich doch denken, dass es sich um das Neugeborene handelte, das er vor eben dieser Zeit ins Wasser geworfen hatte. Und wie er nun erkennen musste, war es offenbar nicht möglich gewesen, dem Schicksal so einfach seinen Willen aufzwingen. Doch das behielt er tunlichst für sich. Später jedoch schmiedete er einen Plan. Er ritt zu der Fischerhütte zurück und übergab der Fischerstochter einen versiegelten Brief.

»Sieh her!«, sagte er. »Ich werde dir zu deinem Glück verhelfen. Du brauchst meinem Bruder nur diesen Brief zu zeigen. Im Haushalt braucht er ein fleißiges Mädchen wie dich, und wenn er dich aufnimmt, hast du ausgesorgt.«

Da der Fischer und seine Frau mittlerweile recht alt waren und die Fischerstochter wusste, wie froh sie über jegliche Art von Unterstützung sein würden, nahm sie den Brief und beschloss, bei dem Bruder des Grafen vorstellig zu werden.

Zufrieden ritt der Graf zu seiner Burg zurück und sagte sich einmal mehr:

»Von wegen Schicksal! Mit mir nicht!«

Denn in den Brief hatte er geschrieben:

»LIEBER BRUDER,
töte die Überbringerin dieses Briefes. Sofort!«

Und einmal mehr sollte der Graf sich irren. Die Stadt, in der sein Bruder wohnte, war nämlich so weit entfernt, dass die Fischerstochter in einem Gasthof übernachten musste. Und wie das Schicksal es wollte, brach in eben dieser Nacht eine Räuberbande dort ein, der es nicht genügte, dem Gastwirt all seinen Besitz zu stehlen. Nein, sie durchwühlten auch noch die Taschen der Gäste und fanden den Brief, den die Fischerstochter bei sich trug. Natürlich öffneten sie ihn, und als sie ihn lasen, kamen sie überein, dass da eine schändliche Gemeinheit im Gange war. So setzte der Anführer der Bande sich hin, nahm Feder und Papier und schrieb den Text einfach um wie folgt:

»LIEBER BRUDER,
verheirate die Überbringerin dieses Briefes
mit meinem Sohn. Umgehend!«

Nachdem die Räuber den Brief ausgetauscht hatten, versiegelten sie den Umschlag wieder, gaben ihn der Fischerstochter zurück und wünschten ihr einen guten Weg. Als die Fischerstochter dem Bruder des Grafen den Brief überreichte, ließ dieser – wenngleich äußerst verwundert – umgehend die Hochzeit seines Neffen vorbereiten. Der Sohn des Grafen, der zufällig bei seinem Onkel weilte und dem die Schönheit der jungen Frau nicht entgangen war, hatte nichts dagegen einzuwenden. So wurde umgehend geheiratet.

Als den Grafen die Nachricht erreichte, geriet er außer sich. Doch nach wie vor wild entschlossen, dem Schicksal ein Schnippchen zu schlagen, galoppierte er zu seinem Bruder und tat, als wäre er hocherfreut. Er blieb ein paar Tage, und als er die Gelegenheit für günstig hielt, bat er die junge Frau auf einen Spaziergang – der wie zufällig an den Rand der Klippen führte. Dort wollte er die Fischerstochter ins Meer stürzen, doch sie flehte um ihr Leben.

»Ich kann doch nichts dafür, wenn das Schicksal es so will«, sagte sie. »Verschont mich, und ich verspreche Euch, ich werde mich dem Schicksal entgegenstellen und Euren Sohn nie wiedersehen, so wie Ihr es wünscht. Dann könntet Ihr auch sicher gehen, dass es so geschieht. Denn wer weiß, ob ich nicht an Land gespült würde, so wie einst aus dem Fluss.«

Dem konnte der Graf nicht widersprechen. Und so zog er sich seinen goldenen Ring vom Finger und warf ihn über die Klippen ins Meer.

»Wag es nicht, mir noch einmal unter die Augen zu treten!«, drohte er. »Es sei denn, du bringst mir den Ring zurück.«

Mit diesen Worten ließ er sie gehen.

Die Fischerstochter lief, bis sie zu der Burg eines benachbarten Grafen kam. Dort brauchte man eine Küchenmagd, und da sie als Tochter eines Fischers aufgewachsen war und sich vor Arbeit nicht scheute, nahm man sie in Dienst.

Eines Tages, als sie dabei war, einen großen Fisch für ein abendliches Essen auszunehmen, sah sie aus dem Fenster. Und wer fuhr dort in einer Kutsche vor? Der Graf und sein Sohn, ihr Ehemann. Zunächst dachte sie, um ihr Versprechen zu halten, wäre es das Beste, wegzulaufen. Doch dann fiel ihr ein, dass man sie in der Küche ja gar nicht zu sehen bekam. Also widmete sie sich wieder dem Fisch.

Doch, lieber Himmel, was glänzte denn da? Es war der Ring des Grafen! Den hatte der Fisch wohl verschluckt, und man kann sich vorstellen, wie froh sie darüber war. Sie steckte sich den Ring an den Daumen, briet den Fisch in guter Butter und garnierte ihn mit Petersilie.

Der Fisch wurde serviert und die Gäste fanden ihn so schmackhaft, dass sie fragten, wer ihn zubereitet hatte. Woraufhin der Gastgeber seine Diener anwies, die Köchin oder die Küchenmagd zu holen, damit diejenige von beiden, die den Fisch zubereitet hatte, das Lob entgegennehmen konnte.

Als die Fischerstochter das hörte, machte sie sich ein wenig zurecht und ging hinauf in den Speisesaal. Auf der Stelle waren sämtliche Gäste ihrer Schönheit erlegen. Ihr Ehemann sprang vor Freude auf, als er sie sah – sein Vater hingegen vor Zorn. Wenn Blicke töten könnten, wäre sie wohl tot umgefallen. Doch so hielt sie ihm nur wortlos die Hand, an deren Daumen der goldene Ring steckte, vor das Gesicht.

Da musste der Graf einsehen, dass die Macht des Schicksals stärker war, als er gedacht hatte. Er ergriff die Hand seiner Schwiegertochter und bat sie, neben ihm Platz zu nehmen. Dann wandte er sich den Gästen zu, hob sein Glas und sagte:

»Auf die Frau meines Sohnes!«

Nach dem Essen nahm er sie und seinen Sohn mit auf seine Burg, wo sie auf ewig glücklich und zufrieden waren.

Ach, du lieber Himmel!

Einst wollte eine alte Frau zum Marktplatz laufen,
um am Markttag die Eier ihrer Hühner zu verkaufen.
Doch die Beine wurden ihr schwerer, je weiter sie lief,
und so legte sie sich an den Straßenrand und schlief.

Ein Tuchhändler kam des Wegs, und man glaubt es kaum,
kürzte er ihr doch einfach von den Röcken den Saum
bis über die Knie, und man stelle sich nur vor,
wie die alte Frau da am Straßenrand lag und fror.

Zitternd vor Kälte wurde sie bald darauf wach,
wunderte sich sehr und dachte sich: »Ach,
du lieber Himmel, wie komme ich denn hierhin?
Bin gar nicht mehr sicher, ob ich's überhaupt bin.«

Doch bin ich's, und das will ich nun doch lieber wissen,
wird mein Hund mich zu Hause
        wohl freundlich begrüßen.
Bin ich's nicht, und das stelle ich mir lieber
        gar nicht erst vor,
bellt er, wenn er mich sieht, schon am Gartentor.

Nach dem langen Heimweg war es längst
        nicht mehr hell,
und als der Hund die Frau sah, sprang er auf mit Gebell.
»Ach« sagte sie weinend: »Er tut ja nur seine Pflicht,
und bellt er, du lieber Himmel, dann bin ich's
        wohl nicht.«

Meíster aller Klassen

Eine junge Magd ging einst zum Markt, um einen Dienstherrn zu finden. Da kam ein wunderlich anmutender älterer Herr, der sie einstellen wollte. Er nahm sie mit in sein
Haus und erklärte ihr, zunächst müsse sie lernen, dass hier alles
einen anderen Namen hatte.

»Wie würdest du mich nennen?«, fragte er.

»Sir oder Mein Herr«, antwortete sie.

Darauf sagte er: »Hier bin ich der Meister aller Klassen.«

»Und was würdest du hierzu sagen?«, fragte er und zeigte auf
das Bett.

»Bett oder Schlafstatt«, antwortete sie.

»Bei mir heißt es Seepocke. Und das hier?« Er zeigte auf seine Hosen.

»Hosen oder Beinkleider, würde ich sagen.«

»Hier musst du sie Frösche oder Krabben nennen. Und die hier?« Er zeigte auf die Katze.

»Katze, oder vielleicht Kater.«

»Hier nennst du sie Klimbim. Und das hier?« Er zeigte auf das Feuer im Kamin. »Was würdest du dazu sagen?«

»Feuer oder Flammen.«

»Hier ist es der heiße Hokuspokus. Und dies hier?« Er zeigte auf eine Karaffe Wasser.

»Wasser oder etwas Nasses, oder so ähnlich.«

»Nein, hier heißt es Kokolores. Und wie nennst du das Ganze hier?« Er machte eine ausladende Bewegung.

»Haus oder Cottage.«

»Hier nennst du es Zylinderhut«, erklärte er.

In der Nacht klopfte die Magd in heller Aufregung an die Tür ihres Dienstherrn und rief: »Meister aller Klassen, springt schnell aus der Seepocke und zieht Euch die Frösche oder Krabben an. Dem Klimbim ist ein Funken des heißen Hokuspokus auf den Schwanz gefallen, und wenn Ihr nicht schnell etwas Kokolores holt, zerstört der Hokuspokus den ganzen Zylinderhut.«

Dass es so etwas gibt!

Molly Whuppie und der Riese mit den zwei Gesichtern

Vor langer Zeit lebten ein Mann und eine Frau, die waren nicht allzu reich. Und sie hatten so viele Kinder, dass sie nicht mehr wussten, wie sie sie satt kriegen sollten. Deshalb setzten sie die drei jüngsten, die alle drei Mädchen waren, im Wald aus und überließen sie sich selbst.

Die beiden älteren taten, was alle Kinder tun würden. Sie hatten Angst und weinten. Doch die jüngste, sie hieß Molly Whuppie, war tapfer. Sie tröstete ihre beiden Schwestern und sagte ihnen, dass sie schon etwas finden würden, wo sie für die Nacht unterkommen könnten. Also machten sie sich auf und liefen durch den Wald, immer weiter und weiter, aber sie fanden nicht die kleinste Hütte. Als es dunkel wurde, waren die beiden älteren Schwestern schon ganz schwach vor Hunger, und selbst Molly hätte gern etwas zu Essen gehabt. Dann endlich sahen sie von Weitem ein helles Licht. Und in diese Richtung wandten sie sich. Als sie näher kamen, stellten sie fest, dass das Licht von einem großen Fenster kam, das zu einem großen Haus gehörte.

»Da wohnt bestimmt ein Riese«, sagten die älteren Schwestern und zitterten vor Angst.

»Und wenn da zwei Riesen wohnen würden, will ich trotzdem etwas zu essen haben«, gab Molly Whuppie zurück. Sie nahm ihren Mut zusammen und klopfte an die Tür. Sie wurde von einer Frau geöffnet. Doch als Molly fragte, ob sie etwas zu essen bekommen und dort übernachten könnten, schüttelte sie den Kopf und sagte:

»Damit würde ich euch keinen guten Dienst erweisen. Mein Mann ist nämlich ein Riese, und wenn er nach Hause kommt, würde er euch sicher selbst verspeisen.«

»Dann gebt uns doch jetzt etwas zu essen«, sagte Molly beherzt. »Bis der Riese nach Hause kommt, sind wir doch längst fertig. Wir sind vollkommen ausgehungert.«

Die Frau des Riesen war eigentlich recht nett, und sie hatte selbst drei Töchter, die im gleichen Alter waren wie Molly und ihre Schwestern. Sie zupften schon aufgeregt an den Rockzipfeln ihrer Mutter, weil sie sich über den Besuch freuten. Also ließ die Frau des Riesen die drei Mädchen herein und gab jedem eine Schüssel mit Brot und Milch, die sie vor dem Feuer verzehren konnten. Doch kaum waren die Schüsseln leer, flog die Tür auf und ein furchterregender Riese stapfte herein.

»Holdrio!«, sagte er.
»Wie ich rieche, riecht es nach kleinen Mädchen.«

»Krieg dich wieder ein!«, sagte seine Frau, die nicht wollte, dass den drei Mädchen etwas geschah. »Die sind doch noch genauso klein wie unsere drei. Draußen war es kalt, und sie hatten Hunger. Da habe ich ihnen etwas zu essen gegeben. Und sie haben mir versprochen, schnell zu machen und dann wieder zu verschwinden. Also zeig, dass du ein Riese mit guten Manieren bist, und lass sie in Ruhe. Das gebietet die Gastfreundschaft, und es wäre schön, wenn auch *du* dich daran halten würdest.«

Nun war dieser Riese längst nicht so unerbittlich wie manch anderer. Was daran liegen mochte, dass er zwei Gesichter hatte.

»Schon gut«, brummte er. Und dann fügte er hinzu, da sie ja nun einmal hier wären, könnten sie auch über Nacht bleiben. Bei seinen Töchtern sei noch genug Platz. Nachdem er zu Abend gegessen hatte, machte er sich sogar noch recht beliebt, indem er den kleinen Gästen Ketten aus Stroh flocht, die sie sich um den Hals hängen konnten wie die goldenen Ketten, die seine Töchter trugen. Dann sagte er ihnen Gute Nacht und schickte sie ins Bett.

Aber Vorsicht! Er war und blieb nun einmal ein Riese mit zwei Gesichtern.

Doch Molly Whuppie, die jüngste der drei Schwestern, war nicht nur mutig, sondern auch klug. Deshalb schlief sie nicht sofort ein, nachdem sie sich ins Bett gelegt hatte. Nein, sie dachte noch eine Weile nach, ziemlich lange sogar. Dann stand sie leise wieder auf. Sie nahm ihren Schwestern die Strohketten ab und hängte sie den Töchtern des Riesen um. Deren Goldketten legte sie sich selbst und ihren beiden Schwestern an.

Auch danach blieb sie noch wach und lag ganz still, um abzuwarten, was passieren würde. Das sollte sich als klug erweisen. Denn mitten in der Nacht, als es stockdunkel war und alle schliefen, schlich sich der Riese in das Zimmer. Er tastete nach den Strohketten und schnürte den Mädchen damit die Hälse zu, sodass sie fast erstickten. Dann zerrte er sie aus den Betten, warf sie auf den Boden und schlug auf sie ein, bis sie sich nicht mehr rührten. Zufrieden mit sich schlich er sich zurück in sein Bett, hielt er sich doch für ungeheuer schlau.

Aber er ahnte ja nicht, was es hieß, es mit Molly Whuppie aufnehmen zu müssen. Die nämlich weckte sogleich ihre

Schwestern, legte den Finger an die Lippen, damit sie leise waren, und gab ihnen ein Zeichen, dass sie ihr folgen sollten. Die drei schlichen sich aus dem Haus und rannten, so schnell und so weit, wie sie konnten, bis sie im Morgengrauen zu einem anderen Haus kamen. Auch dieses Haus war groß, und es war umgeben von einem breiten Graben mit einer Zugbrücke. Doch die Zugbrücke war hochgezogen. Nur ein dünnes Seil aus einem Strang war über den Graben gespannt, sodass jemand, der sehr leicht war, darauf zum Haus hinüberbalancieren konnte.

Mollys Schwestern trauten sich nicht so recht. Außerdem fürchteten sie, dass auch in diesem Haus ein Riese wohnte. Deshalb wollten sie sofort wieder weglaufen.

»Wer nichts wagt, gewinnt auch nichts«, gab Molly Whuppie lachend zurück. Und ehe ihre Schwestern auch nur »piep« sagen konnten, balancierte sie schon über das Seil. Wie sich herausstellen sollte, war das Haus eine Burg, und es war kein Riese, der dort wohnte, sondern ein König. Und wie sie von der Wache erfuhren, war der Riese, den Molly hereingelegt hatte, der Schrecken der ganzen Umgebung. Deshalb war auch die Zugbrücke hochgezogen und nur ein dünnes Seil über den Graben gespannt. Als der Torwächter jedoch hörte, wie Molly und ihre Schwestern dem Riesen entkommen waren, brachte er sie zum König und sagte:

»Mylord, hier ist ein kleines Mädchen, das den Riesen hereingelegt hat.«

Nachdem sich auch der König die Geschichte angehört hatte, sagte er: »Gut gemacht Molly Whuppie! Du bist ein kluges Mädchen. Meinst du, du könntest dem Riesen auch sein Schwert abknöpfen. Darin besteht nämlich ein Teil seiner Stärke. Wenn du das auch noch schaffst, soll deine älteste Schwester meinen ältesten Sohn heiraten.«

Das wäre für ihre Schwester eine gute Partie. Also versprach Molly Whuppie, ihr Bestes zu tun.

Noch bevor es dunkel wurde, balancierte sie über das Seil und lief den ganzen Weg zum Haus des Riesen zurück. Als sie dort ankam, ging gerade die Sonne unter und tauchte das Haus in so schöne Farben, dass Molly fand, es sah aus wie die Burgen in Spanien, von denen sie schon Bilder gesehen hatte. Kaum zu glauben, dass dort ein hinterhältiger Riese wohnte, der zwei Gesichter hatte!

Aber gottlob wusste sie es besser! Unbemerkt schlich sie sich hinein und in das Zimmer des Riesen hinauf. Dort versteckte sie sich unter dem Bett und wartete darauf, dass der Riese nach Hause kam. Das geschah recht bald, und nachdem er zu Abend gegessen hatte, stapfte er die Treppe hinauf und legte sich ins Bett. Molly hielt den Atem an und wartete, bis der Riese eingeschlafen war. Als sie ihn schnarchen hörte, kroch sie unter dem Bett hervor, kletterte auf die Bettkannte und balancierte zum Kopfende, über dem das Schwert hing. Doch als sie von der Bettkannte sprang, rasselte das Schwert, und der Riese wurde wach. Er sprang aus dem Bett und wollte sie festhalten, doch Molly, mit dem Schwert über der Schulter, rannte um ihr Leben. Der Riese nahm die Verfolgung auf und rannte hinter ihr her – bis sie zu dem Graben kamen. Leichtfüßig balancierte Molly über das Seil. Und da der Riese das nicht konnte, musste er stehen bleiben – schäumend vor Wut.

»Na warte, Molly Whuppie!«, rief er. »Wag dich bloß nicht wieder her!«

Molly Whuppie drehte sich um und gab lachend zurück: »Bevor du Armleuchter es mitkriegst, bin ich doch schon zwei Mal da gewesen und längst wieder weg.«

Sie brachte dem König das Schwert, und der hielt Wort und verheiratete seinen ältesten Sohn mit ihrer ältesten Schwester.

Nach der Hochzeitsfeier bat er Molly Whuppie ein weiteres Mal um Hilfe:

»Das hast du großartig gemacht, Molly«, sagte er. »Du bist wirklich ein schlaues Mädchen! Aber könntest du mir vielleicht noch einmal weiterhelfen und dem Riesen seinen Geldbeutel stehlen. Darin liegt ein weiterer Teil seiner Stärke begründet. Ich würde dafür meinen zweitältesten Sohn mit deiner zweitältesten Schwester verheiraten. Du müsstest allerdings besonders vorsichtig sein. Der Riese schläft nämlich mit dem Beutel unter seinem Kopfkissen.«

Damit wäre auch für ihre zweite Schwester gesorgt, dachte Molly, und versprach, die Herausforderung anzunehmen.

Abermals balancierte sie, bevor es dunkel wurde, über das Seil und lief zum Haus des Riesen. Im rotgoldenen Licht der untergehenden Sonne sah es aus wie ein Schloss aus einer anderen Welt, und hätte sie es nicht besser gewusst, wäre sie niemals auf den Gedanken gekommen, dass dort ein Riese mit zwei Gesichtern wohnte. Doch Gott sei Dank *wusste* sie es besser, und so schlich sie sich ein weiteres Mal in sein Zimmer und versteckte sich unter dem Bett. Es dauerte eine Weile, bis er nach Hause kam, und nachdem er sich sein Abendessen einverleibt hatte, hörte sie seine schweren Schritte. Wenig später hörte sie sein Schnarchen. Molly Whuppie kroch unter dem Bett hervor, ließ ihre Hand unter das Kopfkissen gleiten und griff nach dem Geldbeutel. Aber der Kopf des Riesen war so schwer, dass sie an dem Beutel zog und zerrte, bis es einen Ruck gab, der sie nach hinten warf. Dabei öffnete sich der Beutel, sodass ein paar Goldstücke klimpernd zu Boden fielen.

Davon wurde der Riese natürlich wach. Molly hatte gerade noch Zeit, die Münzen aufzusammeln, bevor er aus dem Bett sprang und sie packen wollte. Abermals rannte Molly Whuppie um ihr Leben, bis sie den Graben erreichte, und, in der einen Hand den Beutel, in der anderen die Münzen, über das Seil balancierte und den Riesen einfach stehen ließ. Der schwang drohend seine Faust und rief:

»Na warte, Molly Whuppie! Wag dich bloß nicht wieder her!«

Da drehte sie sich um und gab mit einem Lachen zurück: »Aller guten Dinge drei. Aber ein Armleuchter wie du, weiß das natürlich nicht.«

Sie brachte dem König den Geldbeutel, und der ließ sogleich die prächtige Hochzeit seines zweitältesten Sohnes mit Mollys zweitältester Schwester vorbereiten.

Doch nach der Hochzeitsfeier musste er Molly Whuppie ein weiteres Mal um Hilfe bitten.

»Du bist das klügste Mädchen, das die Welt je gesehen hat, Molly. Und ich wäre dir sehr verbunden, wenn du dem Riesen auch noch seinen Ring vom Finger stehlen könntest. Der beinhaltet nämlich einen weiteren Teil seiner Stärke. Wenn du mir den noch bringst, würde ich dich mit meinem jüngsten Sohn verheiraten, der mir von allen der liebste ist. Übrigens ist er auch der schönste.«

Das war Molly auch schon aufgefallen, hatte sie doch nie zuvor einen so schönen Prinzen gesehen. So versprach sie ein weiteres Mal, dem König zu helfen. Leicht wie eine Feder balancierte sie auch an diesem Abend auf dem Seil über den Graben und lief zum Haus des Riesen, das in der untergehenden Sonne aussah wie ein in Gold getauchtes Schloss. Im Nu hatte sie sich hineingeschlichen, lag unter dem Bett und wartete ab.

Bald darauf kam der Riese nach Hause, und nachdem er sein Abendessen verschlungen hatte, legte er sich ins Bett und schnarchte. Und wie er schnarchte!

Dabei darf man natürlich nicht vergessen, dass es sich um einen Riesen mit zwei Gesichtern handelte. Vielleicht schnarchte er ja absichtlich so laut. Denn kaum versuchte Molly Whuppie, ihm den Ring vom Finger zu ziehen, …

Oh, je!

Da hatte er sie auch schon am Arm gepackt. Kopfschüttelnd setzte er sich im Bett auf und sagte: »Du bist doch ein so schlaues Mädchen, Wholly Wuppie. Also: Wenn ich dich so oft reingelegt hätte wie du mich, was würdest du wohl mit mir machen?«

Molly Whuppie dachte einen Moment lang nach, und dann sagte sie: »Ich würde dich in einen Sack stecken, zusammen mit einer Katze und einem Hund, und mit Nadel und Faden und einer Schere. Dann würde ich den Sack an einem Nagel aufhängen, in den Wald gehen, mir den dicksten Ast holen, den ich finden kann, und damit bamm, bamm, bamm auf dich einprügeln, bis du tot wärst.«

»Gut zu wissen«, sagte der Riese mit diebischer Freude. »Genau das werde ich jetzt nämlich mit dir machen.«

Er holte einen Sack und steckte Molly zusammen mit einem Hund und einer Katze, Nadel und Faden und einer Schere hinein. Er hängte ihn an einen Nagel in der Wand, ging in den Wald und suchte nach einem dicken Ast.

Da lachte Molly Whuppie so laut, wie sie nur konnte, und sogleich fing der Hund an zu bellen und die Katze miaute.

Das schreckte die Frau des Riesen auf, und sie kam, um nachzusehen, was dieser Krach zu bedeuten hatte.

»Was ist denn hier los?«, fragte sie.

»Nichts, gnädige Frau«, kam Molly Whuppies Stimme gedämpft aus dem Sack. »Ho, ho! Ha, ha! Wenn Ihr das sehen könntet, müsstet Ihr auch lachen. Ho, ho! Ha, ha!«

Und so oft die Frau des Riesen fragte, was denn nun so komisch sei, war aus dem Sack anstelle einer Antwort nur noch mehr Gelächter zu hören. »Ho, ho! Ha, ha! Wie schade, dass Ihr das nicht seht!«

Am Ende flehte die Frau des Riesen Molly Whuppie geradezu an, ihr zu zeigen, was so komisch war. Da nahm Molly Whuppie die Schere, schnitt ein Loch in den Sack und sprang heraus. Dann half sie der Frau des Riesen hinein und nähte den Sack wieder zu. Denn selbstverständlich hatte sie daran gedacht, Nadel und Faden mit herauszunehmen.

In dem Moment hörte sie auch schon die schweren Schritte des Riesen und hatte gerade noch Zeit, sich hinter der Tür zu verstecken, bevor er den Sack von der Wand riss und mit dem dicken Knüppel, den er im Wald gefunden hatte, darauf einzuprügeln begann.

»Halt! Halt«, rief seine Frau. »Was machst du denn da bloß?! Ich bin es doch!«

Aber der Riese konnte sie nicht hören, denn wie zu erwarten, waren der Hund und die Katze aufeinander losgegangen, sodass man nur noch Bellen, Knurren und Fauchen hörte. Es war ein ohrenbetäubender Lärm, und der Riese hätte seine Frau wohl totgeschlagen, hätte er nicht gesehen, wie Molly Whuppie sich mit dem Ring davonstehlen wollte, den er auf dem Tisch hatte liegen lassen.

Er ließ den Knüppel fallen und rannte hinter ihr her. Die beiden lieferten sich einen Wettlauf wie nie zuvor und rannten und rannten und rannten, bis sie an den Graben kamen. Und dann – den riesigen Ring wie einen Reifen um die Hüften geschwungen – balancierte Molly Whuppie leichtfüßig über das dünne Seil, während der Riese seine Faust schwang und so laut rief, dass es alle hörten:

»Na warte, Molly Whuppie! Wag dich bloß nicht wieder her!«

Da drehte sich Molly Whuppie ein letztes Mal lachend zu ihm um und rief zurück:

»Du bist wirklich ein Armleuchter! Das muss ich doch gar nicht mehr!«

Sie brachte dem König den Ring, und dann heiratete sie den schönen, jungen Prinzen. Und der Riese? Der ließ sich nirgendwo mehr blicken.

Der Esel, der Tisch und der Stock

Ein Junge namens Jack war einst sehr unglücklich, denn sein Vater behandelte ihn sehr schlecht. Da beschloss er eines Tages wegzulaufen und woanders sein Glück zu suchen.

Er lief so weit, bis er nicht mehr konnte. Doch dann traf er auf eine alte Frau, die Stöcke sammelte, und rannte sie beinahe um. Vollkommen außer Atem vom vielen Laufen, brachte Jack kaum ein Wort heraus, um sich bei ihr zu entschuldigen. Aber die alte Frau war gutmütig. Und da sie ihm ansah, dass er ein guter Junge war, sagte sie ihm, er solle ruhig bei ihr bleiben, denn sie könne jede Hilfe gebrauchen. Dafür wolle sie ihn auch gut entlohnen. Jack, der schon völlig ausgehungert war, willigte ein, und so nahm die alte Frau ihn mit zu ihrem Haus im Wald. Dort ging er ihr bei allem, was zu tun war, ein ganzes Jahr und einen ganzen Tag lang hilfreich zur Hand. Als diese Zeit vorüber war, gab sie ihm seinen wohlverdienten Lohn: einen Esel, den sie aus ihrem Stall geholt hatte. Den brauche er nur an den Ohren zu ziehen, so erklärte sie ihm, damit er I-ah sagte. Und wenn er das tat, würden aus seinem Maul Silbermünzen und Goldstücke fallen.

Jack freute sich sehr über seinen Lohn und ritt auf dem Esel davon. Bald kam er zu einem Gasthof, und dort kehrte er ein und bestellte sich von allem nur das Beste. Als der Wirt ihm sagte, er müsse aber erst bezahlen, ging Jack in den Stall, wo er den Esel untergebracht hatte, zog ihn an den Ohren und kam mit Silbermünzen und Goldstücken in den Jackentaschen in die Gaststube zurück. Der Wirt jedoch hatte durch den Türspalt gespäht und alles gesehen. Und als es dunkel war, tauschte er Jacks Esel gegen einen von seinen eigenen aus. So ritt Jack, der davon nichts mitbekommen hatte, am nächsten Morgen auf einem fremden Esel zu dem Haus, in dem sein Vater noch wohnte.

Dazu muss man wissen, dass im Nachbarhaus eine alte Witwe mit ihrer Tochter wohnte, und dass Jack und die Tochter sich schon lange kannten und mittlerweile ein Liebespaar waren. Deshalb bat Jack, als er zurückkehrte, seinen Vater um die Erlaubnis, die Nachbarstochter heiraten zu dürfen.

»Wie willst du sie denn ohne Geld überhaupt ernähren?«, bekam er daraufhin zu Antwort.

»Das schaffe ich schon, Vater«, sagte Jack. Er ging zu dem Esel und zog ihn an den Ohren. Dann zog er nochmal, und dann nochmal und nochmal, sodass man hätte meinen können, er wolle dem Esel die Ohren ausreißen. Der Esel machte auch jedes Mal I-ah, aber Silbermünzen und Goldstücke spuckte er keine. Da holte Jacks Vater eine Mistgabel und jagte Jack davon.

Also gab Jack ein weiteres Mal Fersengeld. Als er irgendwann erschöpft vor einem Haus stehen blieb, stieß er die Tür einfach auf und fand sich bei einem Tischler wieder. »Du scheinst mir ein recht flinker Bursche zu sein«, sagte der Tischler. »Wenn du willst, kannst du bleiben und mir bei der Arbeit helfen. Aber ein Jahr und ein Tag muss es schon sein. Dann werde ich dich auch gebührend entlohnen.« Man wurde sich einig, und so blieb Jack ein Jahr und einen Tag lang bei dem Tischlermeister. Als die Zeit herum war, sagte der Tischler: »Nun sollst du deinen Lohn bekommen.« Er zeigte Jack einen

Tisch und erklärte ihm, er brauche nur »Tafel auf, mein Tisch!«, zu sagen, und schon sei der Tisch gedeckt.

Jack hievte sich den Tisch auf den Rücken und zog weiter, bis er wieder zu dem Gasthof kam. Dort kehrte er ein, stellte den Tisch ab und rief: »Etwas zu essen, bitte, Herr Wirt! Und zwar vom Feinsten.«

»Bedaure, Sir«, sagte der Wirt. »Aber ich habe nur noch Schinken und Eier in der Vorratskammer.«

»Schinken und Eier will ich aber nicht«, gab Jack zurück. »Da weiß ich doch etwas Besseres. Tafel auf, mein Tisch!«

Im Nu standen gerösteter Truthahn und Würstchen, Hammelbraten, Kartoffeln und Gemüse auf dem Tisch. Dem Wirt gingen die Augen über, aber er sagte nichts. Natürlich nicht! In der Nacht holte er einen Tisch aus dem Keller, der genauso aussah wie der von Jack, und stellte ihn an dessen Stelle in die Gaststube. Den lud sich Jack, der nichts davon mitbekommen hatte, am nächsten Morgen auf den Rücken und trug ihn zu dem Haus, in dem sein Vater noch immer wohnte.

»Gibst du mir jetzt deinen Segen, um zu heiraten Vater«, fragte er.

»Du wüsstest doch gar nicht, wie du deine Frau satt kriegen solltest«, sagte der Vater.

»Doch, Vater«, gab Jack zurück. »Dieser Tisch ist immer reich gedeckt.«

»Das will ich sehen«, sagte der alte Mann.

Jack stellte den Tisch mitten in die Stube und sagte ihm, er solle auftafeln. Aber es tat sich nichts, der Tisch blieb leer. Da griff Jacks Vater wütend nach einer Pfanne, die an der Wand hing, um seinem Sohn damit einzuheizen. So blieb dem Jungen ein weiteres Mal nichts anderes übrig, als unter Geschrei das Weite zu suchen. Diesmal lief er bis zu einem Fluss und war so erschöpft, dass er ins Wasser stolperte. Da zog ihn ein Mann heraus und fragte ihn, ob er ihm helfen könne, einen Baum über den Fluss zu legen, damit man ihn besser überqueren könne. Jack kletterte auf den Baum und der bog sich unter seinem Gewicht über den Fluss. So brauchte der Mann nur noch die Wurzeln auszugraben, und schon konnte man darüber laufen.

»Ich danke dir!«, sagte der Mann. »Und weil du so hilfsbereit warst, will ich dich entlohnen. Er brach einen Ast von dem Baum und schälte mit seinem Messer die Rinde ab, sodass ein Stock daraus wurde. »Den nimmst du mit«, sagte er, »und wenn du dich über jemanden geärgert hast, sagst du einfach: ›Hopp, hopp, hau drauf, mein Stock!‹ Dann wird ihm von dem Stock der Hintern versohlt.«

Freudig nahm Jack den Stock entgegen, und da er mittlerweile darauf gekommen war, wie übel der Wirt ihm mitgespielt hatte, ging er zu dessen Gasthof zurück. Sobald er den Gastwirt erspähte, rief er:

»Hopp, hopp, hau drauf, mein Stock!«

Sogleich flog der Stock ihm aus der Hand und versohlte dem Gastwirt den Hintern. Dann schlug er ihm auch noch auf den Kopf, gegen die Arme und in die Rippen, bis der Gastwirt jammernd auf dem Boden lag. Und der Stock hörte überhaupt nicht mehr auf, den nunmehr ohnehin hart gebeutelten Mann zu bearbeiten, bevor er zugab, dass er den Esel und den Tisch gestohlen hatte, woraufhin Jack dem Stock endlich Einhalt gebot. Dann hievte sich Jack den Tisch auf die Schultern und ritt mit dem Stock in der Hand auf dem Esel zurück zu dem Haus, in dem sein Vater nun nicht mehr wohnte. Denn als Jack dort ankam, musste er erfahren, dass sein Vater gestorben war. Jack brachte den Esel in den Stall und zog ihn so lange an den Ohren, bis die Futterkrippe voller Silbermünzen und Goldstücke war.

Bald hatte es sich in der Stadt herumgesprochen, dass Jack ein wohlhabender Mann geworden war, und ebenso bald hatten die jungen Damen ein Auge auf ihn geworfen.

Da verkündete Jack: »Ich werde mir die Reichste von allen aussuchen. Deshalb versammelt euch morgen alle vor meinem Haus, und bringt die Münzen, die ihr besitzt, in euren Schürzen mit.«

Am nächsten Morgen standen die Mädchen Schlange vor Jacks Haus, und alle trugen Gold und Silber in ihren Schürzen herbei. Auch die Tochter der Nachbarin war dabei, aber sie brachte weder Gold noch Silber mit, denn mehr als zwei kupferne Pennys besaß sie nicht.

»Du kannst dich nicht in die Schlange stellen«, sagte Jack, woraufhin sich die Tochter der Nachbarin ein wenig abseits stellte. Dabei liefen ihr Tränen über die Wangen – und wurden zu Diamanten, als sie in ihre Schürze fielen.

»Hopp, hopp, hau drauf mein Stock!«, rief Jack. Da flog der Stock über die Schlange stehenden jungen Damen hinweg und schlug jeder auf den Kopf, bis sie alle ohnmächtig auf der Straße lagen. Jack sammelte die Münzen ein, legte sie in die Schürze der Nachbarstochter und sagte:

»Nun bist du die Reichste! Und deshalb heirate ich *dich*.«

Die Quelle am Rand der Welt

Vor langer, langer Zeit – sie ist schon so lange her, dass weder ich, noch ihr, noch sonst jemand sich daran erinnert – lebte ein Mädchen, dessen Mutter gestorben war. Der Vater hatte wieder geheiratet, aber seine neue Frau hasste ihre Stieftochter, weil sie schöner war als sie selbst. Sie behandelte sie wie ein Dienstmädchen und trug ihr ständig etwas auf, dass sie erledigen sollte. Eines Tages, als sie ihre Stieftochter endgültig loswerden wollte, gab sie ihr ein Sieb und sagte:

»Geh zu der Quelle am Rand der Welt, füll mir das Sieb mit Wasser, und dann bring es mir zurück! Wehe, wenn du es nicht schaffst!« Den Rand der Welt würde ihre Stieftochter ohnehin niemals finden, dachte sie. Und falls doch, wie sollte sie Wasser in einem Sieb nach Hause bringen?

Die Stieftochter tat wie ihr geheißen, und sie fragte alle, die ihr begegneten, ob sie den Weg zum Rand der Welt wüssten. Aber niemand konnte ihr helfen, denn niemand wusste, wo sich der Rand der Welt befand. Als sie nicht mehr wusste, wen sie noch fragen sollte, begegnete ihr eine seltsame alte Frau. Sie war schon so alt, dass sie nur noch gebückt gehen konnte. Doch sie sagte, sie könne ihr die Richtung weisen. Die Stieftochter folgte dem Weg, den die alte Frau ihr erklärt hatte, und so gelangte sie an den Rand der Welt und fand auch die Quelle. Doch als sie das Sieb in das eisig kalte Wasser tauchte, floss es durch die Löcher wieder hinaus. Sie versuchte es abermals und viele weitere Male, doch es gelang ihr nicht, das Sieb zu füllen. So saß sie schließlich da und weinte bitterlich – bis sie plötzlich eine quakende Stimme hörte.

Sie hob den Kopf, und da saß ein riesiger Frosch, der sie aus seinen riesigen Froschaugen ansah und fragte:

»Warum weinst du denn, Kleines?«

»Ach, weh mir!«, schluchzte sie. »Meine Stiefmutter hat mich den weiten Weg hierhergeschickt, damit ich das Sieb mit dem Wasser der Quelle fülle. Und nun gelingt es mir nicht.«

»Tja«, sagte der Frosch, »ich könnte dir sagen, wie es geht. Aber nur, wenn du mir versprichst, eine ganze Nacht lang zu tun, was ich will.«

Die Stieftochter erklärte sich einverstanden, und so sprach der Frosch:

»Stopf es mit Moos, und mit Ton kleide es aus,
so bringst du das Sieb voller Wasser nach Haus.«

Dann hüpfte er ein Stück vorwärts und hopp, sprang er in das eiskalte Wasser.

Die Stieftochter sammelte ein wenig Moos, legte es in das Sieb und tat tönerne Erde darauf. Sie schöpfte Wasser aus der Quelle und diesmal floss es nicht hinaus.

Als sie sich umdrehte und gehen wollte, tauchte der Frosch noch einmal aus dem Wasser auf und rief: »Denk daran, was du mir versprochen hast!«

»Das vergesse ich schon nicht«, antwortete die Stieftochter und dachte sich: »Als ob so ein Frosch mir etwas anhaben könnte!«

Sie ging zu ihrer Stiefmutter zurück und brachte ihr das Sieb, gefüllt mit dem Wasser aus der Quelle vom Rand der

Welt. Die Stiefmutter nahm es voll Zorn zur Kenntnis. Aber sie sagte nichts.

Noch am selben Abend hörten sie unten an der Tür ein Klopfen und dann eine quakende Stimme:

»Öffne die Tür, meines Herzens Blatt,
Öffne die Tür, meine Liebe.
Hier ist jemand, der dein Versprechen hat,
weil er dir half mit dem Siebe.«

»Wer ist denn das?«, rief die Stiefmutter empört.

Da blieb dem Mädchen nichts anderes übrig, als ihr zu erzählen, was geschehen war und was sie dem Frosch versprochen hatte.

»Was man versprochen hat, das hält man auch«, sagte die Stiefmutter, voller Schadenfreude, weil die verhasste Stieftochter nun einem Frosch zu gehorchen hatte. Und so befahl sie ihr: »Nun mach schon auf!«

Die Stieftochter öffnete die Tür, und da stand der Frosch aus der Quelle vom Rand der Welt. Er hüpfte in das Zimmer herein, sprang auf das Mädchen zu und sprach:

»Heb mich hoch, meines Herzen Blatt,
auf deinen Schoß, meine Liebe.
Ich bin es, der dein Versprechen hat,
weil ich dir half mit dem Siebe.«

Das Mädchen weigerte sich, doch dann sagte die Stiefmutter in barschem Ton: »Nun zier dich nicht so und nimm ihn auf den Schoß!«

Die Stieftochter setzte den Frosch auf ihren Schoß, und der machte es sich dort bequem. Dann sprach er wieder:

»Gib mir zu Essen, meines Herzen Blatt,
Gib mir zu Essen, meine Liebe.
Ich bin es, der dein Versprechen hat,
weil ich dir half mit dem Siebe.«

Das wiederum machte der Stieftochter nichts aus. Sie holte eine Schüssel mit Milch und Brot und fütterte den Frosch damit. Doch als der Frosch sich sattgegessen hatte, sprach er schon wieder:

»Bring mich ins Bett, meines Herzen Blatt,
Bring mich ins Bett, meine Liebe.
Ich bin es, der dein Versprechen hat,
weil ich dir half mit dem Siebe.«

Das wollte die Stieftochter dann allerdings nicht, doch wieder wies die Stiefmutter sie barsch zurecht:
»Versprechen gibt man, um sie zu halten. Deshalb tust du jetzt, was du ihm versprochen hast! Sonst werfe ich dich mit diesem Frosch da hinaus.«
Das Mädchen nahm den Frosch mit ins Bett und hielt ihn sich so weit wie möglich auf Abstand. Doch als der Morgen graute, sprach der Frosch ein weiteres Mal:

»Schlag mir den Kopf ab, meines Herzen Blatt,
Schlag mir den Kopf ab, meine Liebe.
Ich bin es, der dein Versprechen hat,
weil ich dir half mit dem Siebe.«

Das wollte die Stieftochter zunächst nicht. Nicht, nachdem der Frosch ihr an der Quelle am Rand der Welt so sehr geholfen hatte. Doch mit flehender Stimme wiederholte er seine Worte wieder und wieder. Da holte sie schließlich eine Axt und schlug ihm den Kopf ab. Und hoppla!, mit einem Mal stand dort ein schöner, junger Prinz. Er sei von einem bösen Zauberer in einen Frosch verwandelt worden, erzählte er ihr. Und nur ein junges Mädchen, das ihm eine Nacht lang all seine Wünsche erfüllte und ihm dann den Kopf abschlug, hatte ihn erlösen können.

Die Stiefmutter staunte nicht schlecht, als sie anstelle des Frosches plötzlich einen jungen Prinzen vor sich hatte. Und wie man sich denken kann, war sie alles andere als erfreut, als der Prinz ihr sagte, er werde ihre Stieftochter heiraten. Das tat er dann auch und nahm sie mit auf das Schloss seines Vaters, des Königs. Und das einzige, womit sich die Stiefmutter trösten konnte, war die Tatsache, dass *sie* diejenige gewesen war, die den Prinzen mit ihrer Stieftochter zusammengebracht hatte.

Der Rosenstrauch

Vor vielen, vielen Jahren, in einer Zeit, in der man sich noch vor Hexen in Acht nehmen musste, lebte ein gutherziger Mann, dessen Frau sehr jung gestorben war und ihm ein kleines Töchterchen hinterlassen hatte.

Der Mann, der fürchtete, er würde das Kind allein nicht großziehen können, heiratete eine junge Witwe, die einen kleinen Sohn mit in die Ehe brachte.

So wuchsen die beiden Kinder zusammen auf und waren sich liebevoll zugetan.

Aber in Wirklichkeit war die Mutter des Jungen eine hinterhältige, böse Hexe, die eifersüchtig über ihren Sohn wachte und dessen Liebe nicht mit dem kleinen Mädchen teilen wollte. Doch das Stieftöchterchen wurde von Tag zu Tag schöner, mit rosigen Wangen, Lippen, so rot wie Kirschen, und seidig glänzendem Haar, so lang, dass es ihm bis zu den Knöcheln reichte. Weit und breit war sie für ihre Schönheit bekannt. Der Stiefmutter jedoch war sie dadurch nur noch mehr verhasst, sodass sie alles tat, um sie um ihre Schönheit zu bringen. Sie ließ sie im Haushalt schuften oder schickte sie bei eisigem Wetter hinaus in die Kälte, um Botengänge zu erledigen. Und wehe, sie kam nicht rechtzeitig zurück! Dann tadelte sie das Mädchen, und es musste Schläge einstecken.

Eines verschneiten Winterabends, als der Rosenstrauch im Garten, unter dem die Stiefgeschwister schon als kleine Kinder gespielt hatten, durch die Kälte dahinzuwelken begann, sagte die Stiefmutter:

»Hier hast du ein bisschen Geld. Geh zum Krämer und hol mir ein Bündel Kerzen. Aber mach schnell und lass dich nicht aufhalten!«

Die Stieftochter nahm das Geld und machte sich, so schnell sie konnte, auf den beschwerlichen Weg durch den hohen Schnee. Es wurde bereits dunkel, und es wehte ein so stürmischer Wind, dass sie kaum dagegen anlaufen konnte und ihr das sonst so glänzende Haar in gefrorenen Strähnen über die Schultern hing. Doch sie erreichte den Krämerladen. Dort kaufte sie die Kerzen und machte sich auf den Weg zurück. Aber da sie auf dem Heimweg den Wind im Rücken hatte und er ihr das Haar ins Gesicht wehte, konnte sie kaum sehen, wohin sie trat. So musste sie, als sie über einen Zauntritt klettern wollte, das Bündel Kerzen aus der Hand legen. In dem Moment kam ein großer, schwarzer Hund angelaufen. Er schnappte sich das Bündel und lief damit fort. Vor lauter Angst, ohne die Kerzen nach Hause zu kommen und wie so oft Schelte und Schläge einstecken zu müssen, rannte die Stieftochter noch einmal zu dem Krämer zurück und kaufte ein neues Bündel. Doch als sie es an dem Zauntritt aus der Hand legte, geschah das Gleiche. Wieder kam der große, schwarze Hund und stahl es ihr. So kämpfte sie sich ein weiteres Mal durch den Schneesturm, um für den letzten Penny, den sie noch hatte, ein drittes Bündel Kerzen zu erstehen. Doch abermals war es vergebens, denn sobald sie es aus der Hand gelegt hatte, war der große, schwarze Hund schon zur Stelle, um es sich zu holen.

Da blieb der Stieftochter nichts anderes übrig, als sich unverrichteter Dinge und nicht nur zitternd vor Kälte, sondern auch vor Angst auf den Heimweg zu machen. Doch, o Wunder!, der erwartete Ärger blieb aus. Die Stiefmutter tadelte sie nur ein wenig, weil sie so spät nach Hause kam.

Nun muss man wissen, dass der Vater des Mädchens und der Stiefbruder schon zu Bett gegangen waren und sich im Reich der Träume befanden.

Denn als nächstes sagte die Stiefmutter: »So wie dein Haar aussieht, kann ich dich nicht schlafen gehen lassen. Komm her und leg den Kopf auf meinen Schoß, damit ich es entwirren kann.«

Die Stieftochter tat, wie ihr geheißen, und wenngleich zu Strähnen gefroren, reichte ihr langes Haar von den Knien der Stiefmutter bis auf den Boden und man sah noch immer, wie goldglänzend es war.

Doch die Stiefmutter schien längst nicht zufrieden. »Auf meinen Knien kann ich dich nicht richtig kämmen«, sagte sie. »Geh und hol mir ein Holzbrett!«

Abermals tat die Stieftochter, wie ihr geheißen. Doch als sie das Brett geholt hatte, war die Stiefmutter noch immer nicht zufrieden. »Dein Haar ist so verfilzt, dass ich es gar nicht durchkämmen kann«, sagte sie. »Geh und hol mir eine Axt!«

Gehorsam tat die Stieftochter auch das.

»Leg deinen Kopf auf das Brett!«, befahl die böse Stiefmutter. »Dann kann ich die einzelnen Strähnen voneinander trennen.«

Gehorsam tat die Stieftochter auch das. Und es dauerte kaum eine Sekunde, da war ihr Kopf mit dem goldglänzenden Haar abgehackt.

Denn all das hatte die Stiefmutter von langer Hand geplant. Sie zerrte das tote Mädchen in den Garten und schaufelte den

Schnee unter dem Rosenstrauch beiseite. Dann sagte sie zu sich selbst: »Wenn der Schnee im Frühling schmilzt und man deine Knochen findet, werden alle denken, du hättest nicht nach Hause gefunden und wärst erfroren.«

Da die Stiefmutter eine durch und durch böse Hexe war, riss sie dem Mädchen das Herz heraus, bevor sie es im Schnee verscharrte. Und aus den beiden Hälften des Herzens machte sie zwei Pasteten, die sie dem Vater und dem Stiefbruder zum Frühstück servierte. Dann, so dachte sie, würde die Liebe, die sie für das Mädchen hegten, nur noch ihr allein gehören.

Doch damit irrte sie sich gewaltig. Denn als die Stieftochter am nächsten Morgen verschwunden war, rührte der Vater sein Frühstück nicht an, und der Stiefbruder ließ seines weinend stehen.

Für die beiden wurde es ein furchtbar trauriger Winter. Und als der Schnee schmolz und sie die Knochen des armen Mädchens fanden, sagten sie sich: »Sie wird sich wohl verlaufen haben – im Schneegestöber an dem Abend, als sie die Kerzen kaufen sollte.« Sie begruben die Knochen in der Erde unter dem Rosenstrauch, und fortan saß der kleine Junge Tag für Tag dort und weinte sich vor Kummer die Augen aus.

Als der Sommer kam und der Rosenstrauch zu blühen begann, ließ sich inmitten der weißen Blütenpracht ein prächtiger weißer Vogel nieder. Sein Gesang klang so lieblich, als käme er von den Engeln im Himmel, doch vor lauter Schluchzen hörte der kleine Junge seine Worte gar nicht.

Da spreizte der weiße Vogel seine mächtigen Schwingen und flog zu einem Schuster, der mit seinem Leisten vor der Tür seiner Werkstatt unter einem Myrte-Zweig saß und ein kleines

Paar rosaroter Schuhe fertigte. Der Vogel ließ sich auf dem Myrte-Zweig nieder, und dann sang er mit seiner lieblichen Stimme:

»Die Stiefmutter hat mir den Kopf abgeschlagen,
mein Herz gelangte fast in meines Vaters Magen,
und der Bruder, der mir so lieb geworden,
sitzt dort und weint, denn ich bin gestorben.
Tot! Mausetot, ließ ich mich morden.«

»Dein Gesang ist schöner als der einer Nachtigall«, sagte der Schuster. »Lass ihn noch einmal hören.«

»Das will ich gern«, sang der Vogel. »Doch dafür musst du mir die kleinen rosa-roten Schuhe geben.«

Die gab der Schuster gerne her, und so sang der weiße Vogel ein weiteres Mal. Dann flog er mit den rosa-roten Schuhen in den Krallen zu einer Esche, die neben der Werkstatt eines Gold-schmieds stand, der gerade eine goldene Kette machte. Der Vogel ließ sich auf einem Zweig der Esche nieder und sang:

»Die Stiefmutter hat mir den Kopf abgeschlagen,
mein Herz gelangte fast in meines Vaters Magen,
und der Bruder, der mir so lieb geworden,
sitzt dort und weint, denn ich bin gestorben.
Tot! Mausetot, ließ ich mich morden.«

»So wunderbar singt nicht einmal die Nachtigall!«, rief der Goldschmied. »Lieber Vogel, lass deinen Gesang noch einmal hören.«

»Das will ich gern«, sang der Vogel. »Aber dafür musst du mir die goldene Kette geben.«

Die gab der Goldschmied gern, und so sang der Vogel ein weiteres Mal. Dann flog er mit den rosa-roten Schuhen und der goldenen Kette in den Krallen weiter zu einer Eiche, die an einem Mühlbach stand, aus dem drei Müller einen Mühlstein heben wollten. Der Vogel ließ sich auf einem Zweig der Eiche nieder und sang:

»Die Stiefmutter hat mir den Kopf abgeschlagen,
mein Herz gelangte fast in meines Vaters Magen,
und der Bruder, der mir so lieb geworden,
sitzt dort und weint, denn ich bin gestorben.
Tot! Mausetot, ließ ich mich morden.«

Einer der Müller legte sein Werkzeug beiseite und lauschte.

»Tot«, sang der Vogel.

Woraufhin der zweite Müller sein Werkzeug beiseitelegte.

»Mausetot«, sang der Vogel.

Da legte auch der dritte Müller sein Werkzeug beiseite.

»Morden«, sang der Vogel mit so lieblicher Stimme, dass die drei Müller die Köpfe hoben und wie aus einem Mund riefen:

»Oh, was für ein wundervoller Gesang! So schön singt nicht einmal die Nachtigall. Lass ihn uns noch einmal hören, lieber Vogel.«

»Das will ich gern«, antwortete der Vogel. »Aber dafür müsst ihr mir den Mühlstein um den Hals binden.«

Das taten die Müller gern, und nachdem der Vogel sie noch einmal seinen Gesang hatte hören lassen, spreizte er seine mächtigen, weißen Flügel und flog mit dem Mühlstein um den Hals und den kleinen rosa-roten Schuhen und der goldenen Kette in den Krallen zurück zu dem Rosenstrauch. Doch der

Stiefbruder war nicht mehr dort, sondern saß in der Küche beim Abendessen.

Da flog der weiße Vogel auf das Haus und rasselte mit dem Mühlstein so laut an der Traufe, dass die Stiefmutter rief: »Habt ihr das gehört? Es klang wie ein Donnerschlag!«

Der kleine Junge rannte aus dem Haus, und da fielen ihm die rosa-roten Schuhe vor die Füße.

»Seht einmal, was der Donner mir gebracht hat!«, rief er und lief aufgeregt zum Haus zurück.

Abermals rasselte der weiße Vogel an der Traufe, sodass die Stiefmutter rief:

»Habt ihr das nun gehört? Noch ein Donnerschlag!«

Diesmal lief der Vater aus dem Haus, um nachzusehen, und da fiel ihm die goldene Kette um den Hals.

»Seht nur, es ist wahr«, sagte er, als er ins Haus zurückkam. »Der Donner bringt tatsächlich Geschenke.«

Ein letztes Mal rasselte der prächtige weiße Vogel mit dem Mühlstein an der Traufe, woraufhin die Stiefmutter hastig sagte: »Hört nur! Da ist der Donner wieder. Hoffentlich hat er auch ein Geschenk für mich!«

In dem Moment, als sie die Schwelle übertrat, fiel der Mühlstein ihr genau auf den Kopf und sie war tot.

So fand sie ihr Ende. Der kleine Junge war ohne sie besser dran. Den ganzen Sommer lang saß er unter dem Rosenstrauch. Dabei trug er die rosa-roten Schuhe und lauschte dem Gesang des weißen Vogels. Als der Winter kam und der Rosenstrauch seine weißen Blüten verlor, ließen sich Schneeflocken auf seinen Zweigen nieder. Der weiße Vogel aber kehrte nicht wieder, und so wurde der kleine Junge des Wartens müde. Eines Tages konnte er nicht mehr, und man begrub auch ihn unter dem Rosenstrauch – neben seiner geliebten Stiefschwester.

Als der Frühling kam und der Rosenstrauch zu blühen begann, waren seine Blüten nicht mehr rein weiß. Sie hatten einen Rand im gleichen Rosa-rot wie die Schuhe des kleinen Jungen und einen Kelch der so golden schimmerte wie das Haar des Mädchens.

Und seht ihr einmal einen wilden Rosenstrauch, werdet ihr feststellen: So ist es heute noch.

Ende

Illustrationen

7 Sankt Georg, der Schutzpatron von England.

19 Schweigend gab sie jedem der Bittsteller ein Almosen, doch als Sankt Georg an der Reihe war, hielt sie inne. Eine Hand auf ihr Herz gelegt, sagte sie leise: »Erhebt Euch, werter Mann.«

28 »An meinem Porridge war jemand, und der hat ihn aufgegessen!«

30 »In meinem Bett hat auch jemand gelegen, und derjenige ist immer noch da!«

34 »Wovon singt Ihr da, gute Frau?«

36 Ein kleines, schwarzes Etwas mit einem langen, dünnen Ringelschwanz.

45 Es flatterte aus dem Fenster und verschwand in der Dunkelheit, und die junge Königin sah das kleine, schwarze Etwas nie wieder.

61 Mit dem letzten Schlag der Turmuhr ertönte helles Glockengeläut und in der Mitte des Sees stand ein Schloss nebst Kirche auf zwölf goldenen Säulen.

66 Das Lumpenmädchen tanzt, während die Gänse fröhlich schnattern.

85 Jack war alles andere als ein Schwächling, aber sich den Esel auf die Schulter zu hieven, bereitete ihm doch einige Schwierigkeiten.

88 Der Riese Cormoran versetzte ganz Cornwall in Angst und Schrecken.

93 Jack nahm die Schlüssel zum Tor des Schlosses und öffnete damit sämtliche Türen.

98 »O je! In der Tat, ganz üble Kunde, Vetter Jack!«

109 Der Riese Galligantua hatte mithilfe des bösen, alten Zauberers die Tochter eines Herzogs in eine weiße Hirschkuh verwandelt.

113 Die drei Dummköpfe.

121 Die goldene Kugel.

130 »Bäumchen, mein Bäumchen, sag mir geschwind, wohin ist dieses unsägliche Kind?«

136 Der Lindwurm von Bamborough Castle.

144 Tatty setzte sich und weinte.

151 Und während der Alte sprach, holte er fünf Bohnen aus seiner Jackentasche.

161 »Holdrio, was riecht denn hier so gut, ist es gar etwa Menschenblut?«

164 Jack verpasste der Bohnenstange einen so gezielten Hieb, dass sie umstürzte, samt dem Oger, der sich verbissen daran festklammerte.

178 Stunde um Stunde um Stunde irrte es durch den Wald.

185 Der Wolf hustete und pustete, so lange, bis das Haus in sich zusammenfiel.

186 Und der Wolf hustete und pustete, so lange, bis das Haus in sich zusammenfiel.

187 Und dann hustete und hustete und pustete und pustete er, bis … Nein, dieses Mal fiel das Haus nicht in sich zusammen.

209 Mr und Mrs Vinegars Heim.

214 Und dies ist die Geschichte von Mr und Mrs Vinegar.

227 Eines Tages wurde Thomas Thumb von einer Spinne angegriffen.

230 »Ich gehe vor«, sagte der Fuchs, »und ihr, Henny-Penny, Cocky-Locky, Ducky-Daddles, Goosey-Poosey und Turkey-Lurkey, geht einfach hinter mir her.«

232 Auf der Stelle drehte sie sich um und rannte zurück zu ihrem Hühnerstall.

237 Sie bedankten sich recht herzlich bei der Königstochter, die ihre Reise fortsetzte.

241 Die Königstochter ging weiter ihres Wegs, und nach einer Weile kam sie an eine hohe Dornenhecke.

253 Dick musste feststellen, dass London nicht der Ort war, wo das Gold auf der Straße lag und man es nur aufzuheben brauchte, um sich die Taschen damit zu füllen.

256 Oftmals schlug sie ihn auch mit dem Besenstiel oder der Suppenkelle oder mit etwas anderem, das gerade in Reichweite war.

258 Während Dick Whittington nachdachte, begannen die Glocken der Kirche von Cheapside zu läuten.

261 Als Mrs Miezekatze die Mäuse und Ratten sah, brauchte ihr niemand zu erklären, was sie zu tun hatte.

267 Die alte Frau und ihr Schweinchen.

277 Jack auf der Suche nach dem Glück.

286 »Ach«, sagte sie kichernd. »Da habe ich aber wirklich Glück gehabt!«

303 Zwei Männer aus Gotham trafen sich auf der Brücke nach Nottingham.

305 »Solch ein Biest!«, hieß es daraufhin. »Das nächste Mal müssen wir die Hecke höher wachsen lassen.«

306 Er nahm die restlichen Laibe aus dem Beutel und ließ sie den Hügel hinunterrollen.

308 Sie brachten den Aal zu einem anderen Teich und warfen ihn ins Wasser.

309 Als sie den Hasen wieder auf den Boden setzten, lief er sofort querfeldein.

310 Ein Höfling kam vorbeigeritten und fragte, wonach sie denn suchten und warum sie einen solchen Wirbel darum veranstalteten.

314 Sie flocht sich aus Binsen und Schilf einen Umhang und eine Haube, um ihr feines Kleid und die Perlen in ihrem goldblonden Haar darunter zu verbergen.

338 Der Fischer und seine Frau hatten keine Kinder, doch sie wünschten sich sehnlichst welche.

345 Ach, du lieber Himmel!

347 Ein wunderlich anmutender älterer Herr kam des Wegs, der sie einstellen wollte.

348 Dem Klimbim ist ein Funken des heißen Hokuspokus auf den Schwanz gefallen.